I0815035

LOS RETOS SON NUESTRO NEGOCIO

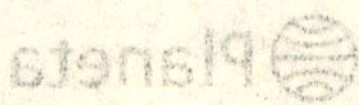

GUSTAVO CISNEROS

LOS RETOS SON NUESTRO NEGOCIO

Cómo adaptarse, reinventarse y triunfar en un siglo de desafíos

Título original: *Challenges are our business*

Traducido por: © Luis Carlos Henao de Brigard
Fotografías de interiores: © Archivo de la Fundación Cisneros
Créditos de portada: Planeta Arte & Diseño
Adaptación de portada: © Genoveva Saavedra / aciditadiseño
Fotografía del autor: © Timothy Greenfield-Sanders

Bajo el sello editorial PLANETA M.R.
Avenida Presidente Masarik núm. 111,
Piso 2, Polanco V Sección, Miguel Hidalgo
C.P. 11560, Ciudad de México
www.planetadelibros.com.mx

Primera edición impresa en México: junio de 2024
ISBN: 978-607-39-1043-9

Impreso en los talleres de Impregráfica Digital, S.A. de C.V.
Av. Coyoacán 100-D, Valle Norte, Benito Juárez
Ciudad De Mexico, C.P. 03103
Impreso en México - *Printed in Mexico*

ÍNDICE

PRÓLOGO

El 29 de diciembre de 2023, mi padre, Gustavo Cisneros, falleció de forma inesperada. Tenía 78 años. Mucha gente decía que mi padre era un visionario. Es cierto que tenía una extraña habilidad para anticiparse y mirar hacia el futuro. Detectaba oportunidades que eran invisibles para los demás. Una idea podía parecer poco práctica, incluso imposible o, como cuando decidió terminar nuestra asociación de décadas con Pepsi-Cola para cambiarse a Coca-Cola, impensable. Pero él se aferraba a esa idea esquiva y la verificaba dos y tres veces hasta que lo que inicialmente parecía un riesgo descabellado empezaba a parecer no solo factible, sino, de hecho, la forma más inteligente de actuar. Y a menudo lo era. Como decía mi madre: "Lo más extraordinario de este hombre es que casi siempre acierta".

¿De dónde provenía esa extraordinaria capacidad? Si tuviera que nombrar el rasgo de carácter que mejor definía a mi padre sería su insaciable curiosidad. Fue algo que heredó de su padre e intentó transmitir a sus hijos y nietos: la capacidad de mantener la mente abierta a todo y a todos.

A mi padre le fascinaba la gente que sobresalía en su trabajo. Daba igual que fuera un magnate de los negocios, un director de orquesta, un historiador del arte, un escritor, un jardinero, un profesor de yoga o un portero: si era bueno en lo que hacía, él siempre encontraba un tema de conversación. Se relacionaba con todo el mundo porque quería entender el mundo a través de los ojos de los demás, tanto si se trataba de un pequeño agricultor de la República Dominicana como del director de una de las mayores empresas de comunicaciones del mundo. A ambos los trataba igual: con respeto, amabilidad y verdadero interés. Así era él.

Por supuesto, siendo la clase de hombre que era, a menudo encontraba la manera de convertir esas conversaciones en oportunidades de negocio. Nunca sabía de qué o de dónde podía surgir una idea, que era una de las razones por las que estaba abierto a todos y a todo.

Alimentaba su curiosidad con los libros. El término "lector voraz" no era un lugar común para él. Hay quien compra libros por metros; mi padre leía los libros por metros. Sus oficinas estaban llenas de estanterías repletas de libros en inglés y en español, y en su escritorio había apilados muchos más. Se podía estar seguro de que los había leído todos. De niña, recuerdo verle hacer la maleta para los viajes de negocios: había una o dos maletas para la ropa —siempre vestía con elegancia— y una maleta solo para los libros.

Siempre leía dos o tres libros a la vez. Había hecho un curso de lectura rápida en la universidad y dividía los títulos en dos categorías: libros para leer rápido y libros para saborear despacio. Sabía que había libros de los que solo quería extraer lo esencial y otros en los que quería profundizar.

Uno de esta segunda categoría fue mi último regalo de Navidad para él: *El mundo: Una historia de familias*, de Simon Sebag Montefiore. Es, literalmente, una crónica de la humanidad a través de las historias de familias influyentes, desde antiguas dinastías hasta modernos hacedores de fortuna como nuestra familia. Cuando volvimos a casa del hospital tras su muerte, allí estaba sobre su escritorio, encima de otros 30 libros con los que había planeado empezar el nuevo año.

Otra forma en que mi padre afinaba su curiosidad era dando paseos, él era como un turista en la vida. El mero hecho de pasear con él era toda una lección. Una vez que estuvimos en Sao Pablo para asistir a una exposición de arte, me invitó a visitar un centro comercial. No tenía intención de comprar nada, nunca llevaba cartera. Lo que buscaba eran ideas: ¿Qué compraba la gente? ¿Cuáles eran las marcas brasileñas más populares? ¿Qué marcas estadounidenses destacaban más? Dábamos esos paseos y él me hacía preguntas que me animaban a observar y a aprender. Y luego, siempre paraba a tomar un helado.

Aunque aprovechaba cualquier oportunidad para enseñar, también era un gran padre. Por supuesto, como responsable de una empresa mundial, era un hombre muy ocupado. Todos entendíamos que él y mi madre no siempre podían estar con sus hijos en el día a día, pero lo compensaban asegurándose de que hubiera muchas oportunidades para estar y compartir con nosotros de otras maneras. Algunas de esas experiencias fueron extraordinarias, como nuestros viajes anuales al Amazonas, donde convivimos con comunidades indígenas durante semanas. Muchas fueron más modestas, pero no por ello menos especiales. Nuestra casa de la playa de Los Roques no tenía teléfono, ni televisión, ni siquiera un radio para distraernos (¡por supuesto, había libros!). Estábamos solos, pescando con arpón, nadando o navegando juntos: una dicha sin par.

Le gustaba mucho que uno de nosotros lo acompañara en sus viajes de negocios. En este libro relata cómo me llevó a recorrer Sudamérica cuando lanzó DirecTV. Doce países en doce días. Yo tenía 14 años y él pensó que el viaje sería una buena manera de ampliar mi perspectiva geográfica. Aprendí mucho más que geografía. Fue entonces cuando se plantaron las semillas que me llevaron a convertirme en la tercera generación al frente de la organización Cisneros.

Mi padre hablaba a menudo de la importancia de tener un propósito en la vida. Planificar que yo le sucediera —y que lo hiciera con éxito— se convirtió en su proyecto favorito. A diferencia de muchos patriarcas, no esperó a que el tiempo lo obligara a tomar decisiones difíciles, sino que utilizó el tiempo a su favor, iniciando el proceso cuando era joven, capaz y lleno de energía, y dejando que las cosas se desarrollaran de forma natural. Nuestra relación también evolucionó y ambos estábamos muy contentos.

Aunque dejó de ocuparse de las operaciones cuando me convertí en consejera delegada, su interés por mi éxito no hizo más que crecer. Empezaba cada día entusiasmado por ver lo que hacía y estaba encantado de ayudarme a hacerlo de la mejor manera posible. En la última conversación que tuvimos me dijo con una pequeña sonrisa: "Me siento tan afortunado de tener en ti a una hija que es también mi jefa, mi mejor amiga y mi compinche". Yo le contesté: "Más suerte tengo yo de tener un padre que es mi mejor amigo, mi jefe y mi compinche".

Mi padre aprobó la versión final de este libro pocas semanas antes de morir. Era un hombre que nunca dejaba para mañana lo que podía hacer hoy, sobre todo cuando se trataba de un proyecto que él sabía que sería tan importante para nosotros. Mi familia y yo nos sentimos muy afortunados de que su sabiduría y su entusiasmo por los nuevos retos —tanto en los negocios como en la vida— pervivan en este valioso regalo para guiarnos en el futuro.

Mientras se embarca en su próxima gran aventura, le deseo "Buena suerte, compinche mío".

Adriana Cisneros

Enero de 2024

INTRODUCCIÓN

"Gustavo, voy a enseñarte a ser empresario"

En 1959, cuando tenía 14 años, acompañé a mi padre a una cena de negocios en el Hotel Delmonico, de Nueva York. Fue allí donde me dijo: "Gustavo, voy a enseñarte a ser empresario".

Treinta años antes, en 1929, mi padre, Diego Cisneros, había reunido todos sus ahorros: 1.000 bolívares (unos 250 dólares) —conseguidos con mucho esfuerzo, a partir de un salario mensual de 250 bolívares— para pagar la cuota inicial de un camión en Caracas. Tenía apenas 18 años, por lo que su madre debió firmar los documentos para garantizar el préstamo.

Eran tiempos apasionantes en Venezuela para un joven con ideas, ambición y ganas. En 1914 se había descubierto petróleo y, a finales de la década de 1920, el país era el primer exportador del mundo[1]. Caracas se expandía: se construían carreteras y se pavimentaban autopistas. Abundaban las oportunidades si se era capaz de aprovecharlas.

La madre de Diego conocía a la persona que tenía el contrato para pavimentar la carretera de Caracas a Antímano, una incipiente zona industrial a trece kilómetros del centro de la

1 Tinker Salas, Miguel. *The Enduring Legacy: Oil, Culture, and Society in Venezuela*. Duke University Press, 2009, p. 6.

ciudad. Sabía que necesitaba camiones para transportar los materiales. Mantuvieron una conversación, tras la cual contrató a Diego a razón de 20 bolívares por viaje. Después de cubrir los gastos necesarios, quedaba justo el dinero para pagar las cuotas del préstamo.

Siempre que mi padre llegaba a este punto de la historia, hacía una pausa y decía: "Ese pequeño camión fue la puerta de entrada al mundo de los negocios".[2]

En los años siguientes, a medida que la demanda mundial de petróleo impulsaba la economía venezolana, Diego amplió su negocio: transformó el camión en autobús y creó una red regional de autobuses; vendió piezas de repuesto para los automóviles y los demás vehículos que sus compatriotas podían comprar con mayor facilidad, gracias a la nueva situación económica; inauguró franquicias de productos de consumo de primera calidad, como frigoríficos Norge y electrodomésticos Hamilton, para abastecer los hogares, y en 1940, en sociedad con su hermano Antonio, obtuvo el derecho exclusivo a comercializar y vender Pepsi-Cola en Venezuela, la segunda franquicia de Pepsi fuera de Estados Unidos (Cuba fue la primera).[3]

Para la noche de nuestra cena en el Hotel Delmonico, Cisneros & Cía. se había convertido ya en un motor de la economía venezolana, gracias, entre otros, a los beneficios económicos generados por la embotelladora de Pepsi. Mi padre aprovechó la experiencia adquirida en el embotellado, comercialización y venta de Pepsi para hacer una serie de negocios relacionados con el ramo de las bebidas; entre ellos, la construcción de plantas de gasificación, fabricación de tapas para botellas, diseño y

---

2 Bermúdez, Alfredo. *Diego Cisneros. A Life for Venezuela*. Fundación Diego Cisneros, p. 54.

3 Bachelet, Pablo. *Gustavo Cisneros: Pioneer*. Planeta, 2004, p. 22.

producción de cajas de plástico para transportar bebidas, desarrollo de otros refrescos con sabores locales, y muchos más. Consciente de la importancia de refrescos fríos en un país caluroso —"Una bebida fría es una bebida vendida", como le gustaba decir—, creó una empresa de helados, más tarde conocida como Helados Tío Rico, y se convirtió así en el mayor fabricante de helados del país.

En la edición de 1959 de la *Geografía Económica de Venezuela*, Cisneros & Cía. figuraba como una de las principales empresas del país.[4] (la empresa ha recibido varios nombres a lo largo de los años. Para evitar confusiones, a partir de ahora la llamaremos por su nombre actual: Cisneros).

En resumen, mi padre tenía mucho que enseñarme sobre cómo ser un empresario exitoso. Y yo estaba ansioso por aprender. Aquella noche en el Delmonico fue la primera vez que mi padre me dijo: "Voy a tomarte en serio. Te proporcionaré los medios, te haré sugerencias, te facilitaré las conexiones y te daré consejos".

En aquel momento no hablábamos de que yo lo fuera a suceder. Yo tenía dos hermanos mayores, así que siempre supuse que seguiría mi propio camino. Pero lo que fundamentalmente me estaba prometiendo era ayudarme a labrar mi propio camino.

Creo que no le importaba tanto lo que yo hacía, sino cómo lo hacía. Mi padre creía firmemente que una empresa existía en el contexto propio del país en el que operaba y que un líder empresarial tenía la responsabilidad de mejorar no solo los resultados, sino también la vida de las personas vinculadas a la empresa: nuestros empleados, nuestros clientes y nuestros socios. Me enseñó a ampliar mi visión y a tener siempre en cuenta el bien común, independientemente de lo que estuviera haciendo.

---

4 *Ibid.*

Para sorpresa de todos, incluida la mía propia, seguí sus pasos, y mucho antes de lo que nadie esperaba. Me convertí en presidente y CEO en 1970, a la edad de 25 años. Los principios de mi padre me sirvieron de guía cuando Cisneros se convirtió en una empresa global y en una de las mayores empresas privadas del mundo.

Así como mi padre me instruyó para sucederlo, treinta y cinco años más tarde tuve la satisfacción de preparar a mi hija Adriana Cisneros para que asumiera mi cargo. Con 32 años de edad, se convirtió en la CEO de Cisneros en 2013. Por mi parte, sigo vinculado como presidente del consejo.

Juntos, esperamos celebrar los 100 años de una empresa familiar que empezó con un pequeño camión en Caracas, y que hoy posee o tiene participación en más de 30 empresas, sirve a millones de consumidores de habla inglesa, española y portuguesa en más de 100 países de los cinco continentes, con operaciones que incluyen desde medios de comunicación, entretenimiento, telecomunicaciones y publicidad digital hasta complejos turísticos y desarrollo inmobiliario.

Este libro relata nuestro viaje a través de un siglo de transformaciones. No es un registro exhaustivo de cada uno de los tratos y negociaciones que hemos llevado a cabo, sino, más bien, una crónica y una ejemplificación de los principios que nos han guiado y moldeado, y que pueden servir de guía y modelo, tanto si se dirige una multinacional como si se está al frente de una sola empresa.

Además de esas lecciones de liderazgo, cuatro valores fundamentales que encarnó mi padre se convirtieron en la fuente a la que recurrimos para nutrirnos y reanimarnos, tanto en los buenos y en los malos tiempos como al navegar por aguas tranquilas o por aguas turbulentas que parecían no apaciguarse. Esos valores son: reinvención; resiliencia; responsabilidad con nuestra familia, nuestros empleados, nuestros socios y, sobre todo, con nuestros clientes, y en última instancia, un sentido de la aventura que nos permite buscar constantemente nuevas oportunidades. Estos valores forman parte de nuestro ADN. Espero que nos sirvan durante mucho tiempo y sean inspiradores para quien quiera emprender un camino de liderazgo y de vida.

Parte I

LECCIONES QUE APRENDÍ DE MI PADRE

¿Por qué yo? ¿Por qué me eligió para compartir con él sus ideas, su sabiduría y sus conocimientos? Mi padre nos invitó a todos los hijos a formar parte de su vida y de sus negocios, pero yo era el que mejor lo entendía y sabía lo que quería. No estoy siendo engreído. Simplemente, congeniábamos. Como resultado, pasábamos mucho tiempo juntos y, en consecuencia, nuestra complicidad se desarrolló de forma muy natural.

A mi padre le gustaba mucho el *momento pedagógico*. Nunca perdía la oportunidad de impartirnos "clases individuales"; sobre todo, cuando lo acompañábamos en sus viajes de negocios por Venezuela y Estados Unidos. Algunos de mis hermanos dejaron claro, desde muy temprano, que preferían ir al cine que escuchar una conferencia.

Comprendí que si quería aprender de él, mi primera tarea era llevarme bien con él; mi segunda tarea, llevarme bien con él, y mi tercera tarea, llevarme bien con él. Mientras eso funcionara, tendría al mejor profesor del mundo. Yo lo elegí y, a cambio, él me eligió a mí. Pero no fue fácil.

Cuando él y su hermano Antonio llegaron por primera vez a Caracas, las chicas de sociedad los apodaron 'Los Manguitos', una palabra que en Venezuela significaba algo tierno y mimoso. En realidad, mi padre era todo menos eso. Tenía una voz atronadora y una presencia arrolladora, que se imponía en cualquier salón al que entraba. Tenía una personalidad magnética, y la sabía utilizar. Cuando se fijaba en alguien, esa persona sabía que había quedado cautivada, y no podía resistirse.

También podía ser muy exigente, y no le agradaban las personas necias. Si veía que alguien se interesaba en lo que hacía, podía pasar horas con esa persona. Pero si no se le prestaba atención, se aburría rápidamente. Siempre hubo dos versiones de mi padre: la de mi hermana, quien pensaba que era distante, y la de mi hermano Diego, que no siempre estaba de acuerdo con él. Pero yo disfrutaba de verdad a su lado.

Era como un tornado. Cuando visitaba las fábricas —estaba constantemente de viaje— tenía un equipo de secretarios y secretarias que lo seguían y anotaban sus observaciones y sus órdenes. Siempre tenía una agenda, y para cuando terminaba una visita había generado tanto trabajo para todos sus colaboradores que estaban a punto de desfallecer. Solo él parecía tener más energía.

No solo le obsesionaba encontrar a las personas más brillantes para contratarlas, sino también, buscar las mejores ideas. No importaba de dónde vinieran —Alemania, Francia, Estados Unidos, donde fuera—, copiaba cualquier comportamiento o costumbre que pudiera darle ventaja. Le gustaba en especial la costumbre europea de ir periódicamente a un balneario a pasar una semana de relajación y rejuvenecimiento, así que una o dos veces al año iba al rancho La Puerta, en California, donde practicaba yoga y probaba la marihuana. Nadie más que yo conociera en Venezuela hacía algo parecido.

Su médico le había advertido que podía sufrir un derrame cerebral, pero él seguía trabajando sin parar. Por eso, cuando empezó a envejecer, se vestía con más elegancia que cuando era joven. Decía: "Mi cuerpo se ve mucho mayor que mi edad física, así que tengo que parecer más joven. Tengo que parecer vital". Luego —porque siempre había una lección que aprender— añadía: "No sé cuánto tiempo voy a vivir, así que presta atención". Y así lo hice.

Le gustaba quedarse despierto hasta tarde y hablar conmigo mientras bebía lentamente un vaso de whisky Glendenning, su favorito. Se levantaba muy temprano —a las 5 de la mañana, o a las 6, como muy tarde— y le gustaba dar un paseo o tomar un café y hablar un poco más. Yo también era madrugador, pero, además, era joven y disfrutaba de la vida nocturna de Caracas y Nueva York. El horario podía ser agotador, al menos para mí. Parte de nuestro pacto tácito consistía en prepararme física y mentalmente para seguirle el ritmo. Aprendí a tomar siestas, e incluso ahora hago una o dos siestas cortas todos los días.

Siempre había una lección que aprender con él: "Mira esto, Gustavo. ¿Cómo lo mejorarías?". Cuando íbamos al teatro o al cine, comentaba conmigo la actuación y discutíamos si había sido buena o mala. Si yo admiraba a alguien —por ejemplo, a Aristóteles Onassis o a Stavros Niarchos—, me decía: "Analicémoslo. ¿Realmente tienen éxito? Mira sus vidas personales. Uno mata a sus esposas, el otro folla por ahí. ¿Es ese el modelo para ti?". Aprendí a ver lo bueno en alguien sin tener la sensación de que debía emularlo en todo.

Siempre se rodeaba de gente interesante y que hubiera tenido experiencias increíbles. Me abrió la puerta a un mundo al que yo podía entrar por ser su hijo. A cambio, aprendí a mantener la boca cerrada y los oídos abiertos.

A veces, mi padre me decía: "Llévate a este tipo a un restaurante, y pregúntale sobre tal o cual cuestión". Entretanto, él le diría a la persona con la que yo estaba cenando: "Enséñale a Gustavo cómo lidiar con esto".

Fue una educación formidable y todo de manera gratuita.

A mi padre le gustaba que pensaran en él como una persona que transmitía conocimientos a la siguiente generación. Yo iba a seguir su ejemplo con mi hija Adriana.

Las siguientes son las lecciones más importantes que él me enseñó.

Fundamentos

Mi padre era, probablemente, la persona más positiva que he conocido: siempre abierto a la gente y a las oportunidades, siempre deseoso de aprender algo nuevo, siempre dispuesto a adaptarse a las circunstancias más cambiantes.

Gran parte de su filosofía —sobre los negocios, sobre el liderazgo, sobre la responsabilidad social, sobre el gobierno y sobre su forma de ver la vida— se basaba en las experiencias de sus primeros años. La necesidad forjó su determinación de trabajar duro y hacer las cosas bien. Crecer en Cuba, Trinidad y Venezuela —tres países con tres culturas muy diferentes— le dio desde muy pronto una perspectiva cosmopolita: en lugar de cohibirlo, la idea de expandirse más allá de las fronteras lo fascinaba y lo entusiasmaba. Sus éxitos empresariales iniciales, por pequeños que fueran, le dieron la confianza y el valor necesarios para intentar algo más grande. Se negó a dejarse intimidar por la incertidumbre de aventurarse en lo desconocido.

Estas experiencias lo marcaron profundamente y, en consecuencia, me marcaron a mí.

* * *

"Hay que ser un camaleón cultural"

Mi padre fue un camaleón cultural, tanto por las circunstancias que le tocó vivir como por herencia. Había nacido en 1911, en

La Habana, Cuba. Sus primeros años se caracterizaron por las dificultades. Su padre murió de tuberculosis cuando él solo tenía 3 años; su madre, María Luisa Bermúdez Martínez, se quedó sola para mantenerlo a él y a su hermano mayor, Antonio José, que entonces solo tenía 7 años. Debo mencionar que, aunque Diego nació en Cuba, la familia de su madre llevaba en Venezuela desde el siglo XVIII, y ella siempre se consideró venezolana, al igual que sus hijos.

María Luisa poseía pocas habilidades comerciales: como la mayoría de las muchachas de "buena" familia, cuando se casó solo había aprendido lo suficiente de cocina, costura, escritura y aritmética para mantener la casa. Entonces, puso en práctica, con gran determinación, esas pocas habilidades pintando abanicos, tejiendo, bordando y vendiendo pasteles y dulces caseros. Cuando eso no le proporcionó suficiente dinero, aceptó un trabajo de vendedora de artículos para el hogar, en un almacén de departamentos, contraviniendo la norma de la época de que las mujeres "buenas" no trabajaban fuera de casa. Aun así, sus ingresos no eran suficientes para alimentar a sus pequeños hijos. Mi padre recordaba que su tía Caridad, una hermana de su padre, le enviaba regularmente comida para el almuerzo y la cena.[1]

En 1918, María Luisa y sus hijos, que en ese momento tenían 7 y 11 años, se trasladaron a Puerto España, la capital de la colonia británica de Trinidad. Fue casi como volver a casa. María Luisa tenía familia entre la numerosa comunidad de venezolanos que habían huido de la agitación política de finales del siglo XIX. Tenía amigos de cuando ella y su marido habían vivido allí, durante los primeros siete años de matrimonio. Y, lo que era

---

1 Rodríguez, José Ángel. *Los Cisneros: Rostros y rastros de una familia, 1570-2015*. Fundación Cisneros, 2017, pp. 55, 73.

más importante, tenía conexiones a través de su antigua parroquia, la iglesia del Colegio de la Inmaculada Concepción, uno de los mejores institutos educativos del Caribe británico. Aunque el dinero era escaso, María Luisa estaba firmemente decidida —mi padre diría "obsesionada"— a dar a sus hijos una educación de primera categoría. Gracias a sus contactos, convenció al director del Colegio de la Inmaculada Concepción, más conocido como St. Mary's College, para que becara a sus dos hijos.

Entre 1921 y 1927, mi padre se sumergió en los estudios y aprendió muy rápido a hablar y escribir fluidamente en inglés. El colegio se regía por el sistema educativo de Gran Bretaña e inculcaba valores de esa nación a sus alumnos. Fue allí donde mi padre aprendió a admirar un sistema de gobierno caracterizado por la estabilidad política, la libertad de expresión y el respeto por los derechos humanos. Estos elementos se convertirían en principios fundamentales, tanto para mi padre como para mí.

Cuando mi padre cumplió 17 años, la familia se trasladó de nuevo a Caracas, donde él y su hermano Antonio descubrieron rápidamente que una educación de primera clase y el dominio del inglés les abrían oportunidades de trabajo en las principales empresas multinacionales. Antonio trabajó para Shell, una de las mayores concesionarias de petróleo, y Diego fue contratado inicialmente por el Royal Bank of Canada, y más tarde por el concesionario de automóviles y camiones internacionales Chrysler. Una parte importante de su trabajo consistía en enviar a Estados Unidos pedidos específicos de maquinaria y repuestos, de acuerdo con los catálogos, que en aquella época estaban escritos íntegramente en inglés.

Incluso entonces, mi padre se sentía a gusto socializando con los representantes de las numerosas empresas internacionales que se establecían en Venezuela. Comprendía la importancia de cambiar fácilmente de idioma y de mentalidad: podía ser cubano en La Habana, inglés en Trinidad, estadounidense en Nueva York y venezolano en Caracas.

Se convirtió en un camaleón cultural. Esto le resultaría muy valioso para conseguir la concesión de Pepsi-Cola y construir su imperio empresarial.

Fue una lección que me transmitió desde muy temprano, aunque en aquel momento no me entusiasmara del todo. Yo estudiaba con matrícula de honor en San Ignacio, un tradicional y exigente colegio jesuita de Caracas, cuando, a finales de sexto grado, me llamaron al despacho del padre Fernando María Moreta, S. J., mi asesor espiritual.[2]

—Gustavo, vas bien en el colegio —me dijo—, y quiero felicitarte.

—Gracias, padre —le contesté.

—Tienes cualidades especiales, hijo mío —prosiguió.

Volví a darle las gracias.

Entonces añadió sorpresivamente:

—La casa de Dios podría beneficiarse mucho de tus cualidades especiales. ¿Considerarías estudiar en un seminario?

Me sentí halagado y les conté a mis padres. La reacción de mi padre no fue la que yo esperaba.

La mayoría de las familias católicas habrían estado encantadas de que un hijo recibiera las órdenes sagradas. Aunque mi padre era abiertamente católico y estaba casado con una mujer profundamente religiosa, se mostraba escéptico respecto a lo que la doctrina católica decía sobre el capitalismo. El protestantismo ve el trabajo duro como una forma de llegar al Cielo; el catolicismo no denigra del trabajo duro, pero este no es

2 Bachelet, Pablo. *Gustavo Cisneros: Pioneer*. Planeta, 2004, p. 28.

necesariamente el camino al Cielo. Como hombre de negocios, prefería la ética protestante: hay que trabajar para salvarse.

Se dio cuenta de que si me quedaba en Venezuela, podría tener la "tentación" de tomar un giro equivocado. Entonces pensó: "Pongamos el cerebro de Gustavo a trabajar, pero en Estados Unidos". Creo que ya estaba planeando su sucesión.

Mi madre no discutió. Comprendió que mi padre era un tornado y que no había que atravesarse en su camino. Lo dejó seguir, mientras ella se quedaba en casa, cuidando el corazón de la familia. Conocía el valor de ser "el alma de la casa", y todos reconocíamos su mérito. Mi padre la consultó y la mimó durante toda su vida matrimonial; nosotros, los hijos, también.

Cuando conté lo que me había dicho el sacerdote, mi padre reaccionó de inmediato. Una semana después, yo me encontraba en un avión rumbo a Estados Unidos. Después de un curso intensivo de inglés, me matriculé en el primer ciclo de secundaria en el internado de Nyack, a las afueras de Nueva York, y más tarde me gradué en la Suffield Academy, una escuela preparatoria de Connecticut.

Un paréntesis breve: mi hermano Carlos, tres años mayor que yo, se encontraba ya estudiando en la Suffield Academy. Carlos tenía un don muy valioso: se llevaba bien con todo el mundo. Era guapo, buen atleta y elegante; todos los elementos necesarios para ser un tipo importante en el campus. También era muy amable, y me abrió puertas en el mundo estudiantil. Rápidamente me integré en la vida de Suffield y me sentí como en casa. Mi padre tenía razón: podíamos prosperar en el mundo anglosajón. Y eso era lo que quería hacernos ver.

Me mantuve en contacto con mi familia a través de cartas, llamadas telefónicas y viajes a Caracas durante las vacaciones escolares. Mi padre también viajaba con frecuencia a Nueva York, por negocios. Fue entonces cuando empecé a pasar mucho tiempo con él y a acompañarlo de cerca en sus reuniones de negocios. Al igual que mi padre, yo también me convertí en un camaleón cultural. Él sembró las semillas de mi propia mentalidad global.

He aprendido que si se quiere encajar en un país diferente, no basta con vivir allí. Hay que aprender su lengua y respetar su cultura. Como amante de la historia, me gusta saber con qué y con quién estoy tratando. Así que si estoy en París, me familiarizo con los temas que preocupan a la gente. Lo mismo cuando estoy en España, Miami o Nueva York.

Me gusta observar un país no solo desde el punto de vista de los negocios locales, sino también desde el punto de vista de su arte y sus artistas. La gente del mundo del arte es completamente distinta de la del mundo de los negocios. El arte mantiene el cerebro vivo, renovado y actualizado. Tengo una ventaja gracias a mi esposa, Patty, quien, como fundadora de la Colección Patricia Phelps de Cisneros, ha dedicado su vida a potenciar la apreciación de la diversidad y la sofisticación del arte de América Latina. Tenemos el privilegio de conocer a los artistas en sus estudios. Patty es una enciclopedia ambulante y sabe explicar muy bien los matices. Es como tener un profesor personal.

Patty y yo nos aseguramos de que nuestros hijos también se adaptaran culturalmente. Aunque la mayor parte de su escolarización fue en Venezuela, los tres recibieron una educación completamente bilingüe: Guillermo, el mayor, fue al St. Paul's School, de New Hampshire; luego, a la Universidad de Yale y a la Columbia Business School. Carolina, nuestra hija mayor, fue al Chapin School, de Nueva York, y al Miss Porter's School, de Connecticut; luego, a la Universidad de Georgetown. Y Adriana, nuestra hija menor, fue al Nightingale-Bamford School, de Nueva York; luego, a la Deerfield Academy, a la Universidad de Columbia y a la Facultad de Periodismo de la Universidad de

Nueva York. Teníamos un apartamento en Nueva York y pasábamos mucho tiempo allí; además, nos tomábamos vacaciones y fines de semana largos en Venezuela y República Dominicana, para que los niños no olvidaran sus raíces latinoamericanas.

Al igual que mi padre, siempre ofrecí a mis hijos la oportunidad de conocer mis negocios: de ser camaleones en diferentes entornos empresariales. Los invitaba a acompañarme en los viajes de trabajo y a asistir a mis reuniones. Como describiré más adelante, cuando Adriana cumplió 14 años y estaba de vacaciones de primavera, me acompañó en un viaje por Suramérica para el lanzamiento de DirecTV, el proveedor de servicios de transmisión directa por satélite. Doce días, doce países. Llegábamos por la noche, dábamos una rueda de prensa por la mañana y firmábamos el contrato con nuestros socios locales. Por la tarde, Adriana hacía turismo y luego nos reuníamos para cenar. Los dos nos divertíamos.

Como me ocurrió con mi padre, a ella también le causaba curiosidad el mundo de los negocios y quería conocer más. Y como él, yo estaba encantado de ayudarla.

* * *

“Satisfacer la necesidad del cliente”

Mi padre empezó su primera aventura en el mundo de los negocios siendo un adolescente que buscaba ganar dinero extra para la familia. Su idea inicial fue hacer helados utilizando un congelador manual que funcionaba con hielo y agua salada.

Pensándolo bien, me imagino que mi padre no tardó en darse cuenta de que no merecía la pena tanto esfuerzo. Cambió de rumbo, y pronto se le ocurrió una idea más dulce: los caramelos. Y no cualquier caramelo. La numerosa comunidad de exiliados venezolanos de Puerto España añoraba el sabor de su tierra: en concreto, el *papelón*: una golosina elaborada con azúcar y melaza. El papelón tradicional no existía en la isla, ya que Trinidad no producía melaza. Mi padre recurrió a la experiencia de su madre en la fabricación de dulces y, juntos, diseñaron un molde de madera y una receta cuyo resultado fue algo parecido al papelón en sabor y aspecto. Lo ofreció en la calle y se vendió muy bien. Mi padre recordaba: "Fue mi primera experiencia orientada a satisfacer la necesidad del cliente".

En Caracas, mi padre y su hermano Antonio decidieron probar suerte en el nuevo y prometedor sector del transporte público en autobús, y prestar así un servicio a la creciente población de la ciudad. Obtuvieron licencia para operar una ruta en Catia, un barrio obrero en desarrollo, al oeste de la ciudad, y convirtieron su camión en un autobús, al que llamaron 'El Expedito'. En la pequeña ciudad que era entonces Caracas, el servicio era muy personal. Para garantizar la calidad, se mudaron a una casa en el barrio de Nueva Caracas, que tenía garaje, donde podían aparcar y hacer el mantenimiento de su autobús.

La economía de Caracas en las décadas de 1920 y 1930 estaba en auge, pero mucha gente seguía siendo tan pobre que no podía pagar el transporte público. Mi padre recordaba: "Al principio, hacíamos nuestros recorridos sin apenas pasajeros. Entonces decidimos bajar la tarifa. Al cobrar solo una *locha* —12 céntimos y medio—, el número de clientes se multiplicó". La tarifa siguió siendo la misma durante más de veinte años.[3]

El negocio creció; otros vehículos se unieron a El Expedito y, a mediados de los años treinta, mi padre y Antonio habían

---

3 Bermúdez, Alfredo. *Diego Cisneros: A Life for Venezuela*. Fundación Diego Cisneros, 1992, p. 55.

creado un parque de más de 200 autobuses; una cifra gigantesca para una ciudad de menos de 250.000 habitantes.[4]

Los hermanos se aseguraron de que el servicio fuera de primera clase. Contrataban a gente que quería dedicarse al negocio; al igual que los taxistas, que tienen que comprar su propio distintivo, los conductores de autobús invertían su propio capital en "su" autobús y cobraban una comisión. Como resultado, los vehículos estaban limpios y bien cuidados, y llegaban a tiempo, porque los conductores veían la compensación directa de mantener un ambiente agradable y un servicio eficiente y fiable. También contribuyó el hecho de que mi padre se apostara en las esquinas de Caracas para comprobar personalmente que los conductores cumplieran los horarios.[5]

Me enseñó a ser puntual, y es algo en lo que insisto. América Latina era famosa por su mentalidad del "mañana", pero yo siempre quise que la gente valorara el tiempo: tanto el suyo como el de los demás. Cuando ingresamos al mundo de la televisión, nos vimos obligados a ser puntuales. El telediario tenía que empezar a las 9 en punto, no a las 9:03. La única forma de cumplir el horario era contratar gente que supiera gestionar el tiempo con eficacia. Si había retrasos, nos poníamos al día al final de la jornada. Era más difícil ser puntuales en nuestra vida personal, pero Patty y yo nos lo imponíamos y nos asegurábamos de que los niños lo fueran. Manteníamos la puntualidad estadounidense. Cuando nos invitaban a una cena o a un acto que empezaba a las 8, llegábamos a las 8 en punto. Este hábito nos favoreció cuando la organización se expandió por Estados

---

4 https://en.wikipedia.org/wiki/Timeline_of_Caracas#20th_century

5 Rodríguez, José Ángel. *Los Cisneros: Rostros y rastros de una familia, 1570-2015*. Fundación Cisneros, 2017, p. 92.

Unidos y Europa. Llevábamos la puntualidad en la sangre. Las reuniones empezaban siempre a tiempo.

Mi padre y Antonio abandonaron el negocio de los autobuses en 1939, cuando se enteraron de que la Alcaldía de Caracas quería controlar las tarifas. Una vez que los precios pueden ser fijados por el gobierno, y no por el mercado, se tiene como resultado una fórmula para el desastre. Vendieron los autobuses a los conductores, muchos de los cuales formaron su propia cooperativa. Fue una forma eficaz de arreglar las cosas, y el público nunca se percató de ello.

Del transporte en autobús pasaron a otro mercado prometedor: la venta de piezas de repuesto y el mantenimiento del creciente número de coches y otros tipos de vehículos. En 1940, él y Antonio lanzaron D. Cisneros & Cía., que se concentró en la venta de diversos bienes de consumo, como electrodomésticos de la marca Hamilton y camiones REO.

Pero estas empresas se verían luego eclipsadas por la fundación de Pepsi-Cola de Venezuela. El proceso comenzó por casualidad. En 1939, mientras Antonio visitaba Nueva York en su luna de miel, acudió a una de las principales atracciones de la época: la Feria Mundial. Allí conoció Pepsi-Cola.

Se enamoró del sabor y el espíritu de la marca. Aunque su eterna rival, Coca-Cola, era el refresco oficial de la feria,[6] Pepsi competía con fuerza. Sus botellas de 12 onzas eran el doble de grandes —las etiquetas decían: *Bigger drink. Better flavor*—, pero se vendían al mismo precio.[7]

Antonio vio una oportunidad. Enseguida se puso en contacto con los representantes de la empresa y se negó a abandonar

---

6 https://www.1939nyworldsfair.com/worlds_fair/wf_tour/zone-3/zone-3.htm

7 https://www.britannica.com/topic/PepsiCo-Inc

el despacho hasta cuando le aseguraron que él y mi padre tendrían derecho a negociar la concesión para embotellar y distribuir Pepsi-Cola en Venezuela. Fue la primera concesión exclusiva otorgada por la empresa fuera de Norteamérica. Esto permitió a los hermanos coordinar la fabricación, comercialización, distribución y publicidad con una estrategia combinada y uniforme.

El acuerdo se cerró el 8 de mayo de 1940, y la primera planta de Pepsi-Cola en Venezuela se inauguró en septiembre del mismo año. Los hermanos estimaron inicialmente que podrían abastecer a todo el país con 1.300 cajas diarias para Caracas y 200 para el interior. Una máquina primitiva, capaz de llenar 1.800 botellas por hora, se consideró suficiente. Se equivocaron.

Casi de la noche a la mañana, Pepsi-Cola se convirtió en un gran éxito. Su sabor se ajustaba perfectamente al paladar y al clima venezolanos. A medida que Venezuela crecía —la población de Caracas se triplicó, al pasar de 400.000 habitantes en 1945 a 1,2 millones en 1954—, las ventas de Pepsi crecían con ella.[8] Se construyó una planta embotelladora; luego otra y otra más. En 1944, la producción de Pepsi-Cola en Venezuela era igual a la de Coca-Cola; en 1948 se duplicó y en 1952 Pepsi controlaba dos tercios del mercado nacional de refrescos.[9] Gracias a Cisneros, Venezuela era uno de los pocos países del mundo donde las ventas de Pepsi-Cola superaban a las de Coca-Cola.

Mi padre y su hermano formaban un tándem perfecto: conocían las fortalezas de cada uno y se complementaban muy bien. Mi padre era el hombre de las ideas y Antonio las hacía realidad. (Como describiré más adelante, Ricardo —mi her-

---

8 Bermúdez, Alfredo. *Diego Cisneros: A Life for Venezuela*. Fundación Diego Cisneros, 1992, p. 107.

9 *Ibid.*, p. 109.

mano menor— y yo, junto con nuestro primo Oswaldo, hijo de Antonio, seguimos su ejemplo).

Mi padre se esforzaba constantemente por hacer de Pepsi una bebida que complaciera a todos los sectores de la sociedad venezolana. Pepsi era, decían los anuncios, "un refresco de amistad", un producto que podía satisfacer el gusto de todas las personas (yo tendría el mismo objetivo en Univisión: reunir a un público muy diverso bajo el paraguas común del idioma español). Mi padre no se limitaba a satisfacer las necesidades de los clientes: se anticipó a ellas y las cultivó.

La publicidad masiva era entonces completamente desconocida en Venezuela, pero mi padre había visto cómo funcionaba en Estados Unidos, y de inmediato vio el potencial de traducir los eslóganes. "El mensaje siempre tiene que estar en la mente del consumidor", predicaba, y así fue: vallas publicitarias, carteles de neón, pancartas tanto dentro como fuera de los puntos de venta donde se vendía Pepsi, la radio (y más tarde la televisión) y docenas de otros canales de comunicación anunciaban: "Tiene más, sabe mejor".

Mi padre observaba continuamente las tendencias de los consumidores. Aplicando una vez más los conocimientos estadounidenses en investigación de mercados, instituyó encuestas periódicas y exhaustivas sobre las pautas de compra y las expectativas del público. Estos datos condujeron al éxito del lanzamiento de la línea Hit de refrescos, con sabores locales como piña, limón, naranja y *frescolita* (cola de color rojo).[10]

Mi padre consideraba a las pequeñas tiendas de barrio donde se vendían Pepsi y Hit como clientes de pleno derecho, con necesidades que satisfacer. ¿Querían impulsar su negocio?

---

10 Bachelet, Pablo. *Gustavo Cisneros: Pioneer*. Planeta, 2004, p. 31.

Él podía ayudarlas a atraer clientes. ¿Cómo? Proporcionándoles carteles publicitarios, frigoríficos, promociones y, por supuesto, un producto de calidad a bajo precio. Las tiendas de barrio se convirtieron en nuestro mayor aliado.

Los márgenes de ganancia en los refrescos son bajos, no como en la cerveza, cuyos márgenes son altos. Hay que ser muy eficiente. Mi padre insistía en ser siempre el productor de menor costo, para tener margen de crecimiento. Esa idea se extendió a todas nuestras empresas: No importaba en qué sector estuviéramos, siempre nos concentrábamos en empresas en las que podíamos ofrecer, a un mercado masivo, un servicio o un producto de calidad, a precios asequibles. Eso nos daba una enorme ventaja.

Fue una lección que aplicaría a lo largo de toda mi carrera.

La creación de un coloso

Pepsi-Cola Venezuela no solo fue un podio, sino también un trampolín para Diego Cisneros. A medida que Pepsi-Cola Venezuela empezó a generar más recursos, Cisneros diversificó sus participaciones en negocios satélite, que giraban en torno al producto principal y lo apoyaban.

No había elemento en la cadena de suministro que no estuviera controlado por Cisneros o por empresas en las que Cisneros tuviera intereses. Esta integración era una forma de garantizar un suministro constante de materias primas en un país donde la escasez podía producirse de manera inesperada.[11]

Las alianzas eran una forma eficaz de incorporar y aprovechar la experiencia externa. Diego Cisneros fue socio fundador de la planta venezolana de Liquid Carbonic, de Chicago, productora del dióxido de carbono que hacía efervescentes los

---

11 Bermúdez, Alfredo. *Diego Cisneros. A Life for Venezuela*. Fundación Diego Cisneros, p. 146.

refrescos. Otro ingrediente esencial era el azúcar; mi padre se asoció con don Jesús Azqueta, un experimentado azucarero cubano, en los ingenios Central Azucarero Portuguesa de Matilde Central, lo que supuso un paso decisivo en la modernización de la industria azucarera venezolana. Tapas Corona se estableció con la familia Zapata en México, para suministrar tapas de botellas, y gracias a una alianza con la fábrica Ferré se construyó una planta para fabricar las botellas.[12]

Mi padre se tomaba muy en serio la responsabilidad de asociarse. Se aseguraba de que sus socios obtuvieran el valor de su dinero. Pero si los socios no cumplían su parte suministrando productos de calidad a bajo precio, terminaba las alianzas. Era firme y por eso tuvo tanto éxito.

Desde el principio, Diego se dio cuenta de que una forma clave de diferenciar Pepsi de otros refrescos era asegurarse de que fuera realmente refrescante: "Si está fría, se vende", predicaba. Pero había un problema: gran parte del país no tenía electricidad para alimentar los frigoríficos. En consecuencia, fundó una gigantesca empresa para producir cubos de hielo, y así fue como en Venezuela se logró almacenar en frío de forma masiva.

Diego Cisneros reconoció que para hacer crecer el mercado tenía que ofrecer otros productos, además de Pepsi. Creó, entonces, Concentrados Nacionales para producir los sabores de la línea de refrescos Hit.[13] Puesto que Cisneros ideó y fabricó los sabores, no hubo que pagar regalías, como en el caso de la fórmula de Pepsi-Cola. Todas las ganancias volvían al negocio.

Conjugó su creciente experiencia en la fabricación de hielo, el almacenamiento en frío y la fabricación de sabores para crear

---

12 Rodríguez, José Ángel. *Los Cisneros: Rostros y rastros de una familia, 1570-2015*. Fundación Cisneros, 2017, p. 106.

13 Bachelet, Pablo. *Gustavo Cisneros: Pioneer*. Planeta, 2004, p. 31.

el helado Tío Rico. Luego firmó un acuerdo con Borden's, a fin de compartir sus conocimientos técnicos, lo cual condujo a que Tío Rico se convirtiera en la empresa de helados número uno de Venezuela. Más tarde, abrió un mercado completamente distinto con las paletas. Mi hermano Carlos heredó el talento para el *marketing* de nuestro padre, y revolucionó aún más el negocio de los helados inventando productos para niños, lo que en aquella época era una forma totalmente distinta de vender helados. Los niños manifestaban a sus padres lo que querían y los padres compraban lo que sus hijos les decían. Como empresa impulsada por los niños, Tío Rico pasó de ser una empresa sólida a convertirse en una compañía de grandes proporciones.

Diego Cisneros también sumó la franquicia de automóviles Studebaker a la ya existente distribución de camiones REO, lo que le permitió suministrar elegantes y robustas carrocerías Studebaker para los camiones de Pepsi-Cola. Todas las partes de la empresa eran simbióticas, lo que creaba una operación verticalmente integrada y diversificada cuyo alcance y eficacia eran difíciles de igualar. Al principio de su carrera, Roberto Goizueta, que llegó a ser presidente y CEO de Coca-Cola, fue enviado a Venezuela para intentar ampliar el mercado de Coke. Al referirse a la compañía Pepsi-Cola en Venezuela, escribió: "Nos superaron en métodos y en inteligencia", y añadió: "Juré que algún día nos vengaríamos". (De hecho, no solo se vengó, sino que consiguió algo aún mejor, como describiré en la parte II).

Para gestionar esta empresa en rápido crecimiento, Diego Cisneros creó, a finales de los años cincuenta, la Oficina Central de Asesoramiento y Asistencia Socio-Técnica (OCAAT). La OCAAT era el núcleo, el centro de operaciones que coordinaba y perfeccionaba constantemente las funciones comunes de las distintas divisiones, como finanzas, publicidad, recursos humanos y servicios jurídicos. Así se estableció el modelo de *centralismo descentralizado*: un equilibrio entre control central y amplia autonomía operativa dentro de las competencias específicas de cada entidad.

Poner todas las funciones de gestión bajo un mismo techo era, en aquel momento, una idea revolucionaria en Venezuela —ni siquiera las compañías petroleras internacionales lo hacían—. Sin embargo, más que una novedad, supuso una enorme mejora en la racionalización de la empresa, y pasó a ser durante años la filosofía predominante de la organización.

Lo que hacía que la empresa funcionara a la perfección eran los principios de gestión de mi padre, que yo veía aplicados todo el tiempo y en todas partes, y que él compartía conmigo en nuestros seminarios personalizados.

* * *

"Si se encuentra a la persona adecuada, es posible hacer cualquier negocio"

Todas las empresas que componían Cisneros se distinguían por su tecnología de vanguardia, sus precios competitivos y, sobre todo, por la rigurosa capacitación de sus empleados para desarrollar su trabajo operativo. Se esperaba que los empleados mejoraran continuamente sus habilidades, y eran una de las fuentes esenciales de innovación de la empresa.

Mucho antes de que la frase "Nuestros empleados son nuestro mayor activo" se convirtiera en un tópico, mi padre creía que sus empleados eran realmente lo que daba a Cisneros su ventaja competitiva. "Todas estas máquinas y edificios son solo ladrillos y cemento —le gustaba decir—. Lo que importa es la gente que viene aquí a trabajar".

Uno de los principios que repetía con frecuencia era: "La persona es lo primero. Si encuentras a la persona adecuada, puedes hacer cualquier negocio". Y, ¿quiénes eran "las personas adecuadas"? En su opinión, los inmigrantes o los hijos de inmigrantes.

Como inmigrante que vino de Cuba a Trinidad, y luego, de Trinidad a Venezuela, mi padre conocía a la perfección las características de alguien que puede sobrevivir y prosperar en un nuevo entorno. Sabía que los inmigrantes compartían un objetivo similar: alcanzar una vida mejor para ellos y sus familias. Al fin y al cabo, por eso dejaron su país de origen.

En el lugar de trabajo, eso se traduce en la voluntad de trabajar muchas horas y con ganas. Los inmigrantes harán el trabajo y, lo que es igual de importante, seguirán las normas al 100 %, pues saben que no pueden permitirse cometer un error (lo sé de primera mano: cuando llegué por primera vez a Estados Unidos, me sentía igual. No me atrevía a meter la pata. Y si lo hacía, me aseguraba de corregir las cosas inmediatamente).

Como están acostumbrados a enfrentarse a tantos retos —un idioma distinto, una cultura diferente, otro sistema político... —, los inmigrantes se adaptan bien a las diversas circunstancias. Tienen una perspectiva internacional, dominan al menos dos idiomas y comparten valores similares de clase media sobre la familia y la educación. Pueden apostar a que sus hijos tendrán al menos un título universitario, y a menudo, más. En consecuencia, tendrán éxito en cualquier ámbito.

Tras la Segunda Guerra Mundial, Venezuela se vio inundada de inmigrantes originarios de Europa. Entre 1947 y 1951, acogió a más de 17.000 refugiados y desplazados, a través de la Organización Internacional de Refugiados (OIR), lo que la convirtió en el décimo país receptor del programa de reasentamiento de la OIR a escala mundial, y el tercero en relación con su propia población.[14] Venezuela era uno de los principales destinos de los refugiados por una sencilla razón: se le consideraba un país de oportunidades. Gracias a su ilimitado suministro de petróleo, la nación disfrutaba del nivel de vida más alto de América Latina,[15] y en 1950 era la cuarta nación más rica del mundo per cápita.[16] Se convirtió en el campo de entrenamiento de todas las grandes corporaciones multinacionales: gigantes de bienes de consumo como Procter & Gamble y Palmolive, fabricantes de automóviles y, por supuesto, todas las compañías petroleras enviaron allí a su mejor personal para perfeccionar sus habilidades y obtener una parte del negocio. El país era un hervidero multicultural de ideas e iniciativas, tanto empresariales como artísticas.

El jefe de compras de Cisneros se llamaba Rafael Navarro, un judío sefardí cuya familia había emigrado de Marruecos a Cuba, y luego, a Venezuela. Pese a todos sus talentos, ¿por qué había decidido ir a Venezuela? Su respuesta fue: porque "esto es maná caído del cielo".

En otras palabras, mi padre aprovechó su talento, y valió la pena. Yo seguiría su ejemplo. Cuando yo asumí la dirección de la empresa, casi todos nuestros altos ejecutivos eran hijos de inmigrantes.

---

14 Pisarz-Ramirez, Gabriele y Hannes Warnecke-Berger (eds.). *Processes of Spatialization in the Americas*, p. 244. https://www.peterlang.com/view/9783631772089/html/ch22.xhtml

15 https://en.wikipedia.org/wiki/Economy_of_Venezuela.

16 *Ibid.*

* * *

"Contratar a los mejores, y confiar en ellos"

Mi padre siempre añadía este corolario fundamental: "Trata a todos con respeto, como si fueran los dueños de la empresa". La confianza, entonces, era la piedra angular de la empresa. Esperábamos que la gente fuera honesta y, a cambio, les dábamos mucha libertad de acción. Cuando el jefe confía tanto en uno, se siente mucha responsabilidad y se actúa en consecuencia.

Esa fue la clave de nuestro crecimiento. Todo el mundo trabajaba como si fuera dueño de la empresa, porque se sentía dueño de la empresa. No importaba cuál fuera su posición en la organización, sentían que tenían comunicación directa con la cúpula; sentían que sus opiniones importaban, y así era. Los niveles de dirección eran muy reducidos y estaban muy repartidos, así que siempre se sabía para quién se trabajaba. Era una verdadera empresa familiar.

Por eso siempre he confiado más en las personas que en los sistemas. Cuantos más sistemas se pongan en marcha, más fuerte será la señal de que no se confía en las personas. Y cuando se crece muy rápido, los sistemas pueden destruir. Las personas son mucho más adaptables que los sistemas.

* * *

"Si el jefe tiene la capacidad de aprender, el empleado también"

La curiosidad era un punto fuerte que mi padre afinaba constantemente en sí mismo y fomentaba en los demás. Creía que la curiosidad abría los ojos a las oportunidades; a su vez, abrir los ojos a las oportunidades permitía detectar y adelantarse a las circunstancias cambiantes. Si uno se adelanta a los acontecimientos, se siente menos miedo a lo que pueda estar a la vuelta de la esquina.

Para aumentar su capacidad de aprendizaje, mi padre siempre tenía un listado de preguntas. Cuando inspeccionaba una planta embotelladora, por ejemplo, interrogaba al director: ¿cuál era el grado de carbonatación? ¿Cuál era el resultado de la prueba Brix de densidad? Algunas preguntas sobre las pruebas de control de calidad eran tan detalladas que los directivos debían realizarlas ellos mismos para sentirse seguros de sus respuestas. Fue una forma excelente de obligarlos a ampliar su propia capacidad de aprendizaje.

No se limitaba a hacer preguntas, sino que absorbía información como un hambriento en un banquete. Creo que hay una diferencia importante entre ser quisquilloso y hacer preguntas porque se está realmente interesado. Mi padre no solo estaba interesado: estaba fascinado. Podía envolverte en una vorágine de preguntas, pero su energía era tan positiva que no podías evitar sumergirte en ella.

La curiosidad es un *círculo virtuoso*: cuanto más se aprende, más se quiere aprender. Lo sé, porque a mí me ocurre lo mismo. Hay que cultivar la curiosidad. Si no se tiene curiosidad, les aseguro que eso frenará una carrera.

* * *

"Fallar es fallar, no importa si es por un centímetro o por mil metros"

La insaciable curiosidad de mi padre y su insistencia en el pensamiento creativo iban acompañadas de un deseo irrefrenable de superación, como persona y como empresario. Siempre estaba buscando nuevas posibilidades y soluciones innovadoras. Cuando conocí el concepto japonés *kaizen*, o mejora continua, me pareció familiar: mi padre llevaba años predicándolo. Su mantra era: "Siempre se puede hacer mejor".

Era implacable en su búsqueda de la calidad en los negocios: de la calidad del producto, de las fábricas donde se producía, de las plantas embotelladoras donde se envasaba, de los camiones que lo repartían, de la red de distribución que lo ponía a disposición de cualquiera que buscara una bebida refrescante, de los anuncios que lo comercializaban, y así sucesivamente, a través de cada paso de la cadena de suministro.

Por ejemplo, uno de los obstáculos para el crecimiento de la empresa fue el transporte de sus productos. Al principio, las botellas se transportaban en cajas de madera que se rompían con facilidad, y eso provocaba pérdidas de mercancía. Mi hermano mayor, Diego, se dio cuenta de que en Europa se utilizaban cajas de plástico y sugirió que se emplearan en las instalaciones de Cisneros en Venezuela. Mi padre y Diego viajaron a Alemania, donde obtuvieron una patente; consiguieron financiación, compraron el equipo y montaron una fábrica con tres máquinas. Como la demanda se disparaba, Gaveplast —Gaveras Plásticas Venezolanas, nombre de la nueva empresa— comenzó a funcionar 24 horas al día, 7 días a la semana, y solo paraba la producción en los días festivos.[17]

Mi padre buscaba expertos en todas partes y de todas partes. Contrataba habitualmente a empresas consultoras estadounidenses para que lo ayudaran en la planificación empresarial y las estrategias a largo plazo. Reclutaba talentos en Cuba, incluso antes de que la revolución castrista desencadenara una avalancha

---

17 Rodríguez, José Ángel. *Los Cisneros: Rostros y rastros de una familia, 1570-2015*, p. 105.

de exiliados angloparlantes bien formados. Captamos a montones de ejecutivos y técnicos. Colombia, que proporcionaba a su gente un alto grado de educación y buena formación, fue otra fuente de talentos.

En su obsesión por la mejora continua y el control de calidad, mi padre solía decir: "Fallar es fallar, no importa si es por un centímetro o por mil metros". Estaba decidido a no fallar ni un milímetro.

* * *

"Quien se detiene se estanca. Y quien se estanca está perdido"

Mi padre rompió moldes tanto en su vida personal como en sus negocios. Le encantaba pasar tiempo en California. "En California ves las cosas de otra manera —solía decirme—. Te renuevas y refrescas".

Una vez ingresamos en el negocio de la televisión, a través de Venevisión —como describiré más adelante—, pasábamos mucho tiempo en *Golden State*. Juntos conocimos a la gente de Paramount, Disney, Twentieth Century Fox y ABC, que nos suministraban la programación que emitíamos. Mi padre y yo nos dimos cuenta de que eran personas diferentes que hacían cosas diferentes. Tenían otra mentalidad. Para ellos, todo era posible, cualquier cosa podía ocurrir.

Mi padre se deleitaba con esa creatividad californiana; quizá, incluso, la envidiaba. Ambos intentamos cultivar esa cualidad en nosotros. Como decía mi padre, "California tiene que estar en tu mente". Una de las formas como cultivaba su "californiano interior" era a través del yoga. Le encantaba el yoga y lo practicaba mucho. Esto ocurría en los años cincuenta, cuando la mayoría de la gente pensaba que la posición *downward dog* del yoga era una orden para perros díscolos. Visitaba regularmente Rancho La Puerta, un balneario de California —yo asistía a todas sus clases— y trajo a Indra Devi, una profesora estrella de Rancho La Puerta, conocida como 'La primera dama del yoga', para que viviera con nosotros en Venezuela y le diera clases particulares.

Como todos sabemos ahora, el yoga no es solo una serie de ejercicios físicos, sino un camino constante hacia la iluminación. Era la práctica perfecta para mi padre, a quien le gustaba decir: "Quien se detiene se estanca. Y quien se estanca está perdido".

* * *

"El dinero es como el estiércol: si se esparce, todo crece"

Puede que mi padre empezara casi de la nada, pero no era un tacaño. Era implacable a la hora de invertir en la organización. Si decidía que merecía la pena adquirir un negocio, lo adquiría sin intentar comprarlo con descuento. Cuando compramos la cadena de supermercados CADA a los Rockefeller, por ejemplo, la gente dijo que estábamos locos por pagar el precio que pagamos. Pronto demostramos que no habíamos pagado de más; en todo caso, como describiré en la parte II, pagamos de menos.

También creía en la inversión en las personas: pagarles salarios decentes y ofrecer incentivos y primas en reconocimiento del trabajo bien hecho. La suya fue una de las primeras organizaciones de Venezuela en hacerlo.

En aquella época, los mejores empleos —es decir, los que ofrecían estabilidad y un buen salario— estaban en las compañías petroleras extranjeras. Mi padre quería que Cisneros se convirtiera en un imán de talentos: quería ofrecer a jóvenes inteligentes una opción real.

Si querían un trabajo estable, aunque convencional, optaban por el petróleo. Si querían emoción y oportunidades de crecimiento y la posibilidad de hacer algo por su país, venían donde nosotros. Nos convertimos en el Google de la época. Pagábamos mucho a nuestra gente y ellos nos retribuían con su lealtad. Muchos se quedaron con nosotros durante décadas.

Mi padre también me daba consejos solo para mí. Seguirlo me ayudó a concentrar mi energía, a identificar y perfeccionar las habilidades fundamentales para lo que hacía y no perder el tiempo en actividades irrelevantes. Creo que eso me hizo mejor líder y mejor persona.

* * *

"Hay que dejar el ego a un lado"

Yo era un muchacho arrogante, pero mi padre era muy estricto y exigente. Cada vez que yo cometía un error, me lo hacía notar. Cuando se daba cuenta de que yo me sentía orgulloso de mí mismo, me señalaba mis defectos. Era mi crítico más severo, pero no se limitaba a criticar. Tuvo la paciencia de enseñarme que había otra manera de ser.

"Gustavo, tienes que dejar tu ego a un lado —me decía—. Tienes que ser humilde. No se nace así, pero se puede aprender. Todo el mundo tiene algo que aportar. Hay que prestar más atención a lo que se dice que a la persona que lo dice. Si no estás abierto a los demás, si insistes en encerrarte en un estrecho círculo de relaciones e ideas, entonces los problemas simplemente girarán a tu alrededor y no habrá posibilidad de resolverlos. Para salir de la trampa, tienes que abrirte a nuevas ideas y escuchar atentamente las opiniones de los demás".[18]

Me ejercité para ser más paciente. No era natural, pues, por supuesto, tenía ego, un ego inmenso. Pero pronto descubrí que hay grandes recompensas en no insistir en ser el último en ceder en un debate. En concreto, aprendí a escuchar mejor.

Mi padre siempre insistía en que primero escuchara antes de abrir la boca. Si daba una opinión fuera de lugar, me miraba para que supiera exactamente en qué me había equivocado. "Piensa antes de hablar —me amonestaba—. No te limites a tomar decisiones: piensa en soluciones" (¡todavía hoy lo intento!).

También me pedía que hiciera siempre resúmenes de las reuniones inmediatamente después de terminadas, con el fin de rendir un informe. Así aprendí a concentrarme y a tomar buenas notas. Fue un gran entrenamiento. Con el tiempo, me di cuenta de que cuanto más crecíamos, debía escuchar más y hablar menos. Había tanta información que me resultaba abrumador; lanzarse a una discusión habría sido como zambullirse en un río caudaloso y lleno de rápidos. Lo más adecuado era mantenerme al margen, y así obtener una buena perspectiva.

Pronto vi las ventajas de escuchar en lugar de actuar o de expresar lo primero que se me venía a la mente. Empecé a comprender que todo el mundo tiene algo interesante que decir si te tomas el tiempo de escucharlo. Y las personas que rodeaban a mi padre siempre tenían algo interesante que decir: eran brillantes, originales y a menudo veían una forma diferente de hacer las cosas. Yo no tenía que estar de acuerdo; solo tenía que escuchar. Así es como obtenía —y sigo obteniendo— ideas: escuchando a la gente.

---

18 Bermúdez, Alfredo. *Diego Cisneros: A Life for Venezuela*. Fundación Diego Cisneros, 1992, p. 158.

Creo que todo el mundo tiene algo que aportar a una conversación, ya sea un político, un intelectual, un empresario o un pescador. Lo que tienen que decir puede ser completamente distinto de lo que yo pienso, pero me gusta tener esa variedad de informaciones. Se pierde el tiempo siendo esnob, y quizá se pierden oportunidades.

Hay que estar abierto a que lo convenzan a uno. Y la única manera de hacerlo es escuchar. Por ejemplo, tuve una buena relación con Carlos Fuentes, un gran escritor latinoamericano. Junto con otros empresarios, políticos e intelectuales, fundamos el Foro Iberoamérica (del que hablaré en la parte III). Era un hombre de izquierdas, pero abierto a todos: empresarios, intelectuales, políticos. Su talento consistía en atraer a las mejores mentes para que se centraran en los problemas. No estábamos de acuerdo en muchas cosas, pero aprendí a respetarlo, y algunas veces me convenció de que cambiara de opinión.

Fuentes me presentó a Gabriel García Márquez, otro gran escritor. Gracias a Fuentes, García Márquez y yo sostuvimos muchas conversaciones y él me abrió la puerta de su alma. García Márquez era un devoto izquierdista. Yo soy un capitalista convencido y un profundo creyente en la democracia. Una vez pudimos salvar ese abismo, me unía a García Márquez en sus paseos nocturnos por Cartagena. Él iba de bar en bar, inventando canciones y poemas, reuniendo a un grupo cada vez más numeroso de gente, hasta que acabábamos en una taberna al amanecer, para desayunar. Tenía don de gentes, y en esas salidas aprendí más sobre la naturaleza humana que lo que habría podido aprender de otra persona.

En mi proceso, aprendí a entender y a trabajar con gente completamente distinta de mí. Fue una lección inmensa que pude aplicar a los negocios. Si podía llevarme bien con García Márquez y Fuentes, podía llevarme bien con cualquiera. Eso me dio una ventaja hasta el día de hoy: soy capaz de hablar con cualquiera.

También descubrí muy pronto que si dejaba a un lado mi ego era más fácil pedir a los demás que dejasen a un lado sus egos. Cuando dirigí la empresa, teníamos un grupo de ejecutivos muy inteligentes y, como es natural, con un ego muy grande. Necesitaban un ejemplo de cuándo guardar su ego en el armario y cómo hacerlo; como su jefe, yo era un fuerte modelo para seguir. Como resultado, se convirtieron en un grupo de personas con talento que sabían cómo dar un paso atrás, ser ambiciosos sin jactarse.

Es algo en lo que sigo trabajando —quizá no lo suficiente—. Todos los días me digo: "Tienes que controlar, controlar y controlar tu ego". Todo empieza por aprender a mantener la boca cerrada y escuchar.

* * *

"No hay que perder el tiempo haciendo de contable. Hay que contratar al mejor contable"

Y a los mejores administradores, a los mejores financieros, a los creativos más inteligentes, y así sucesivamente. Mucho antes de que Donald Clifton y Marcus Buckingham nos exhortaran a "descubrir tus fortalezas", mi padre me decía lo mismo (hablaré de cuáles creo que son mis puntos fuertes y mis responsabilidades como líder en la parte II).

"No pierdas el tiempo haciendo lo que otros pueden hacer mejor —me decía—. No tienes que aprenderlo todo. La gente lista puede hacerlo todo. Si contratas a gente lista, ahorrarás mucho tiempo". En muchos sentidos, me estaba corroborando algo con lo cual yo estaba de acuerdo. Tengo dislexia para los números. Gracias a mi padre, no perdí el tiempo peleándome con los números. En lugar de eso, siempre contraté a los mejores. Y luego, cuando aparecieron los ordenadores, los apoyamos con estos aparatos.[19]

Así mismo, como señaló mi padre, soy muy mal administrador. Me gusta decir que eso también lo heredé de mi padre. Pero él ya sabía eso de sí mismo, y por eso tenía administradores muy fuertes y gente de finanzas de alto nivel trabajando para él. Y me inculcó esa filosofía: contratar gente mejor que yo.

* * *

"No hay que limitarse a criticar. Hay que traer una solución"

Mi padre reservaba sus críticas más duras para mí cuando yo planteaba problemas sin proponer una solución. Se negaba a escuchar un argumento a menos que se presentara con una solución inteligente. "No te limites a criticar —me decía—. Dame una solución".

Tardé mucho tiempo en hacer que mi mente funcionara así. Pero es un ejercicio que se me ha quedado grabado. Hay que centrarse en la solución, y no en las personalidades. Cuando se conoce gente hay que mantener la mente abierta. Hay que buscar lo mejor de las personas, y no lo peor. Hay que confiar en ellas, y ellas, a su vez, confiarán en uno.

---

19 Entramos en el negocio de los computadores muy pronto, representando a Fujitsu, NCR —e incluso, Apple— en Venezuela. Yo quería aprender a venderlos, lo cual significaba aprender cómo funcionaban y cómo podíamos utilizarlos. Lo que mi padre hizo con Coca-Cola yo pude hacerlo con IBM. Venezuela era el mayor mercado de IBM en América Latina hasta que les ganamos. Era la primera vez que IBM perdía el primer puesto. Saber que se podía vencer a un gigante como IBM me dio mucha confianza para crecer fuera de Venezuela.

Mi padre era una persona muy positiva, y ahora, gracias a esa disciplina, soy una persona muy positiva. Mi padre me enseñó los beneficios de ser positivo: "Si aportas una solución, te sentirás mejor —aseguraba—. Es bueno ser crítico. Pero es mejor ser alguien que construye".

* * *

"Es necesario construir sobre la base de elementos comunes, y no apartarse cuando hay diferencias"

Mi padre siempre me decía: "No puedes juzgar a la gente. Tienes que saber lo que hacen y con quién lo hacen, lo que les gusta y lo que detestan, dónde van a la escuela, dónde salen de fiesta. Tienes que emborracharte con ellos de vez en cuando. Y no seas esnob —añadía—. Tienes que relacionarte con todas las personas e inspirarte en ellas, sean quienes sean. Construye sobre la base de elementos comunes, y no te apartes cuando haya diferencias".

* * *

"Solo se necesita una persona visionaria a la vez"

Mi padre se rodeó de gente más inteligente que él. Se aseguró de tener un buen equipo ejecutivo y de que contrataran a buenos asistentes. Eso hacía parte de su afán de aprender, así como de asegurarse de que las distintas divisiones de la empresa funcionaran bien por sí solas, sin tener que supervisarlas constantemente. Pero cuando estaba en una sala de reuniones, tenía un enfoque práctico y una presencia extraordinaria. Todo el mundo se sentía inspirado por él y buscaba su consejo.

Cuando empecé a implicarme más en la organización, sugerí muchos cambios. Un día me llevó aparte y me dijo que me calmara. "La visión ya está fijada —me dijo—. Sí, podemos mejorarla. Pero no ahora. Ahora funciona bien. Espera tu turno. Solo podemos tener un visionario a la vez". Fue una lección de humildad. Los jóvenes de 20 años creen que lo saben todo. Dicen: "Yo podría hacer eso y podría hacerlo mejor". Me corrigió con suavidad y me señaló que primero debía ganarme esa atribución.

"Los retos son nuestro principal negocio"

Durante más de un siglo, desde que se declaró independiente de España, en 1811, y de la Gran Colombia —vestigio del Imperio español—, en 1830, Venezuela estuvo marcada por la agitación política y la autocracia, y su gobierno fue un caleidoscopio de dictaduras, juntas militares, caudillos regionales que luchaban por el poder, golpes de Estado y, en ocasiones, una guerra civil abierta, como la que llevó a la familia de la madre de mi padre a exiliarse de Venezuela.

Sin duda, mi padre escuchó esas historias por boca de sus parientes y de otros miembros de la numerosa comunidad venezolana de Trinidad. Y no solo eso. Poco después de regresar a Venezuela experimentó personalmente, en dos ocasiones, la represión y los caprichos de un gobierno autoritario. Su primera experiencia tuvo lugar cuando la policía disolvió una reunión de Dos Caminos, un equipo de fútbol aficionado al que se había unido, porque el régimen sospechaba de los grupos de jóvenes que se reunían en público.

Su segunda experiencia fue más grave. Mi padre había solicitado los permisos necesarios para poner en marcha su empresa de transporte público en autobús y, tras una larga espera, logró conseguir una cita con el secretario del gobernador, el general

Rafael María Velasco. Sin embargo, cuando llegó al despacho del general Velasco, un agente de policía se negó a dejarlo entrar. Mi padre le mostró la notificación de su cita. El oficial respondió a esa supuesta afrenta a su autoridad deteniendo a mi padre y haciendo que lo llevaran a la sede de la Policía de Caracas, donde permaneció incomunicado. Finalmente, tras cinco largos días, fue puesto en libertad, tan inexplicablemente como había sido detenido. Estas demostraciones de arbitrariedad causaron una impresión duradera en mi padre, reforzaron su deseo de promover y, posteriormente, apoyar la democracia en Venezuela.

En diciembre de 1935, falleció el general Juan Vicente Gómez, el dictador que había gobernado el país durante 27 años. Aunque seguía siendo un país pobre, rural y en su mayoría analfabeto, Venezuela estaba evolucionando: el auge del petróleo trajo consigo la migración del campo a los centros urbanos, había redes de radio en todas las ciudades importantes y el país empezaba a estar unido por una red de carreteras y autopistas. La brecha social entre ricos y pobres era, en todo caso, más profunda que antes, pero había surgido una incipiente clase media.[20] Los sucesores de Gómez restablecieron algunas libertades civiles, al permitir, por ejemplo, la reaparición de partidos políticos, sindicatos y organizaciones profesionales, y el regreso de exiliados políticos.

Uno de esos exiliados fue Rómulo Betancourt, que llegó a ser conocido como 'El Padre de la Democracia Venezolana'. Mi padre lo conoció en 1937, un año después del regreso de Betancourt. Su cálida amistad perduró a lo largo de sus vidas. "Aunque no he desempeñado un papel activo en política —dijo una

---

20 https://en.wikipedia.org/wiki/History_of_Venezuela_(1908%E2%80%931958)

vez mi padre—, siempre me he identificado con los valores democráticos".[21]

En 1958, tras otra serie de golpes de Estado y exilios, Betancourt fue elegido presidente en las primeras elecciones libres celebradas en Venezuela en una década. Sin embargo, el nuevo gobierno se tambaleaba, y la amenaza más seria procedía de Fidel Castro, cuya dictadura había tomado el poder en Cuba en febrero de 1959.

El clima de inseguridad provocó la quiebra de muchas empresas; entre ellas, la compañía que gestionaba el Canal 4 de televisión de Caracas, entonces llamado Televisa. La industria de la radio y la televisión del país estaba dominada por la familia Phelps, que había lanzado Radio Caracas, la primera emisora de radio de Venezuela, y luego se expandió al nuevo medio de la televisión. William H. Phelps, *senior*, hijo de una familia de la alta sociedad neoyorquina que había llegado por primera vez a Venezuela a finales del siglo XIX, en una expedición de observación de aves, era tan bueno en los negocios como en la ornitología. A pesar de que se concedieron otras licencias de televisión, ninguna pudo igualar a Radio Caracas Televisión (RCTV), que emitía por el Canal 2.

Eran tiempos difíciles en Venezuela. Cuando el Canal 4 quebró, los sindicatos, a los que el antiguo propietario debía mucho dinero, tomaron el control de la emisora. En medio de un ambiente de confusión, conflicto y confrontación, el Canal 4 se mantuvo en el aire, pero empezó a convertirse en un foro que favorecía a sectores extremistas —especialmente, a la extrema izquierda, que apoyaba a Castro—. Su creciente influencia preocupaba mucho a los dirigentes democráticos.

---

21 Bermúdez, Alfredo. *Diego Cisneros: A Life for Venezuela*. Fundación Diego Cisneros, 1992, p. 169.

Betancourt sabía que un rescate o un cierre de Televisa por parte del Estado podría interpretarse como una acción autoritaria que amordazaba la libertad de expresión que tanto le había costado recuperar. Propuso a mi padre que comprara la cadena, con el fin de lograr dos objetivos: convertirla en una empresa rentable e independiente y, lo que es aún más importante, utilizarla para formar una opinión pública que apoyara y fortaleciera la nueva democracia. "No queremos cerrar Televisa —le dijo a mi padre, y le ofreció un trato—: Si puedes resolver el problema a través del capitalismo, te ayudaremos con la burocracia".

Mi madre, Albertina Cisneros, desempeñó un papel crucial en el pensamiento de mi padre. Ella, más que él, era una televidente devota: era los ojos y los oídos de mi padre para este nuevo medio, y no le gustaban las opiniones políticas que se emitían en Televisa. (Recuerden que la Iglesia católica se oponía ferozmente al comunismo, y mi madre no solo era una católica devota, sino que, además, tenía una hermana monja). Entonces le dijo a mi padre: "Si Canal 4 sigue creciendo, difundirá el comunismo ateo. ¿Acaso queremos convertirnos en un país comunista? ¡No puedes permitirlo!". Tampoco estaba dispuesta a ceder el campo de juego a la familia Phelps sin luchar, pues, ¿por qué permitir que ganaran los protestantes?

Las presiones de Betancourt y las de mi madre —que cuando se proponía algo, lo conseguía— hicieron que mi padre empezara a ver la televisión. Pronto quedó fascinado por las posibilidades de comunicación que ofrecía un medio tan dinámico. Y era una plataforma para promover la democracia. Además, estoy seguro de que mi padre pensó: "Si a todo el mundo le interesa tanto la televisión, quizá a mí también debería interesarme. No quiero perderme esto".

Sí, habría retos importantes. Tendría que obtener el apoyo de los sindicatos, invertir una enorme cantidad de dinero y aprender a gestionar un negocio totalmente nuevo. La televisión era, escribió más tarde, "un teatro permanente del que no se puede salir y en el que no se puede perder el interés del público. Es un reto diario y permanente". Pero, como le gustaba decir, "Los retos son nuestro principal negocio".[22] La licitación para Canal 4 tuvo lugar en junio de 1959, y la oferta de mi padre fue aceptada. Venevisión, entonces, se lanzó oficialmente en julio de 1960.

* * *

"El negocio del entretenimiento es una gran escuela para la vida"

Puede que la televisión fuera una industria totalmente nueva para mi padre, pero aplicó los preceptos que tan bien le habían servido para construir el imperio Pepsi-Cola. Sabía que necesitaba un socio con experiencia. Lo encontró en Leonard Goldenson, presidente de la American Broadcasting Company (ABC). Al igual que mi padre, Goldenson era un hombre de negocios que se pasó a la televisión cuando en 1953 adquirió la entonces inmersa en dificultades ABC, por 24 millones de dólares.[23] Goldenson aconsejó a mi padre sobre la compra de derechos de programas de redifusión y películas de Hollywood, así como sobre una programación variada que garantizara mantener a los espectadores pegados a la pantalla. Y lo que es igual de importante, lo ayudó a adaptarse a un modelo de gestión más adecuado para formar actores y guionistas que vendedores y contables.

---

22 *Ibid.*, p. 176.

23 Bachelet, Pablo. *Gustavo Cisneros: Pioneer. Planeta*, 2004, p. 24.

En cuanto al talento creativo, mi padre podía agradecérselo a Fidel Castro. En los años cincuenta, las potencias de la televisión hispanohablante eran Cuba y México, donde Televisa, de Emilio Azcárraga, encabezaba las listas de éxitos. (Azcárraga y yo nos convertiríamos en socios de Univisión, la principal cadena en español de Estados Unidos, como describiré en la parte II). Cuando Castro nacionalizó la televisión cubana, la mayor parte del talento cubano huyó a Estados Unidos o Latinoamérica. Mi padre fue muy inteligente al darles oportunidades a esos emigrantes.

Elegir la variedad adecuada de programas era un sueño hecho realidad para alguien acostumbrado a satisfacer al cliente. La programación de Venevisión atraía tanto a adultos como a niños y reflejaba las cualidades venezolanas de trabajo duro y búsqueda de la excelencia. Así, desempeñó un papel importante en el fomento de los valores de la clase media.

Para los adultos, ofrecía un equilibrio entre información y entretenimiento: noticieros críticos (una presentadora dijo que tomaba a Walter Cronkite como modelo);[24] programas de entrevistas con analistas que se hicieron famosos por su inteligencia y honestidad; rifas y concursos como *El batazo de la suerte*; programas cómicos y de variedades; versiones dobladas de series estadounidenses, como *Cheyenne* y *Maverick*; producciones locales, como *Casos y Cosas de Casa*, y por supuesto, telenovelas muy populares, como *La cruz del diablo*. Para los niños, estaban *My Friend Flicka* y *Los amiguitos de Gioia*, un programa enormemente popular.[25] Prácticamente todo el país sintonizaba *Sábado sensacional*, un programa de cinco horas que se emitía

---

24 Beatrice Rangel, entrevista 3 de agosto de 2021.

25 Rodríguez, José Ángel. *Los Cisneros: rostros y rastros de una familia, 1570-2015*. Fundación Cisneros, 2017, p. 110.

todos los sábados de 4:00 de la tarde a 9:00 de la noche, y entre cuyos invitados figuraban Frank Sinatra, Celia Cruz, Miriam Makeba, John Travolta, Julio Iglesias, The Jackson Five, Roger Moore (alias James Bond), Christopher Reeve (alias Superman) y otras celebridades. Venevisión fue un éxito rotundo.

Gestionar el talento de Venevisión fue un reto que obligó a mi padre —y luego a mí— a superarnos. Cualquier otro negocio habría sido más fácil. Había muchas personalidades diversas con una sola cosa en común: eran la *crème de la crème* del talento, y lo sabían. El que conectaba los cables se consideraba el mejor. El que manejaba la cámara pensaba que era el mejor. Lo mismo ocurría con los directores y los vendedores de espacios publicitarios. Y ni hablar de los actores, los locutores, los entrevistadores y los presentadores. Siempre había alguno que se enfadaba con alguien. Las rivalidades estaban a flor de piel; las rabietas eran habituales.

Y como la televisión es así, todo sucedía muy deprisa, mientras que los programas tenían que emitirse a tiempo. Conseguir que todos colaboraran requería habilidad, dinamismo y diplomacia. No es de extrañar que mi padre declarara: "El mundo del espectáculo es una gran escuela para la vida. Tienes que tratar con diferentes tipos de personas, con grandes egos. Si puedes manejar esto, puedes manejar cualquier cosa".

Yo tenía 15 años cuando Venevisión empezó a emitir. Era un entorno estimulante y creativo. Enseguida me enamoré de la televisión. ¿Cómo no iba a hacerlo? Desde el principio, Venevisión fue una firme defensora de la democracia. Cuando el primer gobierno plenamente democrático, presidido por Rómulo Betancourt, estaba llegando a su fin, Venevisión empezó a emitir programas de entrevistas y opinión que fueron muy bien acogidos. Se invitaba a políticos, escritores, músicos y artistas, con el fin de estimular el debate e ilustrar la libertad de expresión, que es la piedra angular de la democracia.

Las elecciones de 1963 se celebraron en medio de amenazas de violencia y sabotaje. Venevisión sacó sus cámaras a la calle para que los votantes pudieran ver por sí mismos las largas, pero pacíficas, filas en los colegios electorales de todo el país. El 11 de marzo de 1964, Venevisión transmitió el traspaso pacífico del poder de un presidente elegido democráticamente a su legítimo sucesor.

En 1965 Venevisión era la principal cadena del país.[26] Emitía en 18 de los entonces 20 estados de Venezuela y contaba con la mayor audiencia del país. (Venevisión y Radio Caracas TV alternaron el primer y el segundo puesto de audiencia durante los siguientes 40 años, hasta que RCTV cerró en 2007. Sin embargo, Venevisión ocupó el primer puesto durante periodos más largos que RCTV). Era moderna, rápida, apasionante y receptiva, gracias a la obsesión de mi padre por los estudios de mercado, con los cuales sondeábamos constantemente a nuestra audiencia. Era, pues, *el* lugar donde había que estar.

Mi padre reconoció que yo tenía un interés y una afinidad especial con la televisión. Cuando estaba en Venezuela, insistió en que siguiera acompañándolo en sus recorridos diarios por las plantas de Pepsi-Cola —mi jornada laboral solía empezar a las cinco de la mañana y terminar a las diez de la noche—[27], pero ambos teníamos claro que mi corazón pertenecía a Venevisión. Ambos asumimos que ese sería mi futuro.

---

26 Bermúdez, Alfredo. *Diego Cisneros. A Life for Venezuela*. Fundación Diego Cisneros, p. 179.

27 Rodríguez, José Ángel. *Los Cisneros: Rostros y rastros de una familia, 1570-2015*. Fundación Cisneros, 2017, p. 117.

* * *

"Hay que ser un agente positivo de cambio"

Para mi padre, crear Venevisión fue algo más que una decisión empresarial. Fue la concreción de un pensamiento que guardaba desde hacía mucho tiempo: que un empresario no debe descuidar a la sociedad que sustenta su empresa.

Por la misma época en que se planteaba adquirir Canal 4, mi padre ingresó en la Sociedad Mont Pèlerin. Esta organización internacional, compuesta por economistas, politólogos, historiadores, intelectuales y empresarios, se fundó poco después del fin de la Segunda Guerra Mundial, con el objetivo de promover la libre empresa y una sana competencia económica dentro de un marco de gobierno democrático y pluralista. Se convertiría en uno de los *think tanks* más destacados del mundo, entre cuyos miembros figuran presidentes, cancilleres, primeros ministros, ministros de Hacienda, multitud de influyentes hombres de negocios y un gran número de ganadores de premios Nobel de Economía (como nota curiosa, la Sociedad Mont Pèlerin contribuyó a crear el Premio Nobel de Economía para legitimar el pensamiento económico de libre mercado).[28]

Mi padre asistió a una reunión de la Sociedad Mont Pèlerin en septiembre de 1959, acompañado por Nicomedes Zuloaga, un amigo y colega empresario venezolano que también era miembro de esa sociedad. Me gusta imaginarlos discutiendo animadamente hasta altas horas de la noche sobre el papel y la responsabilidad de las empresas, con miras a dar forma y fortalecer una visión viable de gobierno democrático, que

---

28 Graeme Maxton y Jorgen Randers. *Reinventing Prosperity: Managing Economic Growth to Reduce Unemployment, Inequality and Climate Change*, Greystone Books, 2016, p. 77.

garantizara el imperio de la ley para todos y, al mismo tiempo, ampliara el acceso a las oportunidades y los incentivos a todos los miembros de la sociedad.

La responsabilidad social de las empresas fue una consecuencia natural de ese pensamiento. En aquella época, los empresarios venezolanos no solían destinar capital a programas sociales y culturales, ya que consideraban estas causas gastos, más que inversiones.[29]

Por eso, en 1968, cuando mi padre recibió el premio de la Asociación Internacional de Publicidad al Publicista del Año, causó un gran impacto al anunciar públicamente el plan de crear la Fundación Diego Cisneros.

Mi padre solía decir que una democracia real y legítima "no puede existir y crecer vigorosamente sin la participación de la comunidad empresarial". Su credo quedó resumido en una sola frase durante su intervención en los actos inaugurales de la Fundación: "No puede haber libertad política sin libertad económica".[30] Como dijo su amigo Nelson Rockefeller: "Es difícil ser comunista cuando la barriga está llena".[31]

Las barrigas llenas eran parte de la promesa de Cisneros. Dondequiera y cuandoquiera que mi padre instalara fábricas de refrescos en Venezuela, se desencadenaría un cambio inmenso: habría mejores empleos, mejores sueldos, agua limpia, cantidades de hielo y, sobre todo, abundantes oportunidades para una vida mejor. La gente sabía que cuando trabajaba en una planta de propiedad de Cisneros y gestionada por él, trabajaba

---

29 Rodríguez, José Ángel. *Los Cisneros: Rostros y rastros de una familia, 1570-2015*. Fundación Cisneros, 2017, p. 113.

30 Bermúdez, Alfredo. *Diego Cisneros. A Life for Venezuela*. Fundación Diego Cisneros, p. 205

31 https://agrarianstudies.macmillan.yale.edu/sites/default/files/files/colloqpapers/09hamilton.pdf

con los mejores. Era estimulante, inspiraba lealtad y producía resultados.

Mi padre solía exhortar a sus colegas empresarios: "Señores, invirtamos dinero en difundir el mejor producto conocido por la humanidad: la filosofía de la libertad".[32] Y así lo hizo: no solo a través de las organizaciones benéficas más conocidas, como la Cruz Roja Venezolana, la Sociedad Anticancerosa Venezolana, el Hospital Ortopédico Infantil y la Fundación para la Infancia,[33] sino a través de programas como la Fundación Cultural Venevisión, que hacía campañas televisivas y radiofónicas (adquirimos/creamos Radiovisión en 1974) para promover el servicio público y la excelencia cívica, y Acude (Asociación Cultural para el Desarrollo), una innovadora iniciativa de alfabetización que utilizaba la última tecnología para llegar a un público masivo. (Acude fue creada y dirigida por mi esposa Patty, como describiré en la parte II).

De estas y otras muchas formas, estaba sentando las bases de una nueva Venezuela. Yo estaba a su lado, apoyándolo y empapándome de todo. Mi padre creía profundamente que la excelencia profesional debía equilibrarse con la preocupación por la humanidad, y una pizca de audacia; la suficiente para poder hacer las cosas de otra manera. A menudo decía: "No puedes tener un negocio exitoso si no tienes los tres elementos esenciales: cerebro, corazón y coraje".

De todas las lecciones que me enseñó, esta fue la fundamental y más significativa. Sería mi brújula a lo largo de mi carrera y de mi vida.

---

32 Bermúdez, Alfredo. *Diego Cisneros. A Life for Venezuela*. Fundación Diego Cisneros, p. 206.

33 Rodríguez, José Ángel. *Los Cisneros: Rostros y rastros de una familia, 1570-2015*. Fundación Cisneros, 2017, p. 114.

* * *

En febrero de 1970 recibí una llamada telefónica con la noticia que ningún hijo quiere oír: "Gustavo, te llamo por tu padre". Era el vicepresidente regional de la planta de Pepsi-Cola en Maracaibo. Mi padre había sufrido un infarto. El infarto fue seguido de un derrame cerebral y, cuando lo llevaron a la Clínica San Román, de Caracas, estaba inconsciente. Los médicos albergaban pocas esperanzas.

Hasta entonces, esperaba trabajar en la empresa concentrándome en Venevisión. Después de graduarme en la Academia Suffield, mi solicitud de ingresar en la Wharton School of Business, de la Universidad de Pensilvania, fue aceptada. Aplacé el ingreso para volver a Venezuela a estudiar Derecho en la Universidad Católica. (En Estados Unidos, si solicitas un aplazamiento después de haber sido aceptado, tienes garantizado un cupo en cualquier asignatura que quieras cursar. Esto me permitía regresar a Estados Unidos si no me gustaba la experiencia en Venezuela). Terminé el primer año de Derecho, lo cual fue más que suficiente para demostrarme que no quería ser abogado. Pero obtuve un diploma de bachiller venezolano, que me proporcionó las credenciales necesarias para establecerme en el mundo de los negocios en Venezuela.

Quería una formación empresarial centrada, concretamente, en el aspecto técnico: finanzas, contabilidad, todas las herramientas necesarias para ser un buen gerente. Después de mi frustrado intento de estudiar derecho, quería adquirir esas herramientas lo más rápido posible. Sin embargo, Wharton tenía otras ideas: insistían en que tomara cursos de artes liberales; además, los requisitos del plan de estudios tardarían tres años en completarse.

No quería esperar tanto. Afortunadamente, descubrí Babson College, a las afueras de Boston. Babson se dedica exclusivamente a los negocios. Cuando fui allí, la mitad de los estudiantes eran la primera generación de sus familias que iban a la universidad; eran ambiciosos y trabajadores. Babson me permitió asistir a clases nocturnas, por lo cual pude obtener mi título seis meses antes de lo que lo habría hecho en Wharton. Y otra cosa: comprendieron el poder del *networking* mucho antes de que el concepto se popularizara, y su red era increíble. Me enamoré del lugar. Hoy en día, si quieres dedicarte a los negocios, mi consejo es: "Ve a Babson. O a Wharton, o al IESE (la Escuela de negocios de la Universidad de Navarra en España)".

En 1968, me licencié *cum laude* en Economía, y enseguida empecé a hacer prácticas en ABC, a fin de prepararme para asumir el control en Venevisión. El momento no podía haber sido mejor. Puede que ABC fuera la más pequeña de las tres grandes cadenas estadounidenses, pero era la más innovadora.[34] Su presidente, Leonard Goldenson, había asesorado a mi padre en Venevisión y se convirtió en mi mentor. Como la cadena era relativamente pequeña, podía hacer todo lo que quisiera: desde manejar la cámara y los cables hasta aprender los entresijos de los departamentos de producción y de edición.

También estudié los aspectos económicos y financieros de una empresa de televisión, así como los ingresos y los gastos de una industria muy competitiva y en constante cambio. Fue una fabulosa oportunidad de aprendizaje. Mientras me movía por las oficinas de la cadena en Detroit, Chicago, Nueva York y Los Ángeles, conocí a otras personas que estaban tan entusiasmadas como yo con el negocio de la televisión. Personas como Michael

---

34 Bachelet, Pablo. *Gustavo Cisneros: Pioneer*. Planeta, 2004, p. 34.

Eisner, que dirigiría Walt Disney Company, y Barry Diller, que construiría las cadenas USA y Fox, empezaban sus carreras al mismo tiempo que yo. Nos hicimos colegas y amigos.

Las prácticas duraron solo unos meses, pero las "prácticas permanentes" se prolongaron durante años. Las puertas siempre estuvieron abiertas cuando las necesitaba. Leonard Goldenson ponía gente a mi disposición, me invitaba a reuniones y, en general, me mantenía informado. Le devolví el favor vendiendo el 20 % de Univisión a ABC en 2007.

También fue una época emocionante en mi vida personal. Patricia Phelps hacía parte de un grupo de jóvenes de Caracas que asistían a escuelas preparatorias y universidades de la costa este de Estados Unidos. (Estuvo en el Madeira School, a las afueras de Washington, DC, y luego fue al Wheaton College, en Massachusetts). Nos reuníamos en Nueva York los fines de semana, íbamos a misa de una de la tarde, en la catedral de San Patricio, para complacer a nuestros padres, y luego nos divertíamos.

Las familias Phelps y Cisneros dirigían las dos principales redes privadas de medios de comunicación en Venezuela, así que, por supuesto, Patty y yo nos conocíamos vagamente. Pero Patty era dos años más joven que yo y, a esa edad, dos años marcan una gran diferencia. Patty recuerda la primera vez que me vio. Fue en un concierto de Nat King Cole en Caracas. Ella cuenta: "Yo tenía unos 15 años, llevaba un vestido con un pequeño cuello Peter Pan y no estaba maquillada. Él conducía un deportivo descapotable azul con dos actrices de telenovela en el asiento trasero, todos vestidos con *glamour* y peinados elegantes. Más tarde, cuando nos encontramos en San Patricio, me pareció arrogante. Si alguien me hubiera dicho que nos casaríamos, habría dicho: '¡Ni hablar!' ".

Fue en 1969. Patty se había graduado en Wheaton y enseñaba en la recién fundada Universidad Simón Bolívar, de Caracas, donde creó el Departamento de Lenguas Extranjeras. Me la encontré en un concierto —estaba con otra persona—, y unas semanas más tarde, en un club nocturno, con otra pareja. Empecé a hablar con ella. Era inteligente y autosuficiente y tenía mucha chispa. Quería estar con ella todo el tiempo. Pensé: "¡Necesito tener a esta mujer en mi vida!".

Según recuerda Patty, mi padre le había ofrecido trabajo y ella había venido a comer a casa varias veces, así que ya conocía a mi familia. Nuestra primera cita de verdad fue en diciembre. Cuando me fijé en ella, la invité a cenar con mi familia en Nochevieja. Mi madre sacó del depósito el candelabro de plata, señal inequívoca de su aprobación. Le propuse matrimonio once días después, y nos comprometimos formalmente tres semanas más tarde.

Fue entonces cuando mi padre sufrió un derrame cerebral. Yo había hablado muchas veces con mi padre de independizarme y habíamos planeado juntos mi camino. Quería ser un magnate de los negocios como él, pero en otros sectores. Vi una oportunidad en lo que estábamos haciendo con Venevisión; especialmente, la oportunidad de ampliar nuestro radio de acción fuera de Venezuela a otros países de habla hispana y a audiencias de habla hispana en Estados Unidos. Todas estas cosas las había hablado con mi padre, y él había estado de acuerdo. Cuando sufrió el derrame cerebral, todo cambió.

Cuando pudo hablar, me dijo: "Tienes que concentrarte en *salvar a la familia y salvarme a mí*". Yo sabía que eso significaba "salvar las empresas": no solo a Pepsi, sino también a Venevisión. Lo más importante era preservar su visión del futuro y nuestra capacidad para hacer realidad esa visión.

Me concentré primero en salvarlo a él. Necesitaba cuidados y equipos especiales que no estaban disponibles en Venezuela.

Me puse en contacto con el médico de mi padre en Nueva York, que estaba conectado con el mundialmente famoso Instituto Rusk, de esa ciudad. "La recuperación tardará un año o más —me dijo (En realidad, tardaría menos)—. Le recomiendo que se traslade a Nueva York".

Los médicos venezolanos estaban en contra: "Gustavo, tu padre puede morir en el avión", me advirtieron. Les dije que prefería que muriera intentándolo a que no lo intentara y muriera en Venezuela. Mi madre estuvo de acuerdo, y luego consultamos al resto de la familia. Dieron su permiso para trasladarlo a Rusk. Los médicos venezolanos se negaron a firmar los formularios de alta; no querían que sus nombres aparecieran en un "certificado de defunción". Sabíamos que era un riesgo inmenso, pero pensamos que, si moría, era mejor que dejar que se consumiera.

La rehabilitación en el Instituto Rusk fue un trabajo de tiempo completo tanto para mi padre como para mí. Empezábamos a las 5 de la mañana con fisioterapia y terminábamos por la noche. Mi madre, mis hermanos y mis hermanas venían a menudo, pero yo me encargaba de sus cuidados. Cuando estuvo listo para dejar el Rusk y convertirse en paciente ambulatorio, le procuré un apartamento en las Torres Waldorf y establecí un sistema de enfermeras y asistentes médicos, que más tarde lo acompañaron a Venezuela para capacitar a los cuidadores locales y ayudar a organizar una operación completa de rehabilitación en nuestra casa.

La salud del padre de Patty empeoraba, así que era imperativo casarse mientras él pudiera llevarla al altar. Nos casamos el 10 de junio de 1970, en una sencilla ceremonia en la capilla Lady, de la catedral de San Patricio. Estábamos tan ocupados cuidando de nuestros respectivos padres que Patty se compró el vestido de novia en Bergdorf's *prêt-à-porter* y yo encargué la tarta por teléfono, en una pastelería local. Nuestra boda se celebró en el momento justo. El padre de Patty falleció una semana después.

Así empezó nuestro matrimonio: en medio del caos. Los cimientos de mi mundo habían cambiado. Mi familia no sabía cómo reaccionar ante este hombre que, en un abrir y cerrar de ojos, pasó de ser una fuerza de la naturaleza, un tornado, a estar postrado en cama y no poder hablar.

Como había pasado tanto tiempo con él, yo era el hijo que le entendía y sabía lo que quería. La gente, incluidos mis hermanos, empezaron a hacerme preguntas. Lo que todos —en la familia y en la empresa— querían saber era: "¿Quién nos va a proteger? ¿Quién va a cuidar de nosotros? ¿Quién va a estar al mando?".

Yo forcé una conversación difícil. Gracias al Instituto Rusk, teníamos acceso a muy buenos psiquiatras (el Dr. Howard Rusk sabía que una parte fundamental de ayudar al paciente era ayudar a la familia). Contraté a dos: uno para mi madre y otro para el resto de la familia. Me explicaron los cambios que podíamos esperar de mi padre y cómo afectarían a mi madre y al resto de nosotros. Se convirtieron en consejeros cercanos, dispuestos a intervenir y pasar tiempo con los miembros de la familia cada vez que nos visitaban.

Los psiquiatras ayudaron a manejar el desconocimiento de la familia respecto a cómo tratar a un paciente que ha sufrido un derrame cerebral. Además, yo leía todo lo que caía en mis manos sobre la enfermedad de mi padre (mi padre me había hecho tomar un curso de lectura rápida, que ahora me resultaba muy útil). Con más conocimientos había menos tensiones. De algún modo, pude responder a la mayoría de las preguntas. Y afortunadamente, di las respuestas correctas.

Por suerte, mi padre tenía impedimentos más físicos que mentales. Tardó tres meses en aprender a hablar de nuevo, pero siempre entendía perfectamente. Recuperaría alrededor del 80 % de sus capacidades.

Aun así, desde el principio quedó claro que no podría volver a asumir sus antiguas responsabilidades en la empresa. Tendríamos que adaptarnos.

Hablé con mi madre y todos mis hermanos sobre la situación financiera de la organización y la mejor manera de expresar los deseos de nuestro padre. Les dije: "Cualquiera puede dirigir la empresa. Pero ahora mismo, con el permiso de ustedes, seguiré haciéndolo hasta que nuestro padre se recupere o cambiemos de dirección".

En cierto momento, mi padre dijo: "¿Por qué no llevas tú el negocio a tiempo completo hasta que me recupere?". Todo el mundo estuvo de acuerdo en que yo era la persona indicada para hacerlo. Surgió de forma natural. Yo había querido ser un empresario independiente, pero acepté llevar el timón hasta cuando mi padre pudiera retomar su lugar. En el fondo, sin embargo, creo que sabía que sería permanente.

Mis hermanos mayores ya estaban vinculados al negocio. Diego, seis años mayor que yo, era brillante, pero tenía problemas de salud. La enfermedad le había aparecido al final de la adolescencia, y en aquella época, a mediados de los años cincuenta, no existía ningún tratamiento eficaz (finalmente, encontró muy buenos médicos en España). Diego siempre fue la persona más inteligente de la familia en términos de coeficiente intelectual y era muy creativo, siempre pensando en cosas nuevas. Tuvo un papel decisivo en la idea de fundar Gaveplast, que se convirtió en la mayor empresa de plásticos de Venezuela. Tuvo la idea de crear Pentacom, de la que hablaré más adelante.

Trabajó estrechamente conmigo como caja de resonancia, socio y asesor en la lluvia de ideas, y se podía confiar en él para que aportara una perspectiva diferente en las reuniones del

Consejo de Administración de la empresa. Era un hermano muy alegre y, aunque era mayor, nunca hubo ningún problema de rivalidad (Diego fue el primero de nuestra familia en dejar la empresa; se jubiló y se fue a vivir a Estados Unidos a mediados de los años noventa. Continuamos hablando y aportando ideas hasta su muerte, acaecida en octubre de 2017).

Mi hermana Marión, cinco años mayor que yo, era una arquitecta de talento con un negocio propio. Además, supervisaba el diseño de casi todos nuestros proyectos inmobiliarios y de infraestructuras. Al igual que nuestro padre, tenía don de gentes. Su capacidad para entablar relaciones fue de gran utilidad para el Consejo de Administración.

El siguiente era mi hermano Carlos, tres años mayor que yo. Se había licenciado en marketing por la UCLA, se había casado y había vuelto con su mujer, Shahla, a Venezuela, donde trabajó primero para Philip Morris, y luego, para Cisneros, donde se encargó de nuestra expansión en Brasil. Ya tenía mucho trabajo por delante.

Mi hermano Ricardo, dos años más joven, se había graduado en Babson College un año antes, en junio de 1969, y entró a trabajar en Cisneros. Él siempre se sintió más cómodo con los detalles y los números, mientras que yo era un tipo de grandes perspectivas. Mi padre le había dicho una vez a un estrecho colaborador de Pepsi-Cola: "Gustavo abrirá nuevos caminos para el grupo y Ricardo se encargará de consolidarlos".[35]

Un mes después del ictus de mi padre, lo hicimos oficial: Ricardo se convirtió en director de Operaciones de Cisneros y yo, al mes siguiente, en presidente y CEO.

---

35 *Ibid.*

Parte II

TRANSFORMACIÓN: LOS AÑOS SETENTA

Nunca es buen momento para que alguien sufra un derrame cerebral grave, pero mi padre cayó fulminado en un momento especialmente inoportuno. Mi padre estaba a punto de dar los siguientes pasos para hacer de Cisneros una organización más grande. Creo que estaba pensando en sacar la empresa a bolsa, a fin de disponer de recursos financieros para comprar las acciones de sus socios. Se había mostrado inusualmente lento al respecto, tal vez porque no quería abordar de frente una cuestión que, sin duda, exacerbaría las tensiones entre los socios de toda la vida, o porque era optimista y pensaba que podría convencerlos de que siguieran adelante.

En cualquier caso, cuando enfermó, hubo reacciones, y yo fui el blanco. Los accionistas opusieron mucha resistencia y se mostraron hostiles; a veces, de manera soterrada, y otras, abiertamente. Su mensaje era: "Nos caes bien, pero tienes 24 años y eres demasiado joven para dirigir la empresa. Queremos hacerlo a nuestra manera. Si no, te dejamos". Incluso nuestros bancos estaban indecisos. Era una situación insostenible.

A todos les dije: "Diego Cisneros está vivo. Si estuviera muerto, por supuesto que consideraría cambiar el liderazgo. Pero creo que va a estar bien y que será un presidente muy eficaz". Me dije: "Tenemos problemas. Tenemos todos los problemas que teníamos antes de que enfermara, y ahora tenemos muchos más. Debemos hacer un esfuerzo adicional para saldar nuestras deudas y pagar a nuestros socios. Si no, perderemos todo lo que mi padre logró".

Sabía que los socios solo querían un cheque mensual. Nosotros, en cambio, queríamos ampliar el negocio, y mucho. Ellos estaban contentos con el tamaño del negocio tal como era. Con socios así, es mejor separarse. Si no quieren unirse a uno, hay que hacerlo solo. Cuando le pregunté a mi padre si estaría de acuerdo en comprar su parte a nuestros socios, me dijo: "Sí. Me harás un favor. Sabía que debería haberlo hecho, pero no lo hice".

Yo consideraba que teníamos a los banqueros y los abogados equivocados para cumplir una tarea tan complicada. Le pregunté: "¿Quién es el mejor abogado de la ciudad?". Me contestó: "Pedro Tinoco". En aquel momento, Tinoco era el ministro de Finanzas, así como el representante legal de todos los intereses de la familia Rockefeller en Venezuela, que incluían las compañías petroleras y el Chase Manhattan Bank. También era un buen amigo de mi padre. Mi padre añadió: "No solo es el mejor abogado, sino también, un financiero de primera, así que tendremos dos expertos en uno. Y tiene el mejor Rolodex, así que tendremos acceso a los mejores de Venezuela y Estados Unidos". Así pues, le confié todos nuestros asuntos legales a él.

Otro aliado fue George Moore, el presidente del Citibank (predecesor del Citigroup). Durante su mandato, supervisó la expansión del banco en América Latina, y luego se convirtió en su presidente. Cuando mi padre enfermó, Moore fue una de las primeras personas a las que recurrí.

Pedro era el mejor asesor que podíamos tener en Venezuela y George era el mejor por fuera del país. Se llevaban muy bien porque, como suele ocurrir, los mejores se entienden. Nos apoyaron a Ricardo y a mí, y juntos dijeron a los socios: "Denles una oportunidad a estos muchachos. Pagarán sus deudas".

Cabe recordar que el negocio de los refrescos tiene un flujo de caja excelente. Los socios pudieron ver que deseábamos seguir el camino de mi padre y hacer enormes combinaciones de negocios, que, a su vez, proporcionarían un enorme retorno de la inversión. Gracias a Pedro Tinoco y George Moore, conseguimos líneas de crédito más que adecuadas con los principales bancos de Venezuela y de Estados Unidos.

Mi padre controlaba todos sus *holdings* en el oriente de Venezuela. Con nuestro nuevo respaldo financiero, pudimos comprarles a los socios que controlaban Caracas y el centro de Venezuela. Quedaban algunos rezagados en la región de Maracaibo, al occidente del país, pero teníamos la mayoría necesaria. Llegamos a un acuerdo y, finalmente, aceptaron la compra. Sabía que cualquier precio que les diéramos, una vez tuviéramos el control total, sería una gota en el océano.

También teníamos una gran operación con Pepsi-Cola y otros refrescos en Brasil, que mi padre y mi hermano Carlos habían iniciado. A Carlos le había ido muy bien allí. Era encantador y guapo, y su mujer era elegante, y bien pronto se convirtieron en la pareja de moda en São Paulo. Mi padre empezó a ver que Carlos tenía un talento enorme para la publicidad y el *marketing*, así que teníamos a la persona adecuada haciendo las cosas bien.

Soñábamos con reproducir en Brasil nuestro "imperio" verticalmente integrado. Pero Brasil siempre fue un lugar complicado, y lo sigue siendo. El gran músico brasileño Antonio Carlos Jobim tenía una frase al respecto: "Brasil no es para aficionados". En Brasil, siempre hay que seguir *o jeitinho* —"darse maña"— para hacer un trato o resolver un problema. Nunca es de A a B: es de A a B pasando por Z y K.

Mi hermano Carlos le dijo a nuestro padre: "Cada vez que das una vuelta por Brasil, la situación es diferente. No tenemos dinero ni talento para ser el número uno en Brasil y expandirnos a Estados Unidos. A largo plazo, preferiría que estuviéramos en Estados Unidos".

Mi padre soñaba desde hacía tiempo con establecerse en Estados Unidos —sobre todo, en California—, y yo estaba de acuerdo. El sistema empresarial y bancario de Venezuela estaba empezando a cambiar; se estaba volviendo más acogedor para una generación más joven. Mi padre aún estaba muy débil, pero le dijo a la gente que apoyara el plan. Dejó claro que me apoyaba al 100 %, lo que ayudó a persuadir a la vieja "clase dirigente" para que confiara en mí.

Vendimos nuestras operaciones de embotellado en Brasil. El producto de la venta fue el comienzo de un periodo de crecimiento muy rápido, primero en Venezuela y, eventualmente, en Estados Unidos. Luego de esta venta, Carlos tuvo la oportunidad de empezar algo nuevo en Estados Unidos. En lugar de eso, regresó a Caracas y se centró en nuestra empresa de helados, Tío Rico. Tenía un don para el *marketing* y muy buena cabeza para los negocios. Copió el sistema de distribución de Pepsi e instaló frigoríficos por todas partes. Se dio cuenta de que los niños eran la fuerza motriz del consumo y aprovechó nuestra experiencia en la elaboración de concentrados de sabores para sacar un producto nuevo cada semana. La empresa tuvo mucho éxito. Luego se encargó de las relaciones públicas de Cisneros en Venezuela trabajando con los concejos municipales y las cámaras de comercio. Era la persona ideal, pero estaba claro que sus ambiciones eran mayores. Empezó a participar en política y tenía un don natural: se llevaba bien con todo el mundo. Tenía ideas sobre cómo hacer el país más grande y mejor. Me lo imaginaba como un presidente extraordinario. Se ahogó en 1983, en el Parque Nacional de Canaima, rescatando a su hijo de los rápidos del río. Fue una tragedia para nuestra familia y para el país.

Cuando mi padre enfermó, todo podría haber quedado al garete. Estuvo totalmente inactivo durante un año entero. Pero teníamos a Pedro Tinoco y a George Moore gestionando dinero y estableciendo contactos. Estábamos haciendo tantos proyectos —especialmente, con Venevisión— que el mundo empresarial nos dio el beneficio de la duda. No se molestaron en colaborar, pero estaban dispuestos a tener paciencia: "Esperemos a ver qué pueden hacer estos muchachos".

Luego empezaron a llamar a otras personas y a decir: "¡Eh!, estos chicos van en serio. Harán lo que haya que hacer. No saquéis conclusiones precipitadas". Eso significaba que Ricardo y yo estábamos haciendo bien muchas cosas. Una de las lecciones de mi padre era: "De las crisis surgen mayores y mejores oportunidades". Su enfermedad podría haber sido la sentencia de muerte para la organización. En lugar de eso, fue una plataforma de lanzamiento.

Una época prometedora

La Venezuela de los años setenta tenía un gran potencial. Como escribió Ariana Neumann en sus memorias *Cuando el tiempo se detuvo*: "Había graves problemas —desigualdad social, corrupción y pobreza—, pero también existía la sensación de que estos problemas se estaban afrontando. Se ponían en marcha programas sociales y educativos; se construían viviendas públicas, escuelas y hospitales. [El país] tenía una democracia estable, una tasa de alfabetización en aumento, un panorama artístico floreciente y, gracias al petróleo, un gobierno bien financiado con la intención de desarrollar más la industria, la infraestructura y la educación. Las empresas, tanto locales como internacionales, estaban dispuestas a invertir. Los emigrantes se sentían atraídos por la calidad de vida, la relativa seguridad, el clima y las oportunidades. [Caracas] era una metrópolis bulliciosa y moderna.

Había vuelos diarios a Nueva York, Miami, Londres, Fráncfort, Roma y Madrid. Incluso el Concorde hacía vuelos regulares desde París al aeropuerto de Maiquetía".[1]

William Luers, diplomático estadounidense que llegó a Venezuela en 1969 y más tarde fue embajador de Estados Unidos, describió a Venezuela como 'La estrella de América Latina'. Era una época de esperanzas y promesas, y nosotros nos propusimos ayudar a cumplir esas esperanzas y promesas.

El objetivo que unía a las empresas del conglomerado Cisneros era sencillo: la determinación de ofrecer productos y servicios de calidad a los consumidores del mercado de masas a un precio asequible. Teníamos la visión de que todas nuestras empresas —tanto las actuales como las que adquiriéramos en el futuro— contribuirían a mejorar la vida de la familia media.

Después de consolidar nuestra participación en empresas del sector de los refrescos, dirigimos nuestra mirada hacia el negocio de la televisión, y así poder controlar también allí nuestro futuro. Sabíamos que Venezuela se nos quedaría pequeña; muy probablemente, más pronto que tarde. Me dije: "Voy a ser muy oportunista. Voy a adquirir cualquier cosa que tenga un buen flujo de caja, que pueda funcionar aún mejor con una excelente gestión, un buen *marketing*, una publicidad atrayente, y que pueda expandirse por todo el mundo".

Todos los pasos que dimos se basaban en el optimismo. El optimismo formaba parte de nuestro ADN. Nuestro padre nos había enseñado que cuando se aborda cada decisión con una actitud constructiva, se verán no solo obstáculos, sino también, posibilidades.

---

1 Neumann, Ariana. *When Time Stopped.* Scribner, 2020, p. 9.

Mi familia me apoyó, por lo que les estuve y les estoy eternamente agradecido. Todos estaban de acuerdo con nuestro padre en que yo debía dirigir la organización Cisneros. Fui capaz de transmitirles mi optimismo y creyeron en mí, como habían creído en él.

Pero primero había que hacer las cosas bien en Venezuela.

* * *

"Hay que conformar un equipo de expertos en el que se pueda confiar"

Crecí con la idea de que hay que ser capaz de atraer a los mejores cerebros. Mi padre tenía un grupo informal de expertos, compuesto por: Don Kendall, director general de Pepsi-Cola, que se convirtió en un amigo personal; Pierre Lavedain, un empresario canadiense que se convirtió en uno de sus socios, y Luis Beltrán González, propietario de CORPA, la mejor agencia de publicidad de América Latina en aquella época.

Se reunían periódicamente en Nueva York o en Curazao, que estaba cerca de Venezuela, y donde podían confiar en que los teléfonos no estarían *pinchados* (las escuchas telefónicas eran una afición nacional en Venezuela. Mi padre nunca supo si sus teléfonos estaban pinchados por el gobierno o por la competencia. Los únicos teléfonos de la región en los que podía confiar estaban en Curazao o en Aruba, que, como parte de los Países Bajos, ofrecían comunicaciones seguras).

Tenía dos importantes expertos en solucionar problemas que me servían de asesores privados y sabios consejeros (cuando la salud se lo permitió, mi padre también formó parte del equipo de expertos). Uno era Pedro Tinoco, al que apodaban 'Buda', por su calma inquebrantable y su asombrosa capacidad para analizar la naturaleza humana y el poder. Fue fundamental para abrirnos canales financieros. Como era el abogado de los intereses de los Rockefeller en Venezuela, conocía mejor que nadie los entresijos del Chase Manhattan. Cuando yo necesitaba dinero, él sabía a dónde recurrir. Cosas que habrían llevado tres meses podíamos lograrlas en una semana, porque él tenía el conocimiento institucional, y nosotros, su reputación.

George Moore era mi otro consejero cercano. Se había jubilado recientemente de la presidencia de Citibank, pero quería seguir en activo, así que firmó como mi asesor de tiempo completo. Su dominio exhaustivo del mercado estadounidense, su prestigio tanto en Nueva York como en Washington DC y su red internacional de conexiones —también fue consultor de las familias Onassis y Niarchos— fueron invaluables para nosotros. Cuando en 1984 compramos Galerías Preciados, una cadena española de grandes almacenes que estaba en quiebra y nadie más estaba dispuesto a rescatar, él aseguró a los bancos españoles que sabíamos lo que hacíamos. Fue decisivo para darles confianza.

Yo hablaba con Pedro Tinoco todas las mañanas a las 6:30, en su despacho o por teléfono. De igual manera, llamaba todos los días a George Moore, estuviera donde estuviera. Juntos formaban un tándem formidable. Necesitaba gente madura, con experiencia, que me sustentara. Eran buenos diciendo: "Gustavo, vamos a pensarlo un poco más. Veamos si podemos hacerlo sin poner en riesgo toda la empresa".

Además de contenerme, fueron de enorme ayuda a la hora de aconsejar a Ricardo, un socio muy duro. Era un rebelde en su vida privada. Había abandonado sin más Hotchkiss, el colegio de élite de Connecticut, no obstante haber acumulado más premios académicos que nadie de su clase. Compartíamos habitación cuando ambos estudiábamos en Babson, y cuando yo lo despertaba por la mañana y me iba a clase, él se metía en la cama y se ausentaba del colegio todo el día.

A pesar de su carácter rebelde, era mucho más conservador que yo a la hora de tomar decisiones. Siempre tenía que convencerlo de que la idea de un nuevo negocio iba a funcionar. Si mi propuesta no pasaba su escrutinio, había que replantearla. Con Ricardo, George y Pedro, tenía a un "Señor No" y a dos "Señores No-pero-posiblemente-Sí". Resultó ser la proporción adecuada. (Por cierto, ahora desempeño estos dos roles para mi hija Adriana).

Moore y Tinoco nos pusieron en contacto con bancos que querían invertir en Venezuela; también empezamos a contactar bancos estadounidenses que nos concederían créditos. Siempre estábamos recibiendo visitas o haciendo presentaciones, tanto si necesitábamos cerrar un trato como si no. Nuestro objetivo era establecer relaciones para que nos respaldaran cuando lo necesitáramos. Esto nos llevó un tiempo, pero así empezaron nuestras relaciones con Chase Manhattan, Citibank, Goldman Sachs y Salomon Brothers.

Hay que tener mucho cuidado con a quiénes se elige como consejeros. La gente puede tener su propia agenda; las personas pueden hablar con mucha confianza de cosas de las que no saben nada. Por eso se necesitan personas ajenas a la vida cotidiana de uno, pues así no tienen intereses creados en la organización.

También hay que buscar a alguien que sea más importante que uno, para que el consejo siga siendo honesto. Tinoco y Moore habían ocupado cargos más importantes que yo. Puede que yo fuera el director general de Cisneros, pero ellos tenían mucha más influencia en sus círculos que la que yo tendría jamás.

Si las personas en las que se confía dan consejos honestos y son sabias, no solo pueden ser una buena caja de resonancia, sino que pueden aportar otras formas de enfocar o resolver un problema. Y eso es lo que se necesita. Al fin y al cabo, para montar un negocio hay que ser implacable en la búsqueda de los mejores enfoques y soluciones a los problemas más difíciles.

Ampliando nuestros negocios

Al igual que mi padre y su hermano Antonio se complementaron al crear la organización, mi hermano Ricardo y yo también desarrollamos las funciones que mejor se adaptaban a nuestras habilidades y nuestras personalidades. Como CEO, yo fijaba la estrategia de nuestro crecimiento y nuestra expansión. Como director de Operaciones, Ricardo sirvió de filtro financiero y se aseguró de que la estrategia fuera respaldada por tácticas sólidas. Una persona describió nuestra asociación de esta manera: "Gustavo fue el arquitecto que diseñó la propiedad, organizó sus espacios y designó a los constructores, mientras que Ricardo se aseguró de que el edificio no tuviera fallos estructurales y se ajustara a los presupuestos y calendarios establecidos".[2]

Y hablando de organización, sentí que había llegado el momento de actualizar y modernizar la OCAAT, la Oficina Central que mi padre había creado para reunir a personas inteligentes de diversas disciplinas y con experiencias distintas. Aunque la Oficina Central funcionaba muy bien, yo quería duplicar la calidad intelectual de las personas en una organización separada, con oficinas separadas y un nombre diferente, a fin de establecer un nuevo comienzo.

Ese fue el origen de nuestro traslado al Paseo Las Mercedes, de Caracas. Diseñado por el renombrado arquitecto venezolano Jimmy Alcock, el edificio era una nueva forma de concebir una oficina: estaba en un nuevo centro comercial de lujo, donde se podía pasear y tomar una taza de café —un precursor de los

---

2 Bachelet, Pedro. *Gustavo Cisneros: Pioneer.* Planeta, 2004. p. 42.

campus de Google y de Apple, que fueron diseñados para reunir a personas de diferentes áreas y generar ideas—. Queríamos decir: "Tenemos una nueva forma de gestionar las cosas. Y estamos abiertos a nuevos negocios".

Sería nuestra sede durante los 30 años siguientes.

Por aquel entonces, Venezuela celebraba la reciente construcción de la Central Hidroeléctrica Simón Bolívar, que entró en funcionamiento en 1969. La presa de Guri, como se la conocía, era una maravilla de la ingeniería, cuya central hidroeléctrica era la mayor del mundo en aquel momento.[3] Transformaría Venezuela, al suministrar electricidad a casi todo el país.[4]

Casualmente, al combinar las dos primeras letras de los nombres de Ricardo y mío, el resultado era "GURI". Así fue como fue como llamamos nuestro nuevo enfoque. Dejaríamos intacta la Oficina Central, incluidos los ejecutivos que mi padre había seleccionado para dirigir los negocios "heredados", como Pepsi-Cola y sus operaciones anejas (refrescos, producción de azúcar, embotellado, etc.), pero el centro de control para un futuro apasionante estaría en GURI.

GURI era un símbolo apropiado de los sueños de transformación que yo albergaba para Cisneros.

* * *

"Si vale 20 millones, vale 22 millones"

En aquel entonces habíamos estado pensando en cuál iba a ser nuestro siguiente paso. Pepsi estaba funcionando muy bien: gestionábamos todas las etapas, desde la carbonatación hasta las

3 https://en.wikipedia.org/wiki/Guri_Dam

4 https://www.power-technology.com/projects/gurihydroelectric/

tapas de las botellas, y cada paso del proceso estaba en manos de buenos operadores, bajo la dirección de nuestro primo Oswaldo Cisneros. Consideramos que ya habíamos hecho suficiente allí. Era hora de seguir creciendo.

Quiero decir aquí unas palabras sobre Oswaldo Cisneros. Cuando mi tío Antonio murió, en 1951, Oswaldo solo tenía 10 años. Mi padre intervino y educó a Oswaldo como a un hijo más, incluyéndolo en nuestras actividades familiares y formándolo para que se uniera al negocio familiar. Al igual que Ricardo y yo, Oswaldo asistió al Babson College y, como nosotros, regresó a Venezuela y empezó a trabajar para Cisneros convirtiéndose en el jefe de operaciones. Los tres nos complementábamos en personalidad y conocimientos, formando un grupo compacto en el centro de la organización. Juntos constituíamos un cerebro colectivo. Oswaldo era un gestor extremadamente hábil, tanto si estaba a cargo de la fabricación y la distribución de refrescos como cuando estuvo, más tarde, al frente de la mayor empresa de telefonía móvil de Venezuela. En mi opinión, no había nadie mejor. Con Ricardo a mi lado y Oswaldo apoyándome, sentía que podíamos aspirar a lo más alto.

Sin embargo, en ese momento tenía la vista puesta en CADA (Compañía Anónima Distribuidora de Alimentos), una cadena de supermercados, pero no cualquiera. Era una de las estrellas más brillantes de la constelación Rockefeller, en Venezuela. El contexto era el siguiente: los Rockefeller habían estado presentes en Venezuela desde los primeros días de la producción comercial de petróleo. La Creole Petroleum Company, primer productor mundial de petróleo hasta 1951,[5] era una filial de la Standard Oil, de Nueva Jersey. Nelson Rockefeller había visitado

---

5 https://en.wikipedia.org/wiki/Creole_Petroleum_Corporation

Venezuela por primera vez en 1935; una visita que, según afirmó, le hizo enamorarse del país. Fundó la International Basic Economy Corporation (IBEC) como un medio para reforzar las relaciones entre Norteamérica y Sudamérica, inspirándose en el modelo de la Fundación Rockefeller, de utilizar los conocimientos técnicos estadounidenses para mejorar la vida cotidiana en los países en desarrollo, y promover la democracia estadounidense frente a la amenaza del comunismo.[6] Los supermercados parecían un medio ideal.

La mayoría de los venezolanos compraban sus alimentos en pequeñas tiendas, que eran, más bien, puestos de mercados al aire libre. Con escasa infraestructura de transporte o de distribución para conectar las granjas y los consumidores, la oferta era limitada y se vendía con elevados márgenes de beneficio.[7] Un estudio de Rockefeller estimó que Venezuela producía "probablemente menos de la mitad" de sus alimentos básicos.[8]

CADA abrió sus primeras tiendas en el verano de 1947. Seguían el modelo de los supermercados estadounidenses: limpios, luminosos y bien surtidos, con una gran variedad de productos cuyo precio promedio era el 10 % inferior al de la competencia.[9]

A mediados de los años sesenta, el IBEC había creado más de dos docenas de supermercados prósperos; entre ellos, CADA y otra cadena llamada TODOS. Era el mayor minorista del país; incluso, superaba a Sears Roebuck —otra cadena estadounidense— en más de un millón de dólares de ventas anuales.[10]

---

6 Hamilton, Shane. "From Bodega to Supermercado: Nelson A. Rockefeller's Agro-Industrial Counterrevolution in Venezuela, 1947-1969." Yale Agrarian Studies Workshop, November 4, 2011, p. 5.

7 *Ibid.*, p. 12.

8 *Ibid.*, p. 16.

9 *Ibid.*, p. 28.

10 *Ibid.*, p. 30.

CADA era una gallina de los huevos de oro. Generaba dinero apelando a los consumidores del mercado de masas. En otras palabras, era nuestro tipo de negocio. Pero, por lo que yo sabía, no estaba a la venta. Eso no me impidió barajar numerosas posibilidades para comprar CADA o competir con ella. Era una empresa de capital abierto, así que la analizamos sin descanso, hasta cuando nos supimos el balance de arriba abajo. Conocíamos sus puntos débiles y los fuertes. Nos encantaba esa empresa. Llegamos a la conclusión de que competir sería imposible: tenían la mejor marca y los costes más bajos. En lugar de eso, decidimos que, si la empresa estaba disponible algún día, intentaríamos comprarla.

Entonces, un día, Pedro Tinoco me llamó. "Le hablo como representante de la familia Rockefeller", me dijo. En 1973, Venezuela se había incorporado al Pacto Andino, un tratado que promovía la nacionalización de las inversiones extranjeras. El asunto no pintaba bien. Poco después, Venezuela aprobó una ley que obligaba a todas las empresas de distribución de combustible a vender el 80 % de sus participaciones en el país. Eso fue lo que provocó la llamada telefónica de Pedro: los Rockefeller estaban considerando discretamente poner a la venta CADA, y nos estaban ofreciendo un derecho de tanteo. Fue la respuesta a mis plegarias.

Yo creía que nadie más en Venezuela tenía la experiencia o el respaldo financiero para hacer esto. Mi padre era un experto en la contratación y la formación de buenas personas, así que ya teníamos a los directivos. No nos faltaban agallas. Solo necesitábamos financiación. Le dije a Tinoco: "Quiero exclusividad. Esto va en serio. No tenemos el dinero, pero si nos ayudas a conseguirlo, el trato está hecho". Más fácil decirlo que hacerlo.

Los socios locales en Venezuela no pudieron conseguir el dinero, y no podíamos decirle a Tinoco que pidiera al Chase Manhattan su directa participación, porque el Chase era una empresa de los Rockefeller. Tinoco y George Moore fueron juntos al Citibank Venezuela. Moore fue quien hizo la conexión, y Tinoco aportó la credibilidad. Citibank Venezuela no tenía dinero para hacer una transacción a largo plazo, pero estaba dispuesto a concedernos un préstamo puente a corto plazo, a un exorbitante tipo de interés.

Nosotros estábamos dispuestos a pagarlo, porque Tinoco tuvo una idea brillante: hacer que el Chase prestara el dinero que necesitábamos para cubrir el préstamo del Citibank a otro banco, que luego nos lo prestaría a largo plazo a tipos mucho más favorables. El director del banco que Tinoco tenía en mente había trabajado con él en el Banco Mercantil, así que había un vínculo personal. Básicamente, pedíamos prestado "a Pedro para pagar a Pablo".

Fuimos muy abiertos con todo el mundo sobre nuestros planes, porque siempre es una buena idea mantener excelentes relaciones con los socios financieros. Con la promesa del préstamo asegurada, Tinoco, Ricardo y yo volamos a Nueva York, para negociar con Rodman Rockefeller, el hijo de Nelson, que ahora dirigía el IBEC. Las negociaciones en sí fueron muy complicadas, pero, irónicamente, uno de los últimos escollos vino de Ricardo. Los Rockefeller querían 22 millones de dólares, una cantidad que estaba en el límite inferior de lo que esperábamos pagar.

Ricardo insistió en que no quería pagar más de 20 millones (hoy en día, 22 millones de dólares parecen una miseria, pero en aquella época era una cantidad enorme de dinero, equivalente a más de 111.000.000 de dólares de hoy en día. Fue la mayor transacción comercial fuera del sector petrolero en la historia de Venezuela).[11] Estábamos en un callejón sin salida.

11 Bachelet, Pedro. *Gustavo Cisneros: Pioneer.* Planeta, 2004, p. 50.

Llamé a mi padre a Caracas. Empecé a describirle la situación, pero me cortó en seco. Gritó: "¡Si vale 20 millones, vale 22 millones!".

Mi padre decía a menudo: "Hay que ser atrevido para hacer las cosas de otra manera". Pero nunca intervenía hasta no examinar bien la situación. Era exhaustivo a la hora de recabar información. Imitaba el modelo de los Rockefeller al recurrir a expertos. Como ellos, contratábamos los mejores cerebros todo el tiempo. Mi padre tenía consultores a un tiro de llamada sobre todos los temas posibles; los utilizaba como profesores. Puesto que su método preferido de aprendizaje era escuchar, siempre solicitaba que se hiciera una presentación oral; algo así como un precursor personalizado de una charla TED. (Era una forma tan agradable de aprender que yo continuaría con ese hábito).

Era capaz de tomar decisiones que podían parecer atrevidas —o incluso, revolucionarias— para los de afuera, pero que en realidad eran seguras, porque estaba muy bien informado. Y si una decisión era errónea, podía cambiar de rumbo rápidamente porque ya había pensado en todas las alternativas posibles.

Aprendí a imitar su manera de proceder: estudiar todos los aspectos de una posible adquisición, evaluar los riesgos, anticipar los retos y proponer soluciones antes de dar un paso. La operación de CADA parecía complicada, pero para mí fue una decisión segura. Sabíamos cómo mover las piezas y heredábamos un muy buen gestor. La gente pensaba que me estaba lanzando a una piscina vacía, pero en mi mente estaba llena de agua y me invitaba a lanzarme y nadar.

Gracias a la insistencia de mi padre en no escatimar ni un céntimo, adquirimos un paquete que incluía 48 supermercados CADA, quince cafeterías con fuente de soda, una planta de procesamiento de café, una fábrica de pan —la primera de su clase en América Latina—, una ganadería llamada Mata de Bárbara (de la que hablaremos más adelante) y el 20 % de la IBEC, así como algunos negocios en Argentina, América Central y Brasil. De un plumazo, nos convertimos en el mayor empleador privado de Venezuela.[12]

Fue el primer gran paso en nuestra visión de diversificar y hacer crecer la organización Cisneros. Un mundo de posibilidades comenzó a tomar forma ante nosotros. Mi padre estaba muy complacido. Su gran idea por fin se estaba haciendo realidad y, además, de la forma como él esperaba. Me dijo: "Ya veo lo que estás haciendo y a dónde vas. Ahora puedo estar tranquilo". Realmente, creo que la adquisición de CADA/IBEC le dio a mi padre otros cinco años de vida.

El acuerdo cambió de muchas formas nuestra vida. Cuando adquirimos CADA, nadie quería dar un céntimo por el 20 % de la IBEC. Pero yo pensé: "¡Esto era lo que yo quería! Haz un trato con la familia Rockefeller, y se acordarán de ti". Y lo hicieron. Como era de suponer, eso me abrió puertas que ni siquiera había soñado que existieran ni, mucho menos, imaginado que las podría atravesar.

El acuerdo me dio a conocer fuera de Venezuela. Nos puso en el horizonte de los principales bancos de Nueva York, lo que tendría repercusiones internacionales en nuestra capacidad de expansión en Estados Unidos, Europa y América Latina.

Sin embargo, todo se hizo con total discreción, sin que nadie lo supiera. Nadie podía arrebatarnos la operación, porque nadie sabía que CADA estaba en venta. Cuando hicimos el anuncio, en 1975, fue una sorpresa gigantesca para todos en Venezuela. "¡¿Qué?! ¡¿Cómo?! ¡¿De dónde salieron estos tipos?!", fue la reacción.

---

12 *Ibid.*

Esta nueva situación envió una fuerte señal: Había nuevos muchachos en la cuadra, y harían las cosas a su manera. Entonces, aprendí una valiosa lección: siempre hay que llegar antes que la competencia.

* * *

"Hay que procurar siempre hacer combinaciones"

Mi sueño era hacer con CADA lo que mi padre había hecho con Pepsi-Cola: utilizarla como núcleo de una organización verticalmente integrada, con potencial para expandirse constantemente, al tiempo que se mantenía centrada en satisfacer las necesidades de los consumidores.

CADA era mucho más grande que Pepsi, pero había muchas similitudes. Nos beneficiamos enormemente de los conocimientos de mi padre para satisfacer a los consumidores. "Por supuesto, una cadena de supermercados está muy cerca de la gente —afirmó Miguel Dvorak, que empezó a trabajar en Cisneros como contable junior en 1976, y ahora es el director de Operaciones—. Eso hace que entiendas no solo las marcas y cómo ellas deben posicionarse mejor, sino también, las necesidades del público en general y sus deseos. Y es algo realmente fascinante".

Necesitábamos movernos rápido para dejar huella, y lo hicimos. En 1975, cuando nos hicimos cargo de CADA, había 55 supermercados en Venezuela. Cinco años después, había más de 100.[13] Abríamos un supermercado nuevo cada mes. En cinco años, las ventas se habían duplicado y la cadena atendía a más

---

13 Rodríguez, José Ángel. *Los Cisneros: Rostros y rastros de una familia, 1570-2015*. Fundación Cisneros, 2017, p. 121

de un millón de clientes *al mes.*[14] Como muestra de nuestra convicción en el desarrollo de la economía venezolana, CADA también promovió con entusiasmo las empresas locales: Entre el 80 % y el 85 % de nuestros productos llevaban el sello "Hecho en Venezuela".[15]

CADA se convirtió en nuestro modelo y en nuestro medio para adquirir empresas a gran escala. Buscábamos comprar empresas cuyos productos pudiéramos vender en nuestros supermercados y publicitar en Venevisión. Desde la carne hasta la mostaza, pasando por el maquillaje femenino, siempre buscábamos establecer combinaciones.

Seguíamos una sencilla fórmula de cinco puntos a la hora de considerar la compra de una empresa:

- Que fuera líder en su mercado. Si no era la número 1, tenía que ser la número 2 y con potencial para convertirse en la número 1, mediante una gestión más inteligente y una mejor comercialización.
- Que ofreciera productos fáciles de elaborar.
- Que mantuviera un flujo de caja positivo. Lo aprendí de mi padre. El flujo de caja del negocio de refrescos nos permitió crecer mucho. Continuamos esa fórmula con CADA. No compraríamos ningún negocio a menos que pudiéramos garantizar un flujo de caja positivo en poco tiempo. Si no tenía un fuerte flujo de caja, yo dudaba de su supervivencia.
- Que tuviera buenos gerentes. Si la empresa cumplía las tres primeras condiciones, era casi suficiente. Pero gracias

---

14 Bachelet, Pedro. *Gustavo Cisneros: Pioneer.* Planeta, 2004, p. 54.

15 Rodríguez, José Ángel. *Los Cisneros: Rostros y rastros de una familia, 1570-2015.* Fundación Cisneros, 2017, p. 123.

a Pepsi y Venevisión, teníamos muchos ejecutivos con conocimientos de *marketing*, publicidad y distribución. Simplemente, los trasladamos. Su talento era muy versátil y eran lo bastante inteligentes para aprender a aplicarlo en un nuevo ámbito. Los traslados se convirtieron en una característica distintiva de Cisneros, como lo describiré en la próxima sección.

- Que estuviera centrada en el consumo masivo y diera siempre a los consumidores lo que buscaban.

* * *

Era el momento perfecto para dedicarse a un negocio orientado al consumo en Venezuela. Impulsado por los petrodólares, en 1975 el poder adquisitivo per cápita de Venezuela era igual al de Japón; a finales de la década, la renta per cápita era superior a la de cualquier otro país latinoamericano.[16] La riqueza petrolera se había extendido lo suficiente como para que incluso los venezolanos de clase media hicieran habitualmente viajes de compras a Miami y se aprovisionaran. Su consigna era: "¡Dame dos!".

Por supuesto, no todos participaban de este *boom*. La pobreza era un problema real y generalizado. El negocio del petróleo había hecho que la gente emigrara del campo a las ciudades, porque allí estaban el dinero y el trabajo. Al mismo tiempo, la riqueza de Venezuela fue un imán para los inmigrantes de Haití, Ecuador y Colombia, que estaban experimentando una recesión económica. Muchas de estas personas eran analfabetas y, en el caso de los haitianos, no hablaban español. Pero en

16 Bachelet, Pedro. *Gustavo Cisneros: Pioneer.* Planeta, 2004, p. 52.

Caracas, por ejemplo, los vendedores ambulantes vendían helados en pequeños carritos haciendo sonar una campana. No necesitaban hablar español para anunciar su presencia y, como los inmigrantes trabajadores de todo el mundo, estaban dispuestos a empujar ese carrito por más horas y por menos dinero.

Había muchos petrodólares, pero su distribución era muy desigual. En los barrios marginales y las *chabolas* que rodeaban las ciudades, la asistencia sanitaria de calidad era prácticamente inexistente. Los profesores de las escuelas públicas siempre estaban en huelga. Este sería el detonante que condujo al hundimiento de la economía en 1983. Pero por el momento, para los que podían explotar la riqueza petrolera, todo iba a las mil maravillas.

La adquisición de CADA nos llevó a comprar licencias y empresas cuyos productos abastecerían las estanterías: desde el betún para zapatos marca Cherry Blossom hasta los cosméticos Helene Curtis, pasando por la mostaza French. Esto se vio reforzado por la compra, en 1983, de la cadena de almacenes Sears Roebuck en Venezuela. Rebautizada Maxy's, se convirtió en la mayor cadena de tiendas al por menor del país. Ahora podíamos reforzar aún más nuestro inventario con pelotas de tenis Spalding, productos para bebés Evenflo, computadores Apple y marcas internacionales de belleza de lujo, como Estée Lauder (¡Leonard Lauder decía que Maxy's era uno de sus mejores clientes en todo el mundo!). Y se lanzaron marcas totalmente nuevas, como la línea de ropa infantil Cotton Candy.

Por muy inteligentes que fueran nuestros directivos, eso no significaba que pudieran pasar de un sector a otro sin ninguna formación. Para enseñarles el negocio de los supermercados, en 1976 enviamos a 25 ejecutivos a la feria anual del Food Market Institute. Así como mi padre se había asociado a empresas que explicaban los entresijos del negocio de los refrescos, nosotros encontramos un aliado en la cadena de supermercados Publix, con sede en Florida. Contrataron a nuestra gente como aprendices y les enseñaron todo: desde cómo remodelar una tienda sin molestar a los clientes hasta los fundamentos operativos.[17]

El negocio de los supermercados se sustenta en el volumen de ventas. Así mismo, un mayor volumen de ventas permite exigir mayores descuentos a los proveedores. Todo depende de un sistema de inventario racionalizado. En 1976 fundamos Castor Trading, que, bajo la hábil dirección de mi amigo de la universidad Johnny Fanjul, actuó como agente de compras centralizado para CADA y, más tarde, para Maxy's.[18] En 1980 abrimos un único centro de compras, almacenamiento y distribución. Bautizado con el nombre de mi hermano, Antonio José Cisneros, ALTRAN (Centro de Almacenamiento y Distribución Antonio José Cisneros) fue uno de los mayores almacenes de productos de consumo de América Latina.[19]

Aunque Antonio era ocho años más joven que yo, estábamos muy unidos. Era genial para el *marketing* y la publicidad, y aplicó esos talentos en nuestra franquicia Burger King y en el negocio de los supermercados, tanto en Venezuela como en otros países. Trabajador y competente, era el responsable de ALTRAN. Esperábamos que fuera el mejor director general de CADA, y discutimos cómo podría encabezar nuestra expansión en Estados Unidos. Antonio tenía licencia de piloto; sin embargo, pusimos una regla: le daríamos un avión, pero no podía volar solo. Siempre tendría un copiloto a su lado. En 1981, se fue de vacaciones para el día de San Valentín y dejó al copiloto en tierra. El avión

---

17 *Ibid.*, p. 54.

18 Rodríguez, José Ángel. *Los Cisneros: Rostros y rastros de una familia, 1570-2015*. Fundación Cisneros, 2017, p. 164.

19 https://www.cisneros.com/ourhistory

desapareció cerca de Bonaire y nunca lo encontraron. Yo estaba desolado. Su muerte fue un gran golpe para mí y una tremenda pérdida para nuestra familia.

El paquete de CADA incluía 15 cafeterías anexas a los supermercados. A medida que aumentaba el número de mercados, también lo hacía el de cafeterías. Sin embargo, a finales de la década de 1970 las cafeterías estaban pasando de moda: los consumidores ya no querían sentarse en una mesa, elegir de una carta y esperar a que les llevaran su pedido. Querían un servicio rápido, sin servicio de mesa ni propinas. Cisneros se pasó a las marcas de comida rápida y abrió en Venezuela las primeras franquicias de Burger King, Taco Bell y Pizza Hut en el espacio donde estaban las cafeterías.

Nuestra planificación empresarial llegó a ser tan hábil que podíamos predecir con fiabilidad si una empresa nueva o recién adquirida lograra sus objetivos en el primer trimestre. Casi siempre lo haría también en los tres trimestres siguientes.[20]

El espíritu emprendedor impregnaba la organización. Llegó un momento en que, incluso, tuvimos un pequeño negocio de importación de árboles de Navidad para las celebraciones de las fiestas decembrinas en Venezuela. Un directivo había descubierto que los trenes frigoríficos que enviaban naranjas y pomelos de Florida a Canadá volvían vacíos. Aprovechamos esta capacidad no utilizada para llenar los vagones frigoríficos con pinos canadienses. Al llegar a Miami, los árboles se cargaban en aviones y volaban a Caracas, para ser vendidos en las tiendas de CADA por entre 5 y 20 dólares.[21] El tamaño de CADA hizo que este negocio mereciera la pena.

---

20 Bachelet, Pedro. *Gustavo Cisneros: Pioneer.* Planeta, 2004, p. 57.
21 *Ibid.*

Venevisión era un elemento clave en la ecuación. Hay que tener en cuenta lo siguiente: Cisneros poseía la mayor cadena de supermercados de Venezuela, así como un importante canal de televisión. La combinación proporcionaba una plataforma para la comercialización masiva de marcas que ningún competidor podía emular. Como dijo más tarde uno de nuestros proveedores, "Son dueños de los medios de comunicación y de gran parte de la distribución. ¿Cómo pueden perder estando en esa posición?".

De hecho, nos enfrentábamos a una paradoja: en lo que respecta a Venevisión, teníamos casi demasiado éxito.

* * *

"No hay que pensar en fronteras. Hay que pensar en los aspectos comunes"

Desde mi primer día en Venevisión, supe que quería transformar el canal en algo diferente, algo internacional. Siguiendo el modelo que mi padre estableció con Pepsi-Cola, y que yo pretendía hacer con CADA, concebí Venevisión como un modelo de integración vertical produciendo tanto el contenido como los medios para distribuirlo.

A mediados de los años sesenta, Venevisión era la principal cadena de Venezuela. Transmitía en 18 de los 20 estados del país[22] y acaparaba dos tercios de la audiencia. Ya no había espacio para crecer en Venezuela. Si queríamos crecer, teníamos que expandirnos a otros países.

---

22 Bermúdez, Alfredo. *Diego Cisneros. A Life for Venezuela*. Fundación Diego Cisneros, p. 179.

Nuestra estrategia se basaba en las telenovelas. Estas eran una piedra angular de la programación televisiva en América Latina, pero la mayor parte de ellas se emitían solo dentro de los países en los que se producían. Aún no habían nacido las telenovelas regionales.

Eso cambiaría en 1970. Johnny Fanjul aún recuerda mi emoción cuando lo llamé por teléfono a Costa Rica. "¡Juanito, enciende la televisión! ¡Acabamos de vender nuestra primera telenovela!". *Esmeralda* marcó el debut de Venevisión en el escenario internacional de las telenovelas.

Desde Costa Rica empezamos a exportar nuestras telenovelas a mercados de habla hispana de todo el mundo. El dinero que ganábamos lo invertíamos en el negocio. Analizábamos los guiones de las telenovelas mexicanas y cubanas para ver cómo podíamos mejorarlos. Contratamos a los mejores guionistas y directores de la diáspora cubana; entre ellos, a Delia Fiallo, la guionista de *Esmeralda* y de muchas otras de nuestras series de éxito en los años setenta y ochenta, y a los mejores actores y directores. El acento venezolano era una ventaja adicional: es un español neutro, como el mexicano, pero más "dulce" y melodioso. Nuestros esfuerzos dieron sus frutos: En 1975, éramos el número 1 de audiencia en Puerto Rico y España.

Las telenovelas fueron una excelente tarjeta de presentación y nuestro pasaporte para darnos a conocer fuera de Venezuela. Con el tiempo, vendimos versiones dobladas de nuestras telenovelas en Grecia, Turquía e, incluso, Indonesia. Entre tanto, las telenovelas de Venevisión se convirtieron en un modelo para las telenovelas de otros países. (Venevisión Internacional tiene la más amplia videoteca de programación original de América Latina; sus telenovelas, sus comedias y otros programas se ven en más de 100 países de los cinco continentes).[23] Su éxito demostró una de las lecciones de mi padre: "No pienses en fronteras. Piensa en los aspectos comunes".

Empecé a soñar con llegar a los millones de hogares hispanohablantes de Estados Unidos. Tardaría casi 20 años, pero el sueño acabaría haciéndose realidad en los años noventa con la adquisición de Univisión.

* * *

"Hay que tratar a los discrepantes como gatos"

La televisión requiere un equilibrio entre una férrea disciplina administrativa y un alto grado de creatividad. Es un mundo en el que todos son divos: los guionistas, los directores, los productores, incluso los operadores de cámara y, por supuesto, los actores. A menudo parece su propia versión de una telenovela.

Los creativos tienen ideas muy distintas sobre cómo romper un huevo. El proceso creativo suele ser bullicioso y desordenado, pero es vital dar a la gente el apoyo que necesita para que los programas sean un éxito. Si una cadena pierde el favor de su público y sus anunciantes, reposicionarla es una tarea hercúlea.

El mundo del espectáculo es un negocio complicado y dinámico, pero se puede llevar con éxito una vez que se comprende. Aprendí a manejar el bullicio y a los ejecutivos que hacían y gestionaban el bullicio. Tuve que aprender a manejar a personas que piensan de forma completamente distinta. Y me volví mucho más tolerante con quienes discrepan.

---

23 Kirkman, Alexandra. "The visionary." *Forbes Global*, November 26, 2001.

Aprendí que la mejor manera de manejarlos es tratarlos como a los gatos: dejarlos que actúen, no imponerles demasiadas normas y elogiarlos y premiarlos cuando sea oportuno. Si les dices exactamente lo que tienen que hacer cada minuto del día, te odiarán. Esas personas ya saben lo que tienen que hacer. Mi padre tenía un don para manejar a los que discrepaban. Me decía: "Tu papel es plantear desafíos y dar sentido: averigua cuáles son sus sueños, y hazlos realidad".

Cuando tomé el control de Venevisión, una de las personas más valiosas era Enrique Cuscó. Él no tenía otros intereses (más allá de su familia); trabajaba 24 horas al día, siete días a la semana, y dormía en la oficina. Era testarudo, agresivo, irreverente y desafiante: una persona de "Lo tomas o lo dejas" muy difícil de manejar. La gente me preguntaba por qué lo aguantaba, pero yo lo apoyaba al 100 % porque atraía a los mejores guionistas, los mejores productores y los mejores actores. Venevisión estaba perdiendo dinero, pero le dimos la vuelta porque teníamos a la persona más talentosa. Tuve que ser muy paciente, pero aprendí mucho sobre programación, que era el fuerte de Cuscó. Peleábamos todos los días, pero yo decía: "¿Y qué?". Incrementamos la audiencia de Venevisión en todos los ámbitos. Permaneció al frente de Venevisión Venezuela durante dos décadas.

Una vez vi lo que Cuscó y su carácter discrepante podían hacer, aprendí a buscar personas así: con puntos de vista diferentes, ideas diferentes, gente no convencional.

* * *

A partir de la televisión quisimos ampliar nuestro alcance mediático haciendo de la radio una extensión de Venevisión. La radio es un medio de comunicación anticuado, pero tenía un enorme nicho en Venezuela como fuente de noticias y entretenimiento, aunque tendía a ser pequeña y muy regional. La emisora más grande del país, por ejemplo, era Radio Caracas, creada en 1930 por la familia Phelps; unos 30 años después, seguía siendo solo una emisora. Yo pensé: "Cambiemos esto". Vi el potencial de una red nacional, como la radio ABC, de Estados Unidos.

Compramos legalmente tantas emisoras locales como nos fue posible; cuando no pudimos comprarlas, las alquilamos. Pusimos la señal a disposición —a veces, gratis— de cualquiera que quisiese asociarse a nosotros, ya estuviera en las zonas más remotas del país o en las ciudades más grandes. En 1974, Radiovisión empezó a funcionar como la primera cadena nacional de radio de Venezuela.

Nosotros ya sabíamos mucho de radio, porque Pepsi-Cola era el mayor anunciante de Venezuela. La publicidad radiofónica es más barata que la televisiva y atrae a otro tipo de anunciantes: clientes más pequeños y locales, como el que busca dar a conocer su cadena de zapaterías o un complejo turístico en una región vacacional.

Comenzamos a combinar noticias y publicidad locales y nacionales, con una fuerte dosis de sofisticación e ingenio técnico. Radiovisión era la otra parte de Venevisión: usábamos cada una para promocionar la otra. Gracias a que aprovechamos las mejores noticias y el mejor entretenimiento de Venevisión, Radiovisión fue exitosa desde el principio.

Y luego vino la música. En 1978 Rodolfo Rodríguez, hijo del vicepresidente ejecutivo de Venevisión, me propuso una idea: deberíamos crear un sello para producir discos de vinilo. Se ofreció a aportar la mitad del capital y sugirió que Cisneros pusiera la otra mitad. Rodven prensó sus primeros discos en 1981.

El dinero de la música nunca ha provenido de la venta de discos o de cintas: la verdadera mina de oro es poseer los derechos y producir la música. Rodríguez compró los derechos de algunos clásicos de la música popular, que recopiló en un álbum llamado *Momentos*. Sigue siendo uno de los discos más vendidos en Venezuela. Luego, a cambio de la promesa de tiempo al aire en Radiovisión y espacio publicitario en Venevisión, negociamos un contrato con la poderosa Warner Elektra Atlantic por los derechos de algunos de sus artistas (me ayudó el hecho de ser buen amigo de Ahmet Ertegun, cofundador y presidente de Atlantic Records, y de su hermano Nesuhi, también ejecutivo de Atlantic).

Pronto, Rodven empezó a grabar discos de artistas nacionales y a vender sus licencias fuera de Venezuela. Uno de nuestros primeros éxitos fue Guillermo Dávila, que había sido un actor de teatro de escasa relevancia hasta cuando protagonizó la telenovela de Venevisión *Ligia Elena* y cantó su conmovedor tema: *Solo pienso en ti*. El disco fue un éxito rotundo, pues vendió 300.000 copias solo en Venezuela; también sería popular en Puerto Rico y dondequiera que se emitiera *Ligia Elena*.[24] Siguieron otros álbumes superventas aprovechando la alianza Rodven-Venevisión.

Pero la alianza más hermosa estaba aún por venir.

* * *

"Hay que difundir una buena imagen al mundo"

Hay una razón por la que durante la década de 1980 gran parte del mundo creía que el principal producto de exportación de Venezuela, además del petróleo, eran las mujeres hermosas: el

---

24 Bachelet, Pedro. *Gustavo Cisneros: Pioneer*. Planeta, 2004, p. 59.

concurso Miss Venezuela. Cisneros adquirió el concurso en 1980. Quería tener una buena imagen de Venezuela para exportarla al mundo, y una forma de promocionar nuestras telenovelas y nuestros productos de belleza en el ámbito local.

Conocíamos a Osmel Sousa por su trabajo como reportero de sociedad en un periódico local; también era conocido por asesorar a anteriores concursantes del certamen, muchas de las cuales ganaron la corona de Miss Venezuela. Lo contratamos para dirigir toda la organización.

Aplicó un modelo similar al del sistema de desarrollo de talentos de un equipo de béisbol de las grandes ligas. Programó *castings* en las ciudades más importantes del país y sometió a las aspirantes a un arduo proceso de selección. Miles de jóvenes se presentaban, pero solo 28 eran aceptadas cada año.[25]

Preparábamos cuidadosamente a las concursantes. Como a las concursantes de cualquier parte, se les enseñaba a desfilar, a desarrollar su dicción y a mejorar su etiqueta. Pero, además, fueron entrenadas por equipos de estilistas y diseñadores, instructores de idiomas y cultura, y entrenadores deportivos. Trabajaron duro y obtuvieron resultados. Las concursantes de Miss Venezuela han ganado más de 70 concursos de belleza, incluidos, a partir de 2021, siete títulos de Miss Universo, seis de Miss Mundo y ocho de Miss Internacional.[26]

Queríamos que el concurso fuera un espectáculo atractivo, una especie de telenovela en directo antes de la invención de la telerrealidad, y una tarjeta de presentación de Venezuela ante el mundo. Osmel Sousa, junto con Joaquín Rivera, un coreógrafo de renombre, montaron una producción inolvidable, digna de

---

25 *Ibid.*, p. 60.

26 Rodríguez, José Ángel. *Los Cisneros: Rostros y rastros de una familia, 1570-2015*. Fundación Cisneros, 2017, p. 170.

Broadway, que vendimos en todo el mundo. El certamen, de cuatro horas de duración, se retransmitió en 100 países y generó unos ingresos publicitarios que cubrieron con creces el abultado presupuesto de la organización del concurso.

Como siempre, nuestras aspiraciones iban más allá del beneficio y la promoción. Éramos agentes de cambio. Las concursantes eran jóvenes ambiciosas que querían mejorar sus vidas. Ser Miss Distrito Capital o Miss Venezuela, por no hablar de Miss Mundo o Miss Universo, era un pasaporte a una nueva vida. Muchas se convirtieron en modelos o ingresaron a la industria del entretenimiento: el programa de selección y formación era una mina de oro de talento local. Muchas fueron a la universidad con becas y se convirtieron en profesionales consumadas: dentistas, médicas y profesoras. Algunas se convirtieron en empresarias de éxito. Una de ellas, Irene Sáez, ganadora de Miss Universo 1981, llegó a ser alcaldesa de Chacao (uno de los cinco municipios de Caracas) y gobernadora del estado de Nueva Esparta.

Errores inteligentes

En la organización Cisneros, durante la década de 1970 existía la sensación de que nada era imposible. Pero eso no significaba que no cometiéramos errores. Nadie es perfecto. Lo importante es aprender de los errores y no repetirlos. He aquí tres experiencias que me enseñaron cosas especialmente útiles.

* * *

"Hay que cambiar de táctica para triunfar"

Al principio, cuando aún era asistente de mi padre, se hizo una gran inversión en un nuevo refresco de lima-limón, al que llamamos Twin Top. (Tenía un sabor parecido a la gaseosa 7Up). Pero por mucho que lo promocionáramos, no funcionaba. Desesperado, sugerí: "¿Por qué no compramos otra marca que ya tenga éxito, como Chinotto, y le añadimos un sabor a lima-limón?".

Mi padre estuvo de acuerdo, y el Chinotto de lima-limón tuvo un éxito enorme. No sé por qué. Quizá se debía al cambio de un nombre que sonaba estadounidense a uno que sonaba italiano: había muchos italianos en Venezuela. ¿Quién sabe? Algunas cosas funcionan y otras no.

Lo más importante es que aprendí pronto a cambiar de táctica cuando algo no funciona desde el principio. Hay que mantener la mente abierta e intentar una táctica diferente, aunque sea poco a poco. En lugar de rendirse, mejorar lo que se tiene. Nunca se sabe.

Ahora incluso tenemos una frase que resume ese enfoque: "Seguir adelante". Si el negocio está atascado, hay que buscar otra forma de avanzar: arreglarlo, reinventarlo o tomar las cosas que funcionan y ver qué se puede hacer con ellas. Si se sigue atascado, venderlo. Este sería nuestro principio rector durante nuestra reestructuración masiva en los años noventa.

La cuestión es que quizá uno suspenda el examen, pero no tiene por qué suspender la asignatura. No se tiene por qué sacar un cero. Siempre se puede salvar algo de la derrota.

* * *

"Producto correcto, mercado equivocado"

Los refrescos fueron un trampolín hacia otras bebidas. El auge del petróleo había aumentado la demanda de todos los bienes de consumo, y eso incluía vinos y licores finos. En 1974 lanzamos O'Caña, un distribuidor de vinos y licores internacionales (el nombre es un juego de palabras). Gracias a la reputación de Cisneros como el único embotellador de Pepsi-Cola del mundo que podía vender más que Coca-Cola, pronto adquirimos los derechos de marcas como el whisky Dimple, el champán Mumm y los vinos Paternina. Una campaña publicitaria en Venevisión y Radiovisión impulsó las ventas; a principios de los ochenta, O'Caña vendía hasta 120.000 cajas de whisky al año.[27]

Mi padre y yo —también yo— habíamos pensado durante mucho tiempo en dedicarnos al negocio de la cerveza, que no es muy diferente del de los refrescos. En 1992, Cisneros adquirió Cervecería Regional, la segunda cervecería y distribuidora de cerveza más grande de Venezuela; sería un maridaje especialmente bueno con Los Leones del Caracas, una de las franquicias de béisbol más exitosas de Venezuela, que compramos en 2001. Un año después, compramos una participación del 20 % en Backus y Johnston, la mayor cervecería de Perú y la sexta de América Latina. Yo estaba convencido de que teníamos una fórmula imbatible, pero olvidé que mi padre me había advertido de que no fuera engreído.

Monté un negocio con Bacardí, la compañía de ron más importante del mundo. José 'Pepín' Bosch, principal accionista de Bacardí, era un genio del *marketing*. Uno de sus éxitos fue el ron blanco. El ron blanco es más barato de producir que el añejo y es de menor calidad. Pero en aquella época, la mayoría de los consumidores venezolanos no conocían el ron añejo, por lo que no les gustaba. Bacardí comercializó el ron blanco como mezclador —piénsese en el ron con Coca-Cola— y fue un éxito de ventas en todas partes, desde Estados Unidos hasta Brasil. (Sabe

27 Bachelet, Pedro. *Gustavo Cisneros: Pioneer.* Planeta, 2004, p. 40.

a *cachaça,* una popular bebida alcohólica transparente brasileña que es un ingrediente clave de las *caipirinhas*).

¿Por qué no iba a tener el mismo éxito en Venezuela? Me equivoqué. No era lo mismo ser el mejor fabricante de ron del mundo que vender el ron más popular en Venezuela. El gusto nacional de Venezuela es el ron oscuro, porque eso es lo que produce Venezuela. Gracias a anuncios atractivos y promociones tentadoras, pudimos convencer a la gente de que bebiera ron blanco una o dos veces, pero no tres.

Fracasamos estrepitosamente. Llamé al Sr. Bosch y le dije: "Me equivoqué". Me dijo: "Lo sé. Deberías haber acudido a mí antes de comprar. Te habría dicho que no lo hicieras. Tenías el producto adecuado, pero el mercado equivocado". Nos ofreció comprar nuestra parte y, a cambio, nos vendió parte de una marca venezolana de ron oscuro llamada Cacique, que era el ron más vendido en Venezuela y uno de los principales exportadores a Latinoamérica y España. De una mala situación pasamos a una mejor. (Al final vendimos Cacique a Seagram y obtuvimos una muy buena rentabilidad).

Aprendí una lección importante: el *marketing* y la publicidad solo te llevarán hasta un cierto punto. No se puede cambiar el gusto de la gente. Aunque era un buen producto, fue el producto equivocado para ese mercado.

* * *

"No pretenda ser Juana de Arco: se puede quemar"

Durante gran parte de la historia de Venezuela, la economía se ha visto impulsada por la extracción de sus recursos naturales: desde las perlas que llamaron la atención de Cristóbal Colón en su tercer viaje al Nuevo Mundo,[28] pasando por el cacao y el café, hasta llegar, finalmente, al petróleo.

Mientras yo crecía, el petróleo se veía como un manantial sin fondo que llegaría a ser una fuente inagotable de riqueza para el país. En 1934, el petróleo generaba el equivalente a 42 dólares de ingresos fiscales para cada venezolano. En 1973, esos ingresos se habían multiplicado por más de 10, hasta alcanzar los 583 dólares. Un año más tarde, gracias al *boom* petrolero del año anterior, se había triplicado de nuevo hasta alcanzar los 1.540 dólares.[29]

Pero había un problema. La Ley de Hidrocarburos de Venezuela de 1943 garantizaba unas regalías del 16,6 % a cambio de permitir a las mayores compañías petroleras del mundo el acceso a las vastas reservas de Venezuela durante 40 años.[30] Era una enorme cantidad de dinero la que entraba en las arcas del Estado, pero podría haber sido más, de no ser porque la Constitución venezolana prohibía a la empresa privada venezolana extraer petróleo. Solo la industria petrolera estatal tenía autorización para perforar y gestionar los pozos y sus derivados. Y como muchos entes estatales, el IVP (Instituto Venezolano de Petroquímicas) se caracterizaba por una burocracia asfixiante, una gestión deficiente y una ineficiencia operativa. Incluso el presidente Carlos Andrés Pérez había criticado al IVP después de una visita a una de sus plantas.[31]

Algunos interpretaron su crítica franca como una invitación al sector privado. Yo ya tenía una idea para que las empresas

---

28 http://countrystudies.us/venezuela/2.htm

29 Bachelet, Pedro. *Gustavo Cisneros: Pioneer.* Planeta, 2004, p. 45.

30 Rangel, Beatrice. "Of Stubborn History and Tectonic Faultlines: Learning from history to rebuild Venezuela". 2015.

31 Bachelet, Pedro. *Gustavo Cisneros: Pioneer.* Planeta, 2004, p. 46.

privadas venezolanas entraran por la puerta de atrás en la industria petrolera: los petroquímicos.

Las empresas venezolanas ya prestaban servicios a la industria del petróleo y los empleados venezolanos realizaban la mayoría del trabajo. Pero ¿y si los inversores privados crearan una empresa para refinarlo, en vez de competir con el Estado y los gigantes petroleros extranjeros en la extracción del petróleo? La mayoría de los concesionarios extranjeros transportaban el crudo venezolano a refinerías de Texas y Luisiana para obtener gasolina, queroseno, nafta y otros productos químicos.

¿Por qué no hacerlo nosotros mismos? La ley establecía que las empresas privadas podían invertir en el refinado petroquímico. Refinar el petróleo venezolano en suelo venezolano supondría un enorme impulso para la economía en general y, de paso, ayudaría a fortalecer nuestra incipiente democracia. Después de todo, un país sin sector privado es solo medio país: es como la Unión Soviética.

Mi hermano mayor, Diego, y yo imaginamos una asociación público-privada del gobierno con la participación de Cisneros, otras empresas venezolanas y algunos socios extranjeros, a fin de crear y operar tres plantas petroquímicas que producirían 36 productos químicos. La organización se llamaría Pentacomplejo Petroquímicos, o Pentacom.

Convencí a un grupo de consultores y colegas —entre ellos, Pedro Tinoco— para que aportaran 10 millones de bolívares (unos 3 millones de dólares), y así sufragar los costes de los estudios técnicos del proyecto. Había varias empresas extranjeras interesadas. Expuse el proyecto al presidente Carlos Andrés Pérez y a uno de sus ministros, y les expliqué que la única forma de que esto funcionara políticamente sería que el gobierno invirtiera el 50 % de los costes, y se mostraron dispuestos.

En febrero de 1975, Pentacom hizo su debut público cuando una influyente revista de la región escribió un artículo en el que describía el proyecto como "la asociación empresarial más poderosa jamás lograda en Venezuela".[32] Debo confesar que nunca llegué a imaginar la tormenta política que se desató. Un diputado acusó a Pentacom de ser "una vulgar maniobra de la burguesía". Otro afirmó que era la fachada de un pacto secreto entre los capitalistas y Pérez para convertir el país en una oligarquía.[33] Las compañías petroleras y químicas extranjeras empezaron a retirarse.

Hice todo lo que pude para salvar Pentacom. Hablé ante las subcomisiones del Congreso, hice declaraciones a los periódicos, pronuncié discursos. Entre bastidores, consulté a mis mayores: Pedro Tinoco, George Moore, mi padre. Yo ya había hablado con Rómulo Betancourt desde el principio. El primer presidente elegido democráticamente seguía siendo una figura poderosa y un buen amigo de mi padre; se podía contar con él. Entonces le pregunté: "Señor presidente, ¿qué está ocurriendo?".

"Gustavo, estás en medio de un gran problema —me explicó—. El sector privado está a prueba, y tú eres el representante del sector privado. No tenemos la fuerza en el Congreso para defenderte como deberíamos. Las fuerzas democráticas le tienen miedo a la izquierda. Te dirán que te apoyarán, pero no lo harán".

Ya había visto que, a la hora de la verdad, Carlos Andrés Pérez, que me había respaldado en privado y me había dado permiso para seguir adelante, no me apoyaría lo mismo en público. Le pregunté a Betancourt: "¿Qué debo hacer?". Me dijo: "Perderás si sigues presionando. A menos que quieras ser político —y

32 *Ibid.*, p. 47.
33 *Ibid.*, p. 47.

yo te ayudaré, si es tu deseo—, tienes que salirte de esto". Yo no quería ser político.

El 2 de mayo de 1975 envié una carta formal al palacio de Miraflores, al Congreso y al periódico *El Nacional* anunciando mi decisión de renunciar al proyecto. Betancourt la escribió por mí. Todo el mundo sabía que procedía de él; la firmé para que la gente se alejara de mí. Aun así, me advirtió: "Después de esto, irán a por ti con todo. Necesitan destruirte". Fue una retirada completa, tanto en público como en privado (no obstante, devolví el dinero a todos los socios). Me dije: "No soy Juana de Arco. No quiero que me quemen en la hoguera. Prefiero reorganizarme y vivir para librar otra batalla algún otro día".

Esta experiencia me sirvió para abrir los ojos y hacer las cosas de forma completamente distinta. Para empezar, no formaríamos parte de la industria petroquímica. Pero, más allá de eso, me di cuenta de que para consolidar nuestros planes de inversión, era preferible hacerlo fuera de Venezuela, pues no contaríamos con el gobierno para defender al sector privado. A partir de ese momento, nos dedicamos a internacionalizarnos, emocional y mentalmente.

Por si necesitaba confirmación de ello, poco más de tres meses después, el 29 de agosto de 1975, Carlos Andrés Pérez promulgó un proyecto de ley que ordenaba la nacionalización de la industria petrolera del país, a partir del 1 de enero de 1976.[34]

Filantropía con un propósito

Tras una década sin tregua, a finales de los setenta mi padre, mi familia y nuestra empresa llegamos a un punto en el que

---

34 "Venezuela Nationalizes Her Petroleum Industry. *The New York Times*, August 30, 1975. https://www.nytimes.com/1975/08/30/archives/venezuela-nationalizes-her-petroleum-industry-venezuela.html

podíamos tomar aliento. Sería 1978 el 30.° aniversario de CADA; al año siguiente se cumpliría el 50.° aniversario de la fundación de Cisneros.

Era un buen momento para la reflexión y la acción. La filantropía siempre ha formado parte de los ideales de nuestra familia. Para nosotros, la responsabilidad social y el éxito empresarial van de la mano. No solo creemos que las empresas tienen la obligación de invertir en la sociedad: adoptamos, además, un enfoque empresarial de la filantropía. El propósito era que nuestra "inversión" diera frutos en la educación, en la música, las artes y la cultura participando en ellas y organizando conciertos y exposiciones; en enseñar a ser un buen ciudadano, en vivir una vida mejor.

Esa era la esencia del sueño de mi padre cuando instituyó la Fundación Diego Cisneros, en 1968. Sin embargo, su apoplejía y la necesidad de centrarse a fondo en la protección y el posterior crecimiento de la organización Cisneros hicieron que el desarrollo de la fundación quedara relegado a un segundo plano.

Relanzamos la Fundación Cisneros con la misión de promover "la libre empresa, la iniciativa privada y los valores democráticos" en áreas de impacto como la educación, el arte y la música. La idea era que la educación y la cultura podían servir de instrumentos fundamentales para el cambio positivo y para enseñar valores democráticos.

Mi padre decía a menudo que la piedra angular de un gobierno estable y democrático en el que todos pudieran prosperar —no solo unos pocos— era una ciudadanía con formación escolar. Siempre estaba en campaña por la educación. Creía que cuando la gente tuviera suficiente dinero para comer y tener donde vivir, su siguiente objetivo sería educarse.

Hoy sabemos que es cierto, pero en aquella época era una idea novedosa. Mi padre abordó el tema como una campaña permanente, hablando de ello todo el tiempo. Traía a gente de Estados Unidos para dar conferencias y difundir ideas. Si una de cada diez ideas calaba en alguien, se sentía feliz. Le encantaba oír ese clic cuando la bombilla se encendía en el cerebro de alguien (sin duda, se encendió en Patty y en mí, y fue la semilla que dio lugar a Acude, que describiré a continuación y en la parte II).

Empezamos organizando un simposio internacional en 1978 sobre "Autocracia, democracia y totalitarismo". Entre los invitados venezolanos y extranjeros que asistieron se encontraban destacadas personalidades del mundo académico y político: los expresidentes venezolanos Rómulo Betancourt y Rafael Caldera; el economista John Kenneth Galbraith; el historiador de la Universidad de Harvard Arthur M. Schlesinger; Richard N. Goodwin, exredactor de discursos y asesor de los presidentes de Estados Unidos John F. Kennedy y Lyndon B. Johnson; su esposa, Doris Kearns Goodwin —que ya se había hecho un nombre con su biografía más vendida, *Lyndon Johnson y el sueño americano*, y que ganaría el Premio Pulitzer por su examen del matrimonio y la extraordinaria asociación de Franklin y Eleanor Roosevelt durante la Segunda Guerra Mundial—; el expresidente de la Cámara de Representantes de Estados Unidos Richard N. Goodwin; Jean-François Revel, filósofo y periodista del semanario francés *L'Express*, y Felipe González, entonces líder del Partido Socialista Obrero Español, y que sería presidente del Gobierno de 1982 a 1996.

También estaba allí el recién nombrado embajador estadounidense en Venezuela, William Luers. "Fue mi primera impresión del enfoque que Gustavo daba a su trabajo —recuerda Luers—. En aquella época había muchos gobiernos militares en América Latina. Él quería vincularse a la idea de democracia en Venezuela y al modelo de democracia que Venezuela ofrecía al mundo latinoamericano".

Cuando empezamos a pensar más profundamente en la filantropía, ajustamos nuestro enfoque y nuestra misión. Está la caridad —dar limosna, por ejemplo—, y luego está la *filantropía estratégica*. Ni a Patty ni a mí nos ha interesado nunca limitarnos a extender un cheque. Al igual que nuestros negocios, queremos que nuestros esfuerzos filantrópicos sean transformadores.

* * *

"Hacer que cada programa sea transformador"
La educación y la pobreza se hallan estrechamente relacionadas. Existe un vínculo mortal entre bajos niveles de educación y altos niveles de pobreza. Carlos Slim, el magnate empresarial y filántropo mexicano, diría más tarde: "La pobreza no crea mercados. Sacar a la gente de la pobreza es bueno para la economía, para el país, para la sociedad y para las empresas. Es la mejor inversión".[35]

No podría estar más de acuerdo. Patty y yo conocíamos el trabajo de monseñor José Joaquín Salcedo, cuyo innovador programa de educación a distancia llevaba dando buenos resultados en Colombia desde 1947. Le pedimos consejo para combatir el analfabetismo en Venezuela, donde también hacía estragos, y visitamos Colombia cinco o seis veces para examinar los efectos de su trabajo. Íbamos a un pueblo y nos deteníamos en una casa donde la gente participaba en el programa de Salcedo. La casa tenía un huerto y las paredes pintadas, todo

---

35 Dolan, Kerry. "The World According to Carlos Slim." *Forbes*, March 14, 2012. https://www.forbes.com/global/2012/0326/billionaires-12-americas-carlos-telecommunications-world-according-to-slim.html?sh=5996da2f3d5e

brillante y ordenado. Diez metros más allá había otra casa que no participaba en el programa, y se notaba enseguida. La diferencia que marcaba la alfabetización era evidente.

Acabábamos de adquirir el rancho ganadero Mata de Bárbara, en el sur de Venezuela, como parte del acuerdo Rockefeller que nos trajo CADA. Allí trabajaban unos 60 vaqueros —la mayoría, adolescentes y veinteañeros—, así como sus esposas y sus novias. Ninguno sabía leer ni escribir, ni siquiera sostener un lápiz. Su aislamiento en el campo hacía del rancho un laboratorio perfecto.

Llamamos a nuestro experimento Acude (Asociación Cultural para el Desarrollo). Se puso en marcha en 1979. Patty había fundado el Departamento de Idiomas de la Universidad Simón Bolívar, donde creó un método totalmente nuevo de enseñanza de idiomas. Era la elección perfecta para dirigir Acude.

Los métodos de enseñanza de Acude eran poco ortodoxos, pero acordes con nuestra experiencia en entretenimiento. Las herramientas de trabajo consistían en un tocadiscos, discos de vinilo y material escrito (que podía obtenerse a bajo coste, gracias a las subvenciones de las empresas de Cisneros). El programa identificó a posibles líderes comunitarios deseosos de asumir la responsabilidad de animar a sus vecinos a participar.

A medida que un vecino tendía la mano a su compañero, se creaba un efecto dominó.

Aprender a leer y escribir era solo el primer paso. Toda la filosofía de Acude no se limitaba a promover la alfabetización: se trataba de enseñar valores y autoestima, tanto a hombres como a mujeres. Así, en el kit de enseñanza del alfabeto, la "A" no era de "Avión" o "Agua", sino de "Admirable". Entonces se pedía a los alumnos que describieran qué significa que algo o alguien sea admirable.

"La lucha contra la pobreza exige, en primer lugar, respeto por las personas, por su dignidad y su potencial —dice Patty—. Rescatar la autoestima es un primer paso. También es esencial desarrollar las aptitudes y crear las condiciones para la prosperidad material. El proceso debe avanzar simultáneamente en todos los frentes".[36]

Una vez los alumnos aprendieron a leer y escribir, hicimos un seguimiento durante dos años, con cinco folletos, enviados cada cuatro meses, para reforzar y complementar sus nuevos conocimientos.

Los libros abordaban temas como la superación personal, la higiene y el respeto a la mujer. En muchas comunidades, las mujeres solían ser tratadas como menos importantes que los hombres. Estábamos decididos a ayudar a cambiar eso.

Analizamos el desarrollo de Acude como analizábamos cualquier negocio: si no daba resultados positivos, se cancelaría. Pero veíamos los resultados ante nuestros ojos. Cuando pusimos en el programa el juego de ajedrez, casi todo el mundo aprendió a jugar. Se dieron cuenta de que el ajedrez es más que un juego: implica pensar y planificar con antelación. Luego compramos dos grandes postes y pusimos porterías de fútbol, para que, en sus días libres, los campesinos pudieran jugar fútbol o ajedrez, en vez de sentarse a beber cerveza. Y la compra de cerveza en la granja bajó en el 45 %.[37]

Uno de los folletos trataba de la salud y la nutrición. Animaba a los hombres a valorar las verduras. Hasta entonces, los hombres solo comían carne fresca y carne procesada, como el Spam; las verduras se consideraban poco masculinas. El libro los animaba a que ayudaran a las mujeres a crear huertos, cosa

---

36 Bachelet, Pedro. *Gustavo Cisneros: Pioneer.* Planeta, 2004, p. 52.

37 Patricia Phelps de Cisneros, entrevista, 2021.

que hicieron, y les daba recetas para cocinar, cosa que también hicieron. Y los hombres empezaron a comer verduras.

Medíamos constantemente la eficacia del programa, con miras a ampliarlo. Gracias al éxito del programa piloto en Mata de Bárbara, Acude se extendió por toda Venezuela. La infraestructura nacional de Pepsi se encargó de distribuir el material didáctico y transportar al personal, mientras nuestras empresas de medios de comunicación promovían los beneficios del programa. Pocas veces promocioné Acude personalmente, para que no se viera como un instrumento de relaciones públicas de Cisneros. No queríamos dar esa impresión.

Acude llegó a más de 300.000 personas durante la primera mitad de los años ochenta, en un país que entonces tenía cerca de 15 millones de habitantes. A principios de los noventa se revisó el kit, y la versión actualizada se distribuyó a más de 800.000 venezolanos. Desgraciadamente, las tornadizas circunstancias políticas obligaron a cerrar el programa.

Acude dio lugar a Cl@se, un canal de televisión que surgió cuando fundamos DirecTV Latin America. DirecTV fue la primera plataforma de televisión regional en América Latina y Cl@se fue el primer canal educativo gratuito regional en español. Lo describiré con más detalle cuando hablemos de nuestra asociación con DirecTV.

Cl@se, a su vez, dio lugar a AME (Actualización de Maestros en Educación). Lanzada en 2003, AME aprovechó las últimas tecnologías para impulsar el desarrollo de los maestros de escuela de América Latina y el Caribe, a través de Internet.

* * *

"Financiar la música"

Un día, en algún momento de principios de los años setenta, recibí una llamada de Pedro Tinoco. Me dijo que había un problema con un socio nuestro, un economista llamado José Antonio Abreu, cuya empresa de consultoría contable era la mejor de Venezuela.

—Abreu quiere dejar la economía y dedicarse a la música —me dijo Tinoco.

—¿Qué hacemos? —le pregunté.

—Tenemos que financiar la música —dijo Tinoco.

Abreu tuvo la idea de promover la justicia social a través de la música. Su programa, llamado *El Sistema*, ofrecía clases gratuitas de música clásica a niños de algunas de las zonas más pobres de Venezuela. Gracias a Abreu, surgieron orquestas por todo el país; la música clásica impregnó la educación de todos y la conciencia de la música clásica se convirtió en parte de la identidad cultural de Venezuela. Apoyamos mucho a *El Sistema* a través de Venevisión. Tinoco también nos ayudó mucho, con sus conocimientos y sus contactos políticos, para acceder a los presupuestos públicos y apoyar el programa.

Pero entonces descubrimos que, si bien los niños aprendían a tocar a Mozart y Beethoven, no tenían la oportunidad de escuchar grandes interpretaciones musicales en directo. Cuando los mejores artistas y orquestas hacían giras por Sudamérica, iban a Brasil y Argentina, y se saltaban Venezuela.

Patty consideró que eso era inaceptable.

En 1985, creó la Fundación Mozarteum Venezuela (FMV), con el objetivo de traer a Venezuela las mejores orquestas, *ballets*, músicos y cantantes del mundo, en beneficio de personas que no pudieran permitirse viajes internacionales. (El primer concierto se celebró en septiembre de ese año: Lorin Maazel, al frente de la Filarmónica de Viena. Patty, entonces, se hizo empresaria de las artes presentando a la Filarmónica de Nueva York, la Filarmónica de Berlín y la Filarmónica de Israel. Directores de orquesta como Zubin Mehta, Daniel Barenboim y Lorin Maazel se alojaron en nuestra casa de huéspedes y se hicieron amigos de la familia. Por otra parte, Mozarteum se convirtió en el proveedor más exitoso de programación de música clásica en Venezuela).

Si *El Sistema* tenía un defecto, era que enseñaba, pero no estimulaba el talento. Nos preguntábamos cuántos niños eran tan dotados como Gustavo Dudamel, un antiguo alumno de *El Sistema* que llegó a ser director de la Filarmónica de Los Ángeles y de la Ópera de París, pero no eran reconocidos ni se los estimulaba.

Fundamos la Escuela Mozarteum para averiguarlo. Incluía un programa para identificar a niños con un talento excepcional y ponerlos en contacto con las becas existentes para estudiar en prestigiosas academias de música de Estados Unidos y Europa. Los ayudábamos a tramitar las solicitudes; si ganaban, los ayudábamos a obtener el pasaporte y les subvencionábamos el viaje. Incluso, les compramos la ropa necesaria, como zapatos y ropa de invierno. Enviamos a unos 350 jóvenes músicos al extranjero. (Cuando el programa iba a terminar, José Álvarez Stelling, su hija Violeta y yo contribuimos para que siguiera funcionando el mayor tiempo posible).

También creamos una beca anual para que un alumno sobresaliente estudiara durante dos meses en el Aspen Music Festival de Colorado. Me enorgullece decir que los venezolanos que ganaron la beca fueron de los primeros músicos latinoamericanos que actuaron en Aspen.[38]

---

38 Rodríguez, José Ángel. *Los Cisneros: Rostros y rastros de una familia, 1570-2015*. Fundación Cisneros, 2017, p. 139.

* * *

Cuanto más viajábamos Patty y yo por trabajo y por placer, más nos dábamos cuenta de que la cultura —la música, el arte, la literatura, etc.— es la savia del pensamiento libre. Me di cuenta de que mi padre tenía razón cuando decía que la empresa privada tiene un importante papel que desempeñar en el fomento y la protección de la capacidad de la gente para hablar abiertamente y compartir ideas. Dado que el mundo empresarial depende de la generación y del intercambio constantes de ideas, tiene sentido que las empresas apoyen el mundo cultural.

Eso es lo que me enseñó mi padre y en lo que yo creo: la cultura es más importante que los negocios. Se necesita cultura para hacer negocios. Fue una lección más de su perdurable legado.

Después de que mi padre se recuperó de su derrame cerebral y regresó a Venezuela, yo lo visitaba todos los días para desayunar o cenar cuando estábamos en Caracas. Si estaba de viaje, lo llamaba para contarle todo lo que estábamos haciendo. Montamos un modelo de gestión que le permitía tomar parte en todas las decisiones y desempeñar una función importante en la organización. Hasta el final de su vida, imprimió dinamismo en la empresa y en la familia. Él lo sabía y nosotros lo sabíamos. Eso lo hacía profundamente feliz. Mi padre murió el 15 de julio de 1980.

Paradójicamente, para un hombre con una lista tan enorme de logros, mi padre se veía a sí mismo como un soñador. O más bien, debería decir que creía en el poder de los sueños como fuente de inspiración y para imaginar metas tan convincentes que fuera inevitable querer trabajar duro para hacerlas realidad.

Así que, supongo, no es de extrañar que a menudo me visite en sueños. Y cuando lo hace, siempre tiene algún consejo que darme: "Gustavo, controla tu ego. No olvides que debes escuchar. Todo el mundo tiene algo que aportar. No pierdas la curiosidad". Y por supuesto, "Siempre —*siempre*— da a los consumidores lo que quieren".

Parte III

REFLEXIÓN Y REORGANIZACIÓN: LOS AÑOS OCHENTA

Cuando mi padre sufrió el derrame cerebral, me hice cargo del negocio y de la familia. La familia estaba conforme con mi cometido. Gracias a Pedro Tinoco, habíamos redactado los documentos legales que explicaban claramente las responsabilidades y las compensaciones de cada uno. Nos aseguramos de que se tuviera en cuenta la opinión de mi madre —tenía opiniones muy firmes, así que la consultaba en todo—, por lo que se sentía segura y protegida (murió en 1988).

Me aseguré de que la transición se diera sin sobresaltos, pero, emocionalmente, quedé destrozado. Mi padre lo era todo para mí: él era mi mundo. Éramos verdaderos socios simbióticos: él me entendía a mí y mis ambiciones empresariales, y yo entendía las suyas.

Sabía que la dinámica de la familia y de la empresa sería diferente sin él. ¿Cuán diferente? No podía ni empezar a adivinarlo. Lo único que sabía era que no podíamos dormirnos en los laureles. Al fin y al cabo, como predicaba con frecuencia mi padre, "Quien se detiene, se estanca. Y quien se estanca, está perdido". El cambio era inevitable, y debíamos prepararnos para cualquier forma que ese cambio pudiera adoptar.

En 1980, la organización Cisneros contaba con más de 50 empresas bajo nuestro control. Habíamos consolidado la titularidad de la gigantesca franquicia de Pepsi-Cola comprando todas las empresas que mi padre y su hermano Antonio habían fundado o a las que se habían asociado: desde los ingenios azucareros hasta la producción de carbonatados, pasando por Gaveplast, la empresa que construía las cajas de plástico para enviar los refrescos a las tiendas. Aplicamos el mismo modelo de integración vertical de la cadena de suministro a Venevisión, donde desarrollamos telenovelas para un mercado global, y a CADA, cuyos supermercados se abastecieron de café, pan, carne y otros productos producidos por Cisneros. Queríamos contar con una buena infraestructura venezolana, y ahora la teníamos.

Habíamos creado una sinergia. Pero empezaron a sonar las alarmas. Eran débiles, pero se oían si se prestaba atención. Tenía claro que Venezuela no avanzaba al ritmo que yo esperaba. El apetito de los inversores locales por el riesgo y el crecimiento simplemente no existía. Y nuestro gobierno no ayudaría a Venezuela a alcanzar los estándares globales que yo pensaba que debíamos cumplir si queríamos participar en toda la economía mundial, y no solo en la parte que tiene que ver con el petróleo.

Tampoco había una verdadera economía de mercado. Venezuela era un país pequeño: Su población rondaba los 15 millones de habitantes; un aumento, pues, del 30 % en diez años, pero seguía siendo casi la mitad de Colombia.[1] Nuestra organización tenía ganas de crecer, pero no había espacio para expandirse.

Si nuestras ambiciones eran un problema, nuestro tamaño también lo fue. Éramos un pez grande en un estanque pequeño. Eso creó muchas fricciones con el gobierno y mucha envidia y resentimiento por parte del sector privado. Se decía que estábamos creciendo demasiado, que se nos debería obligar a parar.

---

1 https://countryeconomy.com/demography/population/venezuela?year=1980

Si no podíamos seguir creciendo dentro de Venezuela, tendríamos que crecer fuera de Venezuela. Había tenido esta conversación varias veces con mi padre, y él la aprobaba al 100 %. No queríamos renunciar a nuestros *holdings* en Venezuela —queríamos seguir siendo la mayor empresa del país—, pero decidimos que nuestras inversiones en Venezuela no debían representar más del 50 % de nuestro negocio total. Comprometernos con dicho objetivo nos obligaría a enfocarnos en una expansión internacional a lo grande.

Ya no nos interesaban las pequeñas victorias. Nos interesaban las grandes victorias. El mayor mercado del mundo era Estados Unidos. Nosotros, sin embargo, estábamos acostumbrados a operar en un entorno muy diferente. No sabíamos si podríamos aplicar allí nuestros conocimientos y nuestra experiencia.

De hecho, creíamos que nuestra experiencia en varios países de Sudamérica era una ventaja. El entorno empresarial es complicado, dinámico y totalmente imprevisible. Tienes que aprender a adaptarte, o nunca sobrevivirás. Nelson Rockefeller solía decir: "Si puedes triunfar en América Latina, puedes triunfar en cualquier parte".

Cuando le consulté sobre la posibilidad de expandirme en Estados Unidos, me dijo: "En Estados Unidos, cuando dices que quieres que se haga algo, ya está hecho. En Latinoamérica, tienes que dar tres órdenes, y entonces, a lo mejor, se hace. Ser estadounidense puede limitarte en la escena internacional, porque te acostumbras a un sistema que funciona y está reglamentado. Pero con tu capacidad de adaptación y trabajo duro, te irá muy bien en Estados Unidos, porque en Estados Unidos las cosas se hacen".

Sin embargo, antes de que pudiéramos dar el paso —o incluso, empezar a considerar la posibilidad de darlo— teníamos que ponernos en forma. La organización se había vuelto demasiado compleja para el tipo de gestión meticulosa y personalizada que la había caracterizado en vida de mi padre. La muerte de mi padre dejó un gran vacío, pero también me obligó a tomarme un tiempo para reflexionar. Mi conclusión: tendríamos que repensarnos y reorganizarnos.

* * *

Ya disponíamos de todos los consultores de gestión que necesitábamos. Representantes de McKinsey y otras grandes empresas estaban continuamente en nómina. Pero yo quería a alguien con quien hablar de tú a tú, alguien que pensara con originalidad, alguien que fuera brillante y práctico a la vez, alguien que pudiera ayudar a desarrollar y transformar el complejo grupo de empresas que formaban Cisneros en una organización mundial que yo pudiera dirigir sin tener que matarme.

Gracias a las recomendaciones de algunas personas muy inteligentes, llegué al Dr. Yehezkel Dror, un científico social de fama internacional de la Universidad Hebrea de Jerusalén. Dror era más que un experto en relaciones internacionales: también analizaba los métodos por los que los gobiernos se organizan y actúan con eficacia. Siempre he admirado la eficiencia, y eso era lo que lo caracterizaba. Había diseñado el modelo para el Gobierno holandés y había asesorado a Royal Dutch Shell (uno de los mayores actores de la industria petrolera en Venezuela). Su logro más impresionante, en mi opinión, fue crear la estructura fundamental del gabinete israelí. Israel es un lugar donde cada día se presenta una nueva emergencia. Sin embargo, a pesar del aparente caos, e incluso cuando los gabinetes y los primeros ministros se pelean —y el Gobierno israelí está lleno de gente muy obstinada—, el gobierno sigue funcionando y la vida continúa. Algo así no es casual.

Dror y yo teníamos que despejar la siguiente incógnita: cuando suceden tantas cosas a nuestro alrededor, ¿cómo puede nuestro núcleo ejecutivo recibir información para estar siempre al día y poder tomar decisiones rápidamente? Nos decidimos por el modelo del gabinete israelí. Tendríamos un centro —compuesto por mí, Ricardo y algunos otros ejecutivos clave—, con radios que saldrían al exterior. Todos los radios tendrían la misma importancia, pero se conectarían en el centro, de modo que toda la información fluiría dentro y fuera del centro.

Era el modelo perfecto para nosotros. Era un organismo vivo: era infinitamente flexible y permitiría a Cisneros crecer tanto como quisiéramos. Lo mejor de todo es que yo podía trabajar y estar conectado desde cualquier parte del mundo. Con algunas modificaciones, esa fue la estructura corporativa que seguimos hasta 1993.

En este esquema, el jefe de gabinete sería la clave para garantizar que todo funcionara sin problemas. Necesitábamos a alguien que pudiera guardarme toda la información que entraba y fuera mi representante de las ideas y las directrices que salían. No iba a ser una tarea fácil.

Dror nos recomendó que buscáramos un ejecutivo con experiencia internacional, alguien con una sólida formación empresarial, con una enorme capacidad de trabajo equiparable a la mía y el don de gentes de un diplomático experimentado. Esa persona me serviría de ojos y oídos, lo que significaba estar informado de todo, incluso de algo tan aparentemente nimio como por qué el informe financiero trimestral de CADA mostraba un aumento en las ventas de tomates en conserva. Otra cualidad importante: debía ser más culto que yo. Así, según Dror, no tendría ningún interés personal.

Después de algunos intentos, encontré a José Antonio Ríos (Patty ya lo conocía y me había llamado la atención sobre él). Esto es lo que él recuerda de nuestro primer encuentro:

> Conocí a Gustavo Cisneros en un concierto benéfico en el Carnegie Hall en abril de 1972. Yo dirigía la sección latinoamericana de Up With People, una organización educativa sin ánimo de lucro que enseña a los jóvenes la comunicación intercultural a través de las artes escénicas. Vino entre bastidores, se presentó y me dijo: "He oído que eres de Venezuela. Aquí tienes mi tarjeta. Cuando quieras volver a Venezuela, ven a verme antes de ponerte en contacto con alguien más".
>
> Le dije que era feliz en Up With People y que no tenía planes de volver a Venezuela. Me dijo: "En algún momento querrás volver. Cuando eso ocurra, te pido que me llames antes de hablar con alguien más".
>
> Casi diez años después, mi mujer y yo esperábamos nuestro segundo hijo y decidimos volver a Venezuela. Fui a la oficina de Cisneros en el Paseo de las Mercedes a entregar mi *CV* con una breve nota. Para mi sorpresa, me invitaron a reunirme con él.
>
> Pasamos tres horas juntos. Me preguntó por mis padres, por mis valores. Sobre todo, le interesaba saber cómo reaccionaría al pasar de una organización educativa sin ánimo de lucro con sede en Estados Unidos a una organización con ánimo de lucro con sede en Venezuela.
>
> Al final de nuestra conversación, Gustavo me dijo: "Ambos podemos tener éxito, pero obviamente aún no nos conocemos. Te ofrezco un puesto trabajando directamente conmigo como asistente del presidente. Tu puesto va a significar mucho o nada, dependiendo de lo que hagas con él. En los próximos tres a seis meses, ambos podremos determinar si esto te interesa como carrera y si crees que se te da bien, y si yo también pienso lo mismo".
>
> En septiembre me nombraron director del Gabinete del Presidente, un puesto de nueva creación.

José Antonio Ríos fue mi jefe de gabinete durante tres años, antes de convertirse en el director de operaciones de Cisneros en Venezuela. En total, permaneció en Cisneros trece años, antes de convertirse en el CEO fundador de DirecTV, una de nuestras principales adquisiciones.

Además de Yehezkel Dror, también nos beneficiamos de los consejos de Peter Gabriel, decano de la escuela de negocios de la Universidad de Boston. Él conocía Venezuela por haber trabajado allí como consultor de McKinsey para empresas petroleras estadounidenses. Dror era un genio en cuestiones conceptuales, pero no se ocupaba de los detalles prácticos; Gabriel venía de Alemania y era brillante a la hora implementar todos los aspectos básicos y prácticos de un proceso de transformación. Por ejemplo, ambos nos instaron a pasar del español al inglés en todas nuestras relaciones comerciales. Pero fue Gabriel quien dijo: "Puedo hacerlo realidad", y lo hizo. Eso nos dio una ventaja gigantesca, porque ahora hablábamos el idioma de los negocios mundiales.

Nuestro reto era básico y audaz: no podíamos seguir siendo percibidos como una empresa puramente venezolana. Para ello, teníamos que transformar una empresa regional en una organización internacional.

Estrategia de liderazgo: "Saber transformar a las personas"

Había tenido más de una década para pensar en lo que significa ser un buen líder. Llegué a la conclusión de que el liderazgo consiste en marcar la diferencia. Esa es la responsabilidad de todo líder, ya esté a cargo de un equipo, de una división, de toda una organización o, incluso, de "una empresa de uno".

La distinción fundamental entre una organización y otra no son solo sus activos financieros o fijos, sino el talento de su gente. El liderazgo significa establecer una estrategia para que todos puedan marcar la diferencia: para sí mismos, para sus colegas y para sus clientes. ¿Por dónde empezar? Por los cinco principios que detallo a continuación.

* * *

"Darle a la gente un propósito"

Llevo mucho tiempo admirando a los directores de orquesta, que creo que tienen uno de los trabajos más difíciles del mundo. Gracias a Mozarteum, me hice amigo de Zubin Mehta, que visitó Venezuela como líder de la Orquesta Filarmónica de Israel y director de la Filarmónica de Nueva York. Teníamos conversaciones frecuentes sobre liderazgo. Me dijo: "Mi trabajo es inspirar a la gente para crear algo mejor". Cuando lo acompañaba a los ensayos, podía ver cómo lo hacía. Era estricto y exigente, y nunca se rendía. Pero valía la pena. Las actuaciones realmente te levantaban el ánimo.

Siempre hay una forma mejor de hacer las cosas, y la gente buena responderá a una llamada para hacerlo mejor. Mi padre me enseñó que "suficientemente bueno" no es suficiente. Yo intenté transmitir eso. Después de cada evento —reunión, presentación, cóctel o cena— siempre reunía al equipo y les preguntaba: "¿Qué podríamos haber hecho mejor?". Todo es importante. Un gancho de cortina mal colocado o una lata de refresco tirada en los arbustos no son solo chapuzas; reflejan cómo hacemos las cosas y, por tanto, son inaceptables.

Las personas dirán que los he hecho trabajar mucho. Lo hice, y lo hago. Pero es una vía de doble sentido. Ellos también me hacen trabajar muy duro. Tengo que ser un buen ejemplo para enseñarles qué deben imitar y cómo deben actuar. Un líder tiene que ser alguien en quien se fijen para saber cómo relacionarse con otras personas y otras culturas.

Es un entendimiento mutuo: Ellos quieren calidad en su vida y en su trabajo, y nosotros les damos calidad. Un líder da a la gente un objetivo por el que merece la pena esforzarse. Les da un propósito. Es la diferencia entre trabajar en Cisneros y formar parte de Cisneros.

* * *

"Inspirar a la gente para que aproveche al máximo sus capacidades, y tal vez más"

Siempre intento exigir a la gente más de lo que creen que pueden dar. Quizá no sepan que pueden dar tanto, pero cuando las conozco, tengo la sensación de que están deseosas de algo más grande. Puede que no estén preparadas en ese momento, pero lo estarán.

Una vez identificadas las potencialidades de una persona, depende de ti, como líder, ayudarla a que las desarrolle y desafiarla para que pueda transformarse en algo aún más grande y mejor que lo que jamás habría soñado. A José Antonio Ríos le gusta contar la historia de cómo trabajar para Cisneros le cambió la vida:

> Un día, Gustavo y Ricardo me pidieron que me reuniera formalmente con ellos. Era algo insólito, porque casi siempre estábamos juntos de sol a sol. Me pidieron que asumiera el cargo de director de Operaciones de la organización en Venezuela, supervisando seis divisiones operativas y más de 20.000 empleados, entre ellos muchos valiosos y altos ejecutivos, algunos de los cuales habían trabajado con don Diego. Me negué, diciéndoles que no era

experto en finanzas y que aún tenía muy poca experiencia en operaciones comerciales en un entorno económico, político y competitivo tan complicado.

A Gustavo y Ricardo no les gustó mi respuesta, pero me convencieron para que nos volviéramos a ver ese domingo en casa de Gustavo, en Caracas. Yo no había cambiado de opinión, pero ellos tampoco habían cambiado la suya. A pesar de mis muchas dudas, me convencieron para que aceptara el puesto y me prometieron todo su apoyo. Fue una enorme muestra de confianza, liderazgo y visión.

Nadie en la organización creía que yo iba a ser capaz de tener éxito, salvo Gustavo. Él vio en mí —un chico joven que solo tenía experiencia en organizaciones sin ánimo de lucro— algo que yo nunca había imaginado. Y tenía razón. Menudo viaje.

Se puede preguntar a casi cualquiera de nuestros directivos y ejecutivos, y contarán una historia similar. "A Gustavo y Ricardo les encantaba retar a la gente, y la gente aceptaba el reto —cuenta Steven Bandel, que sucedió a José Antonio Ríos como mi mano derecha—. En la mayoría de las empresas, te ascienden cuando están seguros de que puedes ocupar el puesto. Pero en Cisneros te daban la oportunidad, y como estabas agradecido y querías demostrar que su confianza en ti era válida, te sentías muy motivado. No funcionaba el 100 % de las veces, pero no temían cometer errores y corregirlos. Como resultado, sacaban lo mejor de cada uno".

Bandel empezó a trabajar en Cisneros en octubre de 1983; según él, como un analista financiero de "muy bajo nivel". Estuvo con nosotros 32 años, hasta que se jubiló siendo copresidente y CEO.

A menudo se dice que en Cisneros sabemos cómo transformar a las personas. La transformación empieza por inspirar a las personas para que utilicen todas sus capacidades al máximo y, quizá, incluso más.

* * *

"Si no hay química, no hay futuro"

Al principio, me dije: "Si tengo a la gente adecuada, marcaré la diferencia". Para marcar la diferencia hay que contratar a las personas indicadas. Por supuesto, quieres gente inteligente, porque, como he dicho, la gente inteligente puede hacer cualquier cosa. Pero la inteligencia y las aptitudes son solo el principio: además, se necesitan personas con las cualidades apropiadas.

Lo que más me interesa es la química que tengo con una persona: cómo me siento yo con ella y cómo se siente ella conmigo. ¿Se sienten cómodos consigo mismos? ¿Se sienten cómodos conmigo? Cuando se va a trabajar en estrecha colaboración, las dos personas tienen que sentirse bien consigo mismos y con el otro. Si no hay química, no hay futuro.

Cuando conocí a José Antonio Ríos, yo ya sabía que tenía un trabajo importante. Dirigir Up With People era algo muy serio. Me dije: "A este tipo le tiene que gustar la gente", y así era. "Debe de ser muy bueno en logística", y lo es. Hablaba inglés perfectamente. Y era venezolano, así que podría volver a Venezuela sin problemas. Pero lo que realmente me convenció fue que compartíamos valores similares y nos llevábamos bien.

Cuando le pregunté a Steve Bandel por sus padres, me enteré de que era hijo de un refugiado que encontró en Venezuela un nuevo hogar y el éxito. Como ya he descrito, mi padre siempre buscaba contratar a hijos de inmigrantes. Son personas que fueron capaces de superar un episodio traumático y adaptarse a un nuevo país y una nueva cultura. Valoran la educación y educan a sus hijos con una fuerte ética de trabajo y sólidos valores de clase media.

Cualquiera que trabaje conmigo sabe que respaldo esos valores y quiero sembrarlos en toda la organización. Les digo:

"Cuando contrates a alguien, busca a gente como tú. Si te gustas a ti mismo, harás las preguntas adecuadas". No quiero una organización de clones en miniatura. Lo que quiero decir es que se busquen personas con los mismos valores, personas que se sientan cómodas consigo mismas, que encajen en la organización.

Con frecuencia, esas personas eran mujeres. Me enorgullece decir que tuvimos mujeres ocupando puestos de responsabilidad desde el principio, lo que no era habitual en aquella época. Conocí a Beatrice Rangel cuando fue jefa de gabinete del presidente Carlos Andrés Pérez. Era —y sigue siendo— una pensadora independiente, sin miedo a expresar opiniones fuertes, lo que generaba fricciones en el gabinete. Cuando se marchó de ahí, la contraté rápidamente y la nombré mi asesora personal. Desde aquel entonces creó su propia empresa, pero sigue siendo mi asesora.

Si yo sabía que un trabajo era desempeñado tradicionalmente por hombres, procuraba que lo hiciera una mujer. Sabía que ellas lo harían aún mejor: Eran menos egoístas y más trabajadoras que la mayoría de los hombres. Se les daba un trabajo y uno sabía que lo harían. Por ejemplo, Maracaibo es el Texas de Venezuela, el lugar donde se extrae petróleo. Es también una región caracterizada por una cultura machista, y donde todos los jefes son hombres. Pusimos a Alma de Beck al frente de nuestras instituciones en Maracaibo. Alma era una mujer muy fuerte e hizo un trabajo fantástico. Así mismo, tuvimos a Cristina Pieretti al frente de Cervecería Regional, nuestro negocio de cerveza. Y puedo asegurar que no hubo nepotismo al poner a mi hermana Marión, una talentosa arquitecta, que también era un camaleón cultural, a cargo del desarrollo de nuestras empresas inmobiliarias en Venezuela y, más tarde, en España.

Les di a estas mujeres todo el poder; incluso, el poder de cometer errores. Pensé que podría aumentar mi coeficiente intelectual muy rápido con todas estas mujeres infravaloradas y con tanto potencial. Y si pillaba a alguien hablando mal de las mujeres, me deshacía de él.

Eso contribuyó a la reputación de Cisneros como un oasis para las mujeres. Las formábamos, las ascendíamos y las ubicábamos en toda la empresa, no las confinábamos a "guetos de cuello rosa". Creamos un modelo de mujeres venezolanas inteligentes, profesionales y de éxito. Si la química y el cerebro están presentes, las habilidades vendrán por añadidura.

* * *

"Hay que incorporar a todos a tu visión"

Es importante tener visión y saber adónde se quiere ir. Pero no se puede ser solo un soñador. Hay que ser un soñador capaz de ejecutar. Para ello, hay que implicar a todo el mundo en la visión que uno tiene. La gente no siempre está dispuesta a seguirlo a uno irreflexivamente. Es mejor esperar a tener a todo el mundo a favor, escuchar las dudas de los demás y responder a sus preguntas sobre las áreas en las que se podrían cometer errores, antes de dar una orden.

Eso puede requerir una enorme paciencia. Pero si el momento para hacerlo no parece ser el adecuado, siempre habrá otra oportunidad; las situaciones siempre volverán a presentarse. Por ejemplo, cuando un grupo de ejecutivos de Venevisión que mi padre había contratado desde el exterior se marchó adonde uno de nuestros competidores (como describiré más adelante), eso nos hizo retroceder cinco años. Pero durante esos cinco años formé un nuevo equipo como yo quería: desde adentro. Aquellos ejecutivos eran tan buenos que Venevisión se convirtió en el número 1 en Venezuela y éramos la empresa más popular de la ciudad. Y lo más divertido fue que mi padre estaba vivo para verlo.

La conclusión es: hay que tener a los sargentos y a los generales del lado de uno al 100 %. Si se pierde a uno o a otro, uno pierde el ejército.

* * *

"Es preferible tomar una copa con alguien que pelear"

La mayoría de los líderes son duros, inflexibles y severos. No quiero estar en la lista de Fortune de "Los 10 jefes más duros". No creo en eso. Creo que hay que ser un líder con el ejemplo. Si se es duro todo el tiempo, se acaba rodeado de gente dura. Muestran sus músculos como algo natural. Intimidan a sus empleados; no dicen la verdad si eso los hace parecer débiles, y entonces no se obtiene toda la información que se necesita. Al final de todo, terminan por meterte en problemas.

He oído a algunos decir: "El problema de Gustavo es que no es lo bastante duro". Prefiero tener esa reputación y no la otra. Prefiero el entendimiento al conflicto. Prefiero tomar una copa que enfrascarme en una pelea.

Eso no quiere decir que no pueda ser severo. Me pongo el listón muy alto a mí mismo y a la organización. Soy especialmente severo cuando las cosas van bien. Pero cuando la gente necesita un revulsivo, un poco de amabilidad no cuesta nada. Quiero dar a esa persona una buena oportunidad, siempre. Si la gente sabe que uno es amable si llega a cometer un error, estará dispuesta a arriesgarse, a sabiendas de que no será despedida. Eso los convierte en mejores líderes.

Para limitar los errores, explico muy claramente las normas. Algunas son explícitas, y otras, tácitas. No se puede codificar todo.

Por ejemplo, la lealtad no se puede cuantificar: hay que demostrarla. Yo prefiero que me vean un poco débil por ser leal a la gente.

Aprendí una buena lección sobre la lealtad de los errores de otras personas. Mi padre tenía una fe ciega en algunas personas. Puedes ser paciente, pero no ciego. Cuando estaba haciendo cambios importantes en Venevisión, contrató a ejecutivos de fuera y los envió a Estados Unidos para que recibieran formación. Cuando regresaron a Venezuela, uno de nuestros competidores —resultó ser la cadena de televisión propiedad de la familia de Patty, la familia Phelps— les ofreció pagarles mucho más que nosotros, y entonces abandonaron el barco y dejaron completamente solo a mi padre.

Esto me enseñó que hay que tener una lealtad que no se pueda comprar. Desde ese momento tomé una decisión: "Voy a formar a mis propios ejecutivos cuya lealtad sea incondicional". Y los encontré siendo extremadamente leal con ellos; siguieron mi ejemplo y, a su vez, estuvieron dispuestos a respaldarme hasta el final.

Es bueno para mí que se vea que tengo un lado débil. Todos deben saber que pueden acudir a mí, independientemente de lo que hayan hecho. Nunca he despedido a nadie por cometer un error, ni la primera vez que lo cometió ni, quizá, la segunda vez. Sin embargo, a la tercera, puedo asegurarles que esa persona no va a estar cerca de mí ni minuto más.

Tácticas de gestión: hacer que las cosas ocurran

Si el liderazgo es estrategia y estilo, la gestión es táctica: se trata de las acciones concretas que te hacen avanzar en la dirección fijada por tu estrategia. El liderazgo establece el contexto cultural en el que se desarrolla la gestión.

Cada organización tiene su propia cultura: una idiosincrasia y un conjunto de valores. Todo se reduce a "cómo funcionan las cosas" en cada organización. He aquí siete de las tácticas clave que hacen que las cosas funcionen tan bien en nuestra empresa.

* * *

"Se espera que todo el mundo tenga su propia opinión"

No me asustan otros puntos de vista. Cuantas más personas inteligentes haya en la reunión y más opinen, mejor nos irá. A veces hay bullicio, pero debe haberlo cuando se fomenta el pensamiento independiente y la gente no está de acuerdo.

La mayoría de la gente está acostumbrada a que la dirijan. Yo no quiero eso. Quiero gente honesta, directa y con la mente abierta. Se espera que cada uno tenga su propia opinión. Si en una reunión hay 20 personas, ellas saben que estoy buscando 20 opiniones diferentes, así que se esfuerzan. Cuando celebro una reunión y solo hay una opinión, sospecho que me están manipulando. Y si alguien no tiene ninguna opinión o no intenta defender su postura, no será invitado a la siguiente reunión, y todo el mundo lo sabe. Así pues, hay que hablar, hay que expresar las propias opiniones. Y hay que creer en lo que se dice.

Me gusta trabajar en grupos multidisciplinares de personas de distintas edades. Quiero escuchar a todo el mundo: desde el vicepresidente de una empresa hasta un analista de sistemas, pasando por un contable *junior* recién contratado. Como describiré más adelante, las mejores ideas pueden surgir de los lugares más inesperados. No me gustaría perderme una buena idea por culpa de una noción estrecha de jerarquías.

Escucho la opinión de todos —siempre, con atención y respeto— para asegurarme de que oigo todos los argumentos. Admito que identificar el argumento correcto es más un asunto de sexto sentido que otra cosa. Y a veces tomo decisiones equivocadas.

Siempre es bueno que haya caos al principio. Pero nunca dejo que una reunión termine sin haber trazado un camino por seguir. Si el camino no está claro, convoco otra reunión sobre el tema, para uno o dos días más tarde. No es bueno dejar a la gente con una situación sin resolver.

Si aún estamos en la fase de toma de decisiones, todo el mundo sabe que puede llamarme o escribirme inmediatamente para dejar constancia de su opinión. Y saben que no me preocuparé si su opinión difiere de la mía. La revisaré y la analizaré a fondo.

Sin embargo, una vez tomada la decisión, no hay vuelta atrás. No hay lugar para más sugerencias. Se espera que todos cierren filas y hagan todo lo posible para que las cosas funcionen. Saben que estaré vigilando como un halcón. Si alguien sigue sin estar de acuerdo o no apoya nuestra estrategia, se da por entendido que no sabe jugar en equipo y será apartado del proceso de toma de decisiones.

En nuestra empresa hay mucha confianza y poca jerarquía. Eso hace que las cosas no se conviertan en un drama.

* * *

"Hacer que la fricción trabaje para uno"

Creo que algunas fricciones y algunas disputas son buenas para la creatividad. Pero hay fricciones buenas, que suscitan opiniones diferentes, y fricciones malas, que generan desarmonía y malos sentimientos. Hay que entender la fricción y hacer que te beneficie de forma positiva.

Se le puede preguntar a cualquiera que haya trabajado para mí y confirmará que nunca estuvo en una reunión en la que alguien faltara al respeto a un compañero. Se fomentaban las opiniones diferentes, pero no las críticas personales. Eso no se toleraba. Si las cosas empezaban a tomar un cariz personal, Ricardo o yo interveníamos y decíamos: "Esto es lo que vamos a hacer…".

Celebrábamos asambleas generales, en las que se animaba a hablar a personas de distintos departamentos. Yo nunca tomaba la palabra. Quería que la gente hablara libremente; si pensaban que iba a castigarlos, no funcionaría. En lugar de eso, me sentaba, escuchaba y tomaba notas. Y aprendía. Después, me reunía por separado con los que no estaban de acuerdo con nuestra forma de actuar. A veces tenían razón. A veces, no. En cualquier caso, aprendían que su opinión era siempre bienvenida.

A veces, teníamos dos personas que eran rivales intelectuales. Cuando se cuenta con buenos generales, luchan —siempre— por conseguir más créditos o más dinero o más recursos. No tenían por qué estar de acuerdo entre ellos, pero yo insistía en que todos dedicáramos nuestros recursos a librar la misma batalla siguiendo la misma estrategia. Para conseguirlo, a veces era necesario encerrarlos en una habitación conmigo, a solas; otras, hacer que se sentaran conmigo por separado. El resultado final era que, aunque no se cayeran bien, estaban de acuerdo en trabajar juntos.

Normalmente aceptaban enterrar el hacha de guerra porque les ofrecíamos algo muy convincente. La alternativa era Cisneros o trabajar para una de las compañías petroleras, pero nosotros éramos más interesantes, ofrecíamos algo diferente y con nosotros sabían que tenían mucho margen para crecer.

* * *

"La rotación evita el estancamiento"

Desde los primeros días de la empresa, se estableció un patrón: pocas personas permanecían en el mismo puesto más de unos pocos años. Todo el mundo era joven y tenía ganas de triunfar.

La organización crecía, el ambiente rebosaba energía y entusiasmo, y abundaban las oportunidades de ascenso.

Ese modelo se convirtió en un elemento intrínseco de desafío y transformación de las personas. Dividimos a nuestros directivos en dos grupos: especialistas y generalistas. Los especialistas podían pasar años ampliando su experiencia en una empresa o función. A los generalistas se los formaba para ser más versátiles. Estaba claro que preferíamos promocionar a los generalistas; si se era un generalista con habilidades específicas, tanto mejor. Por supuesto, si se quería seguir en el mismo puesto, no había problema. Pero, obviamente, había más ventajas y más dinero cuando se rotaba.

Mi sensación era que, una vez una persona llevaba dos o tres años en el mismo puesto, ya había hecho la mayoría de las cosas y empezaba a repetirse. Así que podríamos cambiarla de puesto: si había estado en *marketing*, podía ser ascendida a ventas. Y puede que ese puesto fuera en una empresa diferente.

Nunca nadie se quedaba estancado en un puesto, así que nunca había tiempo para aburrirse y siempre se le planteaban retos. Siempre se tenía que aprender algo nuevo. Al cambiar de empresa —y las oportunidades abundaban a medida que adquiríamos más y más negocios— o cambiar de sector, o incluso de país, se podían poner en práctica las cosas que se habían hecho bien en otros sitios, e impregnar el nuevo lugar de nuestros valores. Como se venía de otro sector, se podían intentar cosas nuevas.

Por supuesto, había que ajustarse a los presupuestos y obtener la aprobación para los movimientos importantes, pero se dejaba mucho margen para demostrar lo que se podía hacer. Cada tres meses había reuniones con Ricardo y conmigo, para informarnos de lo que se había hecho, de lo que había resultado mal y de lo que había salido bien. Era muy fácil conseguir la aprobación de ideas, pues no había que hacer una presentación formal ante un consejo de administración. Simplemente, nos llamaban a Ricardo y a mí, y decíamos sí o no. De hecho, contábamos con esta autonomía: Queríamos ver cómo se equilibraban la prudencia y la audacia.

Un ejemplo de ello es Miguel Dvorak. Empezó a trabajar para Cisneros en 1977, como contable *junior* en O'Caña, nuestro negocio de distribución de licores. Cuando vendimos O'Caña, en 1985, se trasladó a la oficina principal. Como había ayudado a investigar la parte financiera cuando adquirimos CADA, fue trasladado a CADA, donde trabajó como tesorero, luego fue ascendido a director de compras y, al final, a vicepresidente de ventas y *marketing*. Cuando compramos la cadena de supermercados Pueblo, en Puerto Rico, Miguel siguió en los supermercados, pero se trasladó a otro país. Regresó a Venezuela a principios de los noventa para trabajar en la oficina principal en el departamento financiero, colaborando con Ariel Prat en la construcción y la financiación de una nueva fábrica de cerveza.

Después de pasar de las finanzas a las operaciones en el sector minorista de la alimentación, se trasladó a un sector completamente distinto, como responsable financiero de Venevisión. (Lo hizo tan bien que se convirtió en presidente ejecutivo de la empresa. En 2009 se trasladó a Estados Unidos, para ayudar en la transmisión de mi liderazgo a Adriana. Hoy es el director de operaciones y supervisa las operaciones diarias de todas las empresas de Cisneros).

En cuanto a Ariel Prat, es un mago de los números, y actualmente es el director financiero de Cisneros. Pero él también tiene un currículum típicamente variado, que va desde el departamento de auditoría de la empresa al de finanzas del departamento de alimentación, pasando por la presidencia de nuestro equipo de béisbol. Bajo su dirección, como era de esperar, los Leones de Caracas ganaron el campeonato.

Un precursor de la rotación de cargos fueron los equipos *ad hoc* que creamos para proyectos específicos. Eran una herramienta estupenda para detectar y potenciar talentos. Por ejemplo, a fin de evaluar una posible adquisición, podíamos reunir a una persona de Miami, otra de Caracas y una tercera de Nueva York, para que trabajaran juntas mientras durara el proyecto. Tener un equipo estático no funciona. Siempre hemos querido ser muy emprendedores. La manera de hacerlo es reunir a los mejores en un equipo, aunque luego se disuelva. Es como tirar semillas en diferentes campos y ver cuál germina.

Adriana hace algo parecido. Vio el poder que tenía la lluvia de ideas colaborativa cuando se hizo cargo de la empresa por primera vez e intentaba aclarar el rumbo del negocio de los medios de comunicación. "Sentíamos que estábamos atascados, así que empecé a reunir equipos *ad hoc* y a darles un problema para resolver. Por aquel entonces no se llamaban *hackathons*, pero eso es lo que eran. Fue increíble ver el poder de la colaboración. "Teníamos a jóvenes de nuestro equipo jurídico hablando con productores digitales que hablaban con guionistas. Todas nuestras nuevas líneas de negocio surgieron de ahí".

Lo que hacía que todos quisieran cambiar de puesto, en vez de abandonar el barco, era que no se penalizaba a nadie si no tenía éxito. Si las cosas no iban bien, entendíamos que, quizá, no se estaba preparado para un nuevo puesto o, quizá, no era el puesto adecuado en ese momento. Siempre aseguramos que en un proceso de aprendizaje es inevitable cometer errores, y que nunca se sancionaría a nadie por aprender. El error era nuestro, y no de la otra persona, por ponerla en el lugar equivocado en el momento equivocado. Simplemente, la cambiaríamos a otro puesto en el que pudiera tener éxito y recuperar la confianza. Como sabía que no perdería el trabajo, se esforzaría al máximo y estaría dispuesta a volver a intentarlo. En cualquier caso, la entrenábamos y le asignábamos un asistente realmente bueno. Procurábamos prepararla para el éxito, y no para el fracaso.

Nosotros no sabíamos nada de algunos de los negocios en los que nos metimos. Pero sabíamos cómo crear un excelente equipo, y ellos, a su vez, sabían cómo crear un buen equipo, en todos los niveles de la organización. Aplicamos la misma fórmula a todas las empresas que adquirimos. Y funcionó.

Por eso Cisneros era el lugar ideal para trabajar. Todos los días había oportunidades para crecer.

* * *

"Hay que poner a los generales a hacer el trabajo de sargentos"

Una vez me invitaron a una cena del Gobierno chino en Canadá y, tras concluir el banquete, algunos de los invitados tuvimos el privilegio de visitar la cocina para expresar nuestro agradecimiento a los cocineros. Para mi sorpresa, descubrí que el chef era un general del ejército chino, y su asistente, un coronel. Los habían escogido de diferentes partes para ir a Canadá.

Obviamente, esto despertó mi curiosidad y empecé a hacer preguntas. Me explicaron que ponían a trabajar a los mejores, pues era muy importante que aprendieran. Dijeron: "Cuando necesitamos que la gente aprenda a hacer algo muy bien, ponemos a nuestros generales a hacer el trabajo de sargentos".

¡Qué buena manera de asegurarse de que sus altos cargos tengan experiencia de primera mano en los detalles que exigen a su gente! Mi padre solía recomendarme que guardara mi ego en el armario. Este era un ejemplo práctico de cómo hacerlo.

* * *

"Si no reconoces a la gente, ellos no te reconocerán"
Procuro ser atento y amable, la mayoría de las veces. Se obtiene mucho más de la gente si se es amable y atento. Eso no significa que yo sea una persona ingenua. No. Se puede ser y se tiene que ser un jefe exigente: hay que exigir calidad y eficacia. Pero cuando meto la pata, no tardo en pedir perdón. Si cometo un error, lo reconozco. Y si critico a alguien, también le digo lo que ha hecho bien. El mensaje tácito es que se esperaba más de esa persona, pero sigo confiando en esa persona y estoy seguro de que podrá hacerlo mejor la próxima vez.

Es parte de mi responsabilidad como jefe ser atento y amable: prestar atención a lo que la gente quiere, hacer una llamada para desear feliz cumpleaños, hacer el esfuerzo de ir a la boda de un empleado o ayudar cuando un familiar está enfermo. Forma parte de ser un camarada, un miembro de nuestro equipo.

Si no se reconoce a la gente, ellos no te reconocerán a ti. Por eso la gente que viene a trabajar con nosotros se queda. Confían en que estaremos pendientes de ellos.

* * *

"Programar tiempo para las malas noticias"
Soy una persona positiva. No me gusta la gente negativa y trato de evitar a las aves de mal agüero. Pero de vez en cuando hay que hablar de cosas que no son agradables. No soporto que me acorralen cuando voy por el pasillo o que me tiendan una emboscada cuando mi mente está en otra cosa. Así que cada martes por la mañana, de 10 a 12, era el "tiempo de las malas noticias".

Cualquiera podía llamarme, y yo estaba allí para responder. Una vez la gente supo que había un "micrófono abierto" programado con regularidad, empezaron a tener cuidado de no llamarme a destiempo o detenerme repentinamente. Yo escuchaba, se hablaba y, una vez tomada una decisión, quedaba por escrito, para que no hubiera lugar a conjeturas ni interpretaciones.

Dos horas es tiempo suficiente para "horas de oficina". No estoy programado para conversaciones interminables. Así, la gente se ve obligada a pensar de antemano lo que quiere decir y a centrarse en lo más importante. Resulta breve y eficaz.

"Saber a qué no responder"

Las operaciones son algo que sé hacer y me agrada mucho. Pero es posible atascarse en detalles que impiden pensar en el futuro. Se piensa en ser el mejor hoy y no se piensa en crecer mañana. El liderazgo es como esquiar fuera de pista: hay que mirar muy lejos para elegir la mejor ruta.

Es difícil aprender a no preocuparse por las nimiedades y saber a qué no hay que responder. Hay que ser extremadamente disciplinado para no involucrarse; sin disciplina, todo el sistema se viene abajo. Así que es necesario tener una fe absoluta en la gente. El 90 % de las veces harán lo correcto. En el 10 % en que no lo hacen, uno termina involucrándose. Pero hay que asegurarse de intervenir una sola vez, y no dos. Si la persona no es capaz de aprender, no debería estar allí.

Hay que confiar en que la gente acuda a uno cuando tiene un problema. Hay muchas maneras de llamar mi atención: correo electrónico, llamadas telefónicas, WhatsApp, etc.. Confío en que mi gente salvará mi vida empresarial. Así que si vienen a mí con un problema, sé que debo involucrarme.

"Todo empezó a moverse superrápido"

Un par de decisiones que tomamos en la década de los setenta proporcionaron el combustible para el cohete que nos lanzó a la escena internacional en los ochenta. Su promotor fue George Moore.

Tras retirarse de la presidencia de Citibank, George se convirtió, entre otras cosas, en el administrador de la familia Onassis. A finales de los sesenta, Aristóteles Onassis hizo una audaz apuesta por Nueva York: en un momento en que la ciudad se enfrentaba a la bancarrota, los índices de criminalidad se disparaban, los residentes se marchaban a los suburbios y las otrora grandes tiendas de la Quinta Avenida se convertían en cascarones vacíos, Onassis construyó una reluciente torre de 51 pisos con oficinas y lujosos condominios residenciales en la Quinta Avenida, entre las calles 51 y 52. Su extremo norte colindaba con Cartier, y la catedral de San Patricio se reflejaba en el vidrio espejado de su pared sur.[2]

George propuso establecer allí una base de operaciones en Nueva York. La Torre Olímpica se inauguró oficialmente en septiembre de 1974; más o menos un año después, alquilamos un apartamento, montamos allí una pequeña oficina y contratamos a Robin Wilson como director general. (Posteriormente abriríamos oficinas adicionales en Miami y Madrid).

Robin Wilson había dirigido la sucursal estadounidense del Hambros Bank, un banco privado europeo muy reputado. Al igual que George, Robin conocía a todo el mundo en el sector financiero; si alguien estaba interesado en América Latina, se encargaba de que me reuniera con esa persona.

---

2 https://en.wikipedia.org/wiki/Olympic_Tower#History

Pasé mucho tiempo conociendo a estas personas. Había días en los que nos reuníamos constantemente en los mejores restaurantes de Nueva York: desayuno en el Regency, almuerzo en el 21 Club, cena en La Grenouille. Esos habían sido los restaurantes favoritos de mi padre, así que los propietarios y los *maîtres* me conocían de cuando era adolescente y me habían visto crecer. Les dije: "Escuchen: estamos intentando recaudar dinero aquí, así que, por favor, dennos una buena mesa". Tenían sentido del humor y lo hicieron. Nos trataron a Ricardo y a mí con una importancia que no teníamos. Nuestros invitados intuían que estábamos en algo y querían formar parte de ello.

En 1977, George Moore nos propuso hacer una inversión importante en el Tennessee Commerce Union Bank. Yo no le veía sentido. Era un pequeño banco local con sede en Nashville, lejos del centro financiero de Nueva York. Además, en aquella época, estaba prohibido poseer y operar bancos más allá de las fronteras estatales.[3] Pero Moore apostaba a que el gobierno acabaría levantando la restricción y, cuando eso ocurriera, el valor de las acciones se dispararía.

Y eso fue exactamente lo que ocurrió. A principios de la década de los ochenta se aprobó una ley que permitía a los pequeños bancos locales fusionarse y formar bancos regionales más grandes. Comenzó la gran consolidación bancaria en Estados Unidos. Al final vendimos a buen precio nuestras acciones al Nations Bank, con sede en Carolina del Norte.

Nuestra inversión también dio frutos intangibles. Tennessee Commerce Union Bank fue nuestra puerta de entrada al sector bancario estadounidense; nos permitió establecer una red de alianzas y contactos entre sus protagonistas. Estas conexiones

---

3 https://www.investopedia.com/terms/i/interstate-banking.as

resultaron muy valiosas cuando intensificamos nuestras adquisiciones tanto en Estados Unidos como en España.

"Las mejores ideas pueden venir de los lugares más inesperados"

Puede que fuéramos el mayor empleador de Venezuela y el grupo venezolano más destacado de América Latina, pero yo quería establecer Cisneros como una verdadera empresa con sede en Estados Unidos. Ser una empresa estadounidense, consolidaría nuestra credibilidad en la comunidad financiera y empresarial, y nos serviría de trampolín para crecer en Estados Unidos y en el extranjero.

Empezamos a buscar una empresa que pudiéramos comprar y donde aprovechar mejor nuestros talentos. Yo formaba parte del consejo asesor de Beatrice Foods International. En una reunión en Hawái, me enteré de que se vendía una de sus filiales: una empresa llamada AAB (All-American Bottling Company). Pregunté al presidente si mi equipo podía examinarla. Me contestó: "Por supuesto".

AAB era la octava empresa embotelladora por volumen de ventas en Estados Unidos. Empleaba a 2.000 personas y fabricaba, distribuía y embotellaba casi todas las bebidas gaseosas imaginables, desde 7Up a Royal Crown Cola o Schweppes. Las dos únicas marcas importantes que no manejaba eran Pepsi y Coca-Cola. Desde mi punto de vista, era perfecto, porque no necesitábamos el permiso de Pepsi ni el de Coca-Cola para comprarla.

Llevo el embotellado en la sangre. Teníamos directivos con experiencia en el sector, incluido mi primo Oswaldo, que era el mejor de todos los que conocía, y sabíamos que ampliaríamos aún más nuestra reserva de talento adquiriendo AAB. Pepsi-Cola no nos permitió comprar ninguna de sus plantas embotelladoras en Estados Unidos, pues temían que nos hiciéramos demasiado grandes. La compra de AAB nos permitiría eludir a Pepsi. "Esta es tu gran oportunidad, Gustavo —me dije—. ¡No lo arruines!".

Como siempre, una cuestión fundamental era de dónde saldría el dinero. Uno de los pocos errores que cometió mi padre fue dejarse convencer por Don Kendall, el director general de Pepsi, de que no se expandiera en Estados Unidos, sino que pusiera sus ojos en Brasil. El argumento de Kendall era que mi padre sería el único embotellador, el pez gordo en un estanque muy grande. Brasil era un gran mercado, y mi padre y mi hermano Carlos Enrique hicieron un trabajo estupendo instalando plantas de Pepsi y Perrier en São Paulo y Río de Janeiro. Como cabía esperar, Cisneros se convirtió en el embotellador número 1 de Brasil, lo que resultó en un negocio muy bueno y sólido.

Pero Brasil no era Estados Unidos. Cuando llegué, le dije a mi padre: "No tenemos suficiente experiencia de gestión tanto para Brasil como para Estados Unidos. Quiero crecer en Estados Unidos. ¿Qué te parecería si vendiéramos nuestras operaciones en Brasil y pusiéramos ese dinero en Estados Unidos?". Aceptó de inmediato: él siempre había soñado con montar un negocio en Estados Unidos. Pude vender las franquicias brasileñas de Pepsi y Perrier a muy buen precio. Ese dinero se utilizaría para ayudarnos a establecer nuestra cabeza de playa en Estados Unidos. Pero no era suficiente. Beatrice quería 105 millones de dólares por AAB. Era una cantidad enorme para nosotros; demasiado grande para que pudiéramos manejarla por nuestra cuenta.

Casi al mismo tiempo recibí una llamada de Derald Ruttenberg, un abogado convertido en financista de gran éxito. Aunque era 30 años mayor que yo, compartíamos la afición por la pesca y la caza, y nos habíamos hecho muy amigos. Derald también se dedicaba a hacer negocios entre bastidores y a relacionarse con la gente. Me llamaba porque quería presentarme a alguien. Tal vez por su edad, yo pensaba que Derald sería la última persona en presentarme una estrategia de inversión innovadora. Pero, como he dicho antes, las mejores ideas pueden venir de los lugares más inesperados.

Derald me dijo: "Tienes que conocer a Teddy Forstmann", uno de los directores de la empresa de inversión Forstmann Little. Me advirtió que Forstmann tenía una reputación dudosa: era jugador y muy desorganizado. "No hagas caso de todo eso —dijo Derald—. Tiene una idea, y creo que te necesita para que funcione". Los tres almorzamos en el Knickerbocker Club, de Nueva York. Forstmann era un tipo agresivo, su actitud era "sí o sí". Estaba claro que era un inconformista. Y a mí siempre me fascinaron los inconformistas.

La idea de Forstmann era una nueva versión de una vieja idea. La vieja idea era OPM (*Other People's Money*), y el manejo era lo que se llamaría una compra *apalancada*, o compra financiada por terceros.

En una compra apalancada, se adquiere una empresa con una importante cantidad de dinero prestado. Los activos de la empresa adquirida se utilizan a menudo como garantía de los préstamos y la deuda se reembolsa con fondos generados por el flujo de caja de la empresa o las ventas de activos. Cuando se lleva al límite, la financiación de la deuda de una compra apalancada puede igualar el valor de los activos de la empresa, de modo que no se paga nada con capital propio. Los inversionistas prestan su dinero basándose en la reputación y la experiencia de la dirección de la empresa y en su potencial de mejora y crecimiento. Una vez reducida la deuda, el valor de los fondos propios de los inversionistas puede dispararse y los inversionistas pueden obtener esa ganancia si la empresa se revende.

Las compras apalancadas adquirirían muy mala reputación; de hecho, Forstmann acuñó la expresión "bárbaros a la puerta" para referirse a los rivales que financiaban sus ofertas de compra con bonos "basura" de alto rendimiento y alto riesgo. Pero en aquel momento se trataba de una idea financiera original y novedosa.

Inmediatamente pensé en AAB. El embotellado era un sector que conocíamos a la perfección. Pepsi podía hablar mal de nosotros, pero nuestra credibilidad era sólida y yo estaba convencido de que lograría persuadir fácilmente a los bancos para que nos concedieran un préstamo.

Teddy Forstmann también había oído que Beatrice Foods quería vender sus plantas embotelladoras. Él estaba interesado, pero no tenía conocimientos del negocio, y había estado buscando una organización con experiencia para gestionar las operaciones. Era el clásico ejemplo de dos personas de dos mundos distintos que tienen la misma idea al mismo tiempo. Afortunadamente, Derald Ruttenberg tenía un pie en ambos mundos.

Le dije a Forstmann que estaba dispuesto, pero que tendríamos que hacerlo como socios, desde cero. Lo que debíamos hacer ahora era reunir el dinero. Una parte podíamos conseguirla nosotros mismos. Teníamos 10 millones de dólares depositados en el Banco Worms. Su director financiero, Alejandro Rivera, había trabajado para Cisneros en nuestro departamento financiero y era uno de los protegidos de Pedro Tinoco. Acceder a ese dinero era relativamente sencillo. Pero no era ni de lejos suficiente para lo que necesitábamos.

Teddy, su hermano Anthony (que era su socio) y yo fuimos al Manufacturer's Hanover Bank —en aquel momento, una de las mayores instituciones financieras de Estados Unidos—,[4] para hacer la propuesta. (Manny Hanny, como era conocido, se fusionaría con Chemical Bank en 1991; cuatro años más tarde,

---

4 https://www.upi.com/Archives/1991/12/31/Chemical-Bank-Manufacturers-Hanover-officially-merge/3446694155600/

Chemical se fusionaría, a su vez, con Chase Manhattan). Yo era un completo neófito en compras apalancadas —era la primera en la que participaba—, así que me alegré de que Teddy hiciera el trabajo pesado y compartiera con nosotros su experiencia y su credibilidad.

Manny Hanny accedió a aportar 90 millones, pero solo a condición de que Cisneros aportara 25 millones propios. No teníamos tanto dinero. Ricardo y yo recurrimos a nuestros contactos en Chase Manhattan, que accedió a prestarnos 25 millones utilizando como garantía las acciones de Cisneros en CADA.

En febrero de 1982, adquirimos oficialmente AAB. El precio total fue de 125 millones de dólares, de los cuales el capital era, en realidad, todo deuda.[5] Era un riesgo: si las cosas iban mal con AAB, podríamos haber perdido una parte importante de CADA.

La gente a veces piensa que cuando asumo un riesgo me estoy lanzando a una piscina sin agua. Pero no es así; tengo una red de seguridad. En este caso, nuestra red de seguridad era nuestra experiencia en embotellado. Sabíamos lo que hacíamos. También vi el dinero como el pago de una matrícula: estábamos invirtiendo en un curso sobre compras apalancadas. Estábamos en el grado inferior de las compras apalancadas. Tuvimos que aprender los elementos clave: llevarnos bien con los bancos, demostrar que podíamos pagar a tiempo nuestras deudas —incluso, con altos tipos de interés— y demostrar nuestra credibilidad. Afortunadamente, tuvimos los mejores profesores con Forstmann y con Little.

AAB fue una gran lección de que podíamos tener éxito con esta nueva fuente de financiación. Aplicaríamos la fórmula una

---

5 Bachelet, Pablo. *Gustavo Cisneros: Pioneer*. Planeta, 2004, p. 83.

y otra vez. A lo largo de la década de los ochenta, las compras apalancadas financiarían la mayoría de nuestras principales adquisiciones: All-American Bottling Co., Spalding, Evenflo, Burger King y, en España, Galerías Preciados.

La adquisición de AAB supuso un cambio significativo para Cisneros. Confirmó que podíamos participar sin mayores dificultades en grandes operaciones en el mercado estadounidense. Convenció a la comunidad financiera neoyorquina de que no éramos un grupo empresarial latinoamericano más —aunque sí, uno de gran éxito— con aspiraciones multinacionales; éramos uno de ellos. Nos convertimos en *insiders*.

A partir de ese momento, estábamos en la lista cuando los bancos de inversión buscaban un comprador o un inversionista. AAB abrió las puertas y las operaciones empezaron a fluir.

* * *

"Una empresa que cambia necesita cambiar su fuente de financiación"

Nuestro momento era perfecto. Los gigantescos conglomerados diversificados que habían dominado el universo empresarial en los años cincuenta y sesenta, conglomerados como Gulf+Western e ITT, estaban reduciendo su tamaño y deshaciéndose de sus activos, para centrarse en sus actividades principales. Esos activos en subasta podían adquirirse a través de una compra apalancada, que era organizada cada vez más por los que se convertirían en los gigantes gemelos de la financiación mediante deuda: Forstmann, Little y Kohlberg, Kravis, Roberts & Co. (KKR). Teddy Forstmann y Henry Kravis estaban siempre insistiendo.

Yo me mantuve al margen, pero aprendí mucho de ellos (por cierto, Henry Kravis se convertiría en un compañero de pesca, y él y su esposa, Marie-Josée, se harían buenos amigos nuestros. Les vendimos Spalding mientras yo pescaba con él en Colorado).

El capital de inversión exigía una forma completamente distinta de hacer negocios. Yo siempre había querido construir, construir y construir. Eso era lo que mi padre había practicado, y había sido la base de su éxito empresarial. En cambio, con una compra apalancada la fórmula del éxito es comprar, mejorar y vender, lo cual fue doloroso de entender para mí. Antes de que los bancos nos prestaran dinero, siempre preguntaban: "¿Cuál es su estrategia para salir de una posible crisis?", por lo que me vi obligado a reconocer que en ese caso tendríamos que vender la empresa (fue un buen aprendizaje dejar de lado las emociones en aras del negocio. Venderíamos AAB cuatro años más tarde. Posteriormente, en la década de los noventa, nos desprendimos de muchos de los negocios heredados que eran la base de nuestra empresa. No fue fácil —de hecho, fue doloroso—, pero la venta de esos negocios permitió a nuestra empresa sobrevivir).

La reputación es exponencial. Al principio, el capital de inversión era un pequeño mundo con sede en Nueva York. Los bancos conocían a todo el mundo. Yo tenía los dos mejores contactos: Teddy Forstmann y Henry Kravis. Pero si quería hacer esto una y otra vez, para convertir Cisneros en una organización cada vez más grande, tenía que consolidar mi propia credibilidad. Eso significaba tener un historial de compras y ventas con beneficios, lo cual, para mí, era un cambio enorme. Pero si queríamos expandirnos, tendríamos que adaptarnos a un nuevo modelo de financiación. La expansión no era solo un deseo: era una parte fundamental de nuestra estrategia para construir una ruta de salida de Venezuela.

La conclusión era sencilla: estábamos evolucionando, y un negocio cambiante necesita cambiar su fuente de financiación. Bajo la égida de mi padre y cuando compramos CADA, trabajábamos con bancos que ganaban dinero según un modelo que se remonta a los primeros Rothschild: explotando la diferencia entre lo que pagaban por sus depósitos y lo que cobraban por sus préstamos. En los años ochenta pasamos al capital inversión.

Si no hubiéramos cambiado de modelo, ahora estaríamos acabados.

Superando retos

El petróleo definió la Venezuela moderna. Fue el motor de nuestra economía, impulsó nuestro nivel de vida y dio forma a nuestra democracia. Pero ahora el motor empezaba a fallar. En 1973, un embargo de cinco meses de la OPEP a los países que apoyaban a Israel durante la guerra del Yom Kippur había cuadruplicado los precios mundiales del petróleo y convertido a Venezuela en el país con la renta per cápita más alta de América Latina.[6] En el transcurso de solo dos años, la ganancia inesperada añadió 10.000 millones de dólares a las arcas del Estado.[7]

En 1976, en pleno auge del petróleo, el presidente Carlos Andrés Pérez nacionalizó la industria petrolera y creó la empresa estatal PDVSA (Petróleos de Venezuela S. A.), para supervisar toda la exploración, la producción, el refinado y la exportación de petróleo. Las empresas petroleras extranjeras podían asociarse a PDVSA siempre que esta tuviera el 60 % del capital de las empresas conjuntas.

Había tanto dinero del petróleo entrando a borbotones en las arcas del Estado y tan poca supervisión gubernamental que era prácticamente una invitación abierta a la mala gestión. Pero

---

6 "Venezuela: The Rise and Fall of a Petrostate." *Council on Foreign Relations*, January 22, 2021. https://www.cfr.org/backgrounder/venezuela-crisis

7 *Ibid.*

los ingresos del petróleo eran suficientes para sostener tanto la economía legal como la informal. Ciertamente, hubo poco interés en la creación de un fondo soberano para protegerse de los tiempos difíciles.

Entonces estalló la burbuja. La revolución iraní de 1979 y la consiguiente guerra entre Irán e Irak provocaron una crisis energética mundial marcada por el pánico y la subida de los precios. El precio del crudo se disparó en los mercados internacionales hasta superar los 30 dólares por barril, frente a los 10 dólares por barril de 1974.[8]

La reacción fue rápida. La demanda de las economías industrializadas disminuyó al frenarse la actividad económica; al mismo tiempo, los altos precios del combustible estimularon el ahorro energético. Mientras tanto, los esfuerzos por romper el dominio de la OPEP daban sus frutos: el sistema de oleoductos Trans-Alaska empezó a bombear en 1977 y los yacimientos petrolíferos del Mar del Norte alcanzaron su producción máxima.[9]

En junio de 1981, *The New York Times* anunció que se había producido un "superávit de crudo".[10] Los precios mundiales del petróleo cayeron en picada y la demanda se desplomó. El precio FOB (*Free on Board*) de un barril de crudo venezolano, que incluye el coste de cargar el petróleo en un barco, era de casi 25 dólares en 1980; seis años después, era de menos de

---

8 Tarver, H. Micheal. *The History of Venezuela*. ABC-CLIO, 2018, p. 139. See also *Statista:* "Average annual OPEC crude oil price from 1960 - 2022." https://www.statista.com/statistics/262858/change-in-opec-crude-oil-prices-since-1960/

9 https://en.wikipedia.org/wiki/1980s_oil_glut

10 Hershey, Jr., Robert D. "How the Oil Glut Is Changing Business." *The New York Times, June 21, 1981.* https://www.nytimes.com/1981/06/21/business/how-the-oil-glut-is-changing-business.html?pagewanted=all

11 dólares.[11] Entre 1981 y 1983, las exportaciones de petróleo venezolano se desplomaron en el 30 %.[12]

El petróleo proporcionaba más del 60 % de los ingresos de Venezuela y representaba más del 90 % de sus ingresos en divisas. En 1982, los ingresos previstos fueron inferiores en el 17 %, lo que provocó un déficit en la balanza de pagos de 2.000 millones de dólares.[13] El viernes 18 de febrero de 1983 —el Viernes Negro—, el Banco Central anunció la devaluación del bolívar y una serie de controles monetarios. En cuestión de horas, los controles de divisas mermaron en el 75 % el poder adquisitivo de los venezolanos.[14]

Ese día, yo recibía a James Robinson, CEO de American Express, y a Edmond Safra, fundador del Banco de Desarrollo Comercial, para almorzar en el restaurante Four Seasons, de Nueva York. (El Banco de Desarrollo Comercial iba a ser vendido a Amex, pero se había entablado una batalla legal y yo estaba intentando solucionar las cosas). Cuando llegó la cuenta, entregué mi tarjeta American Express. El *maître* me la devolvió con un gesto de pena: me habían bloqueado la tarjeta de crédito. Le di otra tarjeta. También fue rechazada. De hecho, no aceptaron ninguna de mis tarjetas de crédito. Todas habían sido emitidas por bancos venezolanos, y ahora estaban bloqueadas.

Pedro Tinoco y George Moore me habían advertido de la posibilidad de una devaluación. Venezuela era, como dijo el

---

11 https://www.eia.gov/dnav/pet/hist/LeafHandler.ashx?n=PET&s=IVE0000004&f=A

12 Tarver, H. Micheal. *The History of Venezuela*. ABC-CLIO, 2018, p. 141.

13 De Córdoba, José. "Venezuela Announced Partial Devaluation of Bolivar." *The Washington Post*, March 1, 1983. https://www.washingtonpost.com/archive/politics/1983/03/01/venezuela-announces-partial-devaluation-of-bolivar-6/4accb36b-a9e9-4e44-b933-2e9e5e5ba827/

14 https://en.wikipedia.org/wiki/Viernes_Negro

presidente Luis Herrera Campíns cuando tomó posesión, en 1979, "un país hipotecado".[15] Ahora la factura había vencido y Venezuela no podía pagarla.

Fue un terremoto financiero, que puso fin a un periodo de décadas de estabilidad y fiabilidad del bolívar y desencadenó una espiral de inflación y mayor devaluación. De un tipo de cambio de 4,3 bolívares por dólar en enero de 1980, el bolívar caería a más de 42 por dólar en diciembre de 1989.[16]

El país nunca se recuperaría. Yo no lo sabía entonces, por supuesto, pero estaba claro que no podíamos depender de las erráticas políticas fiscales de Venezuela. Pensé: "No quiero que esto me vuelva a pasar a mí, a mi familia o a mis socios. Tenemos que empezar a distanciarnos de Venezuela".

* * *

"Las circunstancias imprevistas exigen innovación"

Siempre he creído que si se es lo bastante creativo se puede superar cualquier reto. Las circunstancias imprevistas exigen innovación. La devaluación de la moneda, sin embargo, fue un reto en especial exigente; sobre todo, para nuestro negocio de distribución de licores O'Caña.

Los precios de los productos importados esenciales se mantuvieron al tipo de cambio original, de 4,3 bolívares por dólar. Lamentablemente para nosotros, los licores importados, que eran el pilar de O'Caña, no se consideraban productos esenciales,

---

15 Gunson, Phil. "Luis Herrera Campíns: Former President of Venezuela Forever Linked to 'Black Friday.'" *The Guardian*, November 12, 2007. https://www.theguardian.com/news/2007/nov/13/guardianobituaries.venezuela

16 Tarver, H. Micheal. *The History of Venezuela*. ABC-CLIO, 2018, p. 141.

por mucho que la gente necesitara una copa mientras se adaptaba a la vida después de la devaluación. Se dejó fluctuar el tipo de cambio y los precios subieron más del doble.[17] Para empeorar las cosas, nuestros proveedores europeos, preocupados por el acceso a las divisas en Venezuela, nos negaron el crédito. Justo cuando necesitábamos un flujo constante de efectivo, este se agotó.

Nuestra solución fue fabricar más licores localmente, para ampliar la oferta de productos de O'Caña. Ya fabricábamos ron Cacique y vino de mesa Sagrada Familia. Yo, en particular, quería desarrollar un whisky venezolano de lujo, que sustituyera al escocés *premium* Dimple.

Teníamos almacenadas grandes cantidades de alcohol fermentado a partir de arroz y envejecido en barricas de roble. Alguien tuvo la inteligente idea de mezclar un tercio de alcohol de arroz con dos tercios de alcohol de whisky de malta importado. Embotellada y etiquetada localmente, Caballo Negro fue nuestra primera bebida espirituosa *premium* hecha en Venezuela. Le seguirían el vodka Korsakoff, la ginebra Britannia y los licores Leclerc; todos, fabricados con alcohol de arroz envejecido. (Esta innovación aportó liquidez y nos ayudó a salir del paso, pero cuando quedó claro que no se iban a levantar las limitaciones crediticias, decidimos vender O'Caña, y obtuvimos una buena ganancia).

Cuando un país entra en barrena, puede haber muchas oportunidades. En enero de 1983, un mes antes de la devaluación, habíamos adquirido los derechos de franquicia venezolanos de Pizza Hut. Como ya he dicho, al principio ni siquiera tuvimos que buscar locales: nos limitamos a sustituir las fuentes de soda que habíamos heredado al comprar CADA.

---

17 Bachelet, Pablo. *Gustavo Cisneros: Pioneer*. Planeta, 2004, p. 87-88.

Puede que la pizza tenga algo de místico, pero no es sino queso y pan, y ya éramos propietarios de la mayor panadería de Venezuela. Las empresas Cisneros suministraban a nuestra franquicia Burger King mostaza, *ketchup*, mayonesa, carne para las hamburguesas, refrescos, cajas registradoras, café e, incluso, las máquinas para hacer batidos. Era fácil compartir los ingredientes adecuados y la experiencia con Pizza Hut. Y por supuesto, podíamos ampliar el mercado emitiendo anuncios en Venevisión y Radiovisión.

Pizza Hut creció muy rápidamente.

Y lo más importante: era una forma de ingresar bolívares. Yo quería que la cadena de supermercados CADA tuviera más dinero en sus arcas, y esto ayudaría a reforzar las finanzas de dicha empresa. Le dije a nuestro equipo: "Podemos funcionar localmente y ampliar nuestras operaciones en bolívares".

En vez de llorar por la situación de la moneda, decidimos independizar todas nuestras empresas en bolívares. Fue una decisión segura y una buena medida preguntarse: "¿Podemos pagar en bolívares?". Si había algo que no podíamos financiar en bolívares, no lo comprábamos.

* * *

"Algunas cosas son para comprarlas, otras para venderlas"

Una adquisición que parecía especialmente atractiva era la cadena de tiendas Sears Roebuck en Venezuela. Empresas extranjeras como Sears querían salir rápidamente de Venezuela, y nosotros podíamos adquirir su cadena de grandes almacenes polivalentes, con un descuento considerable. Siempre me fascinó el negocio minorista y ya nos iba muy bien con CADA.

Pensé: "Podemos gestionar el riesgo venezolano mejor que Sears. Si podemos controlar el riesgo y no tenemos relación con las divisas, también nos puede ir bien con esto".

Un negocio minorista es un negocio minorista. Sabíamos de *marketing* y de publicidad gracias a CADA. Estábamos en una buena posición para comprar o vender cosas. Había visto la inflación en Brasil, donde las tiendas tenían que cambiar los precios dos o tres veces al día. Sabía que con el tiempo tendríamos que vender este negocio o cerrarlo, pero por el momento había un *boom*. Más nos valía sacar provecho. Como me dijo el magnate inmobiliario Alfred Taubman, "Algunas cosas son para comprarlas; otras, para venderlas". Algunas son ambas cosas. Todo depende del momento.

Le pregunté a un miembro del equipo directivo de Sears por qué vendían; sobre todo, porque yo pensaba que podíamos reconducir la situación. Me dijo: "Está abajo [en Venezuela], es demasiado pequeña y está en español, así que no nos vamos a preocupar por ella. Además, nuestros economistas nos dicen que puede ocurrir algo peor más adelante".

Si yo estuviera en su lugar, habría dicho: "Gustavo, ¿quieres hacerte socio nuestro?". De hecho, les pedí entrar en sociedad, pero solo querían irse lejos de Venezuela. Llamé a mi íntimo amigo Leonard Lauder, director general de Estée Lauder, para pedirle su opinión. Leonard siempre fue una caja de resonancia sabia e imparcial. Me dijo: "Son mi mejor cliente. Cómpralo".

En febrero de 1983, compramos Sears de Venezuela por 5 millones de dólares. Era un excelente precio, ya que con el tiempo llegaría a valer 100 millones de dólares. Sears había insistido en que su marca solo podía utilizarse durante dos años; después, habría que pagar una fortuna en *royalties* para seguir utilizando el nombre. Tras un exhaustivo estudio de mercado, se eligió el nombre de Maxy's para sustituir a Sears.

Pusimos en marcha la maquinaria publicitaria de Cisneros. Las participantes en el concurso Miss Venezuela visitaron Maxy's para promocionar nuestros productos y el nuevo nombre. Los medios de comunicación se llenaron de noticias sobre Maxy's; Venevisión y Radiovisión se llenaron de anuncios. Solo ocho meses después de la adquisición, una encuesta demostró que la marca Maxy's eclipsaba a la de Sears.

* * *

En 1984, a pesar de que la economía venezolana seguía tambaleándose, Cisneros se había convertido en el mayor grupo de empresas privadas de América Latina, con más de 50 empresas y 35.000 empleados. La organización tenía previsto generar unos ingresos anuales de 11.500 millones de bolívares (unos 927 millones de dólares).

Pero estaba claro que Venezuela era un castillo de naipes a punto de derrumbarse: Los mercados estaban artificialmente apuntalados y el gobierno era demasiado grande y difícil de manejar, y cada vez más hostil al sector privado. Como el sector privado era tan pequeño, y la desigualdad económica del país, tan grande, los "capitalistas" eran un blanco fácil al cual achacar las tasas anuales de inflación, que fluctuaron entre el 6 % y el 12 % entre 1982 y 1986.[18]

Había visto esta misma situación en Brasil. ¿Por qué esperar a ver una repetición en Venezuela? Como señaló José Antonio Ríos, "Cada día era más necesario expandir nuestros negocios al extranjero".

18 https://en.wikipedia.org/wiki/Hyperinflation_in_Venezuela#Devaluation_of_the_bol%C3%ADvar

* * *

"Siempre hay que mirar varios pasos adelante"

Cisneros se había convertido en la organización a la cual acudir en busca de asesoramiento sobre cómo hacer negocios en América Latina. Teníamos la marca, el conocimiento, la gente y el alcance. Éramos 100 % latinoamericanos: Estábamos en el negocio de la televisión en Colombia y Chile, y distribuíamos contenidos televisivos de México a Argentina. Teníamos un negocio de cerveza en Perú y participábamos en otros negocios en todo el continente. Y gracias a la adquisición de AAB, se nos invitaba cada vez más a participar en operaciones en Estados Unidos.

Una de esas llamadas vino de Dan Lufkin, cofundador del banco de inversión Donaldson, Lufkin & Jenrette y, además, amigo de Derald Ruttenberg. Dos años antes, Lufkin había adquirido una empresa pública llamada Q Holdings; la había privatizado y ahora planeaba dividirla y vender sus divisiones con beneficios.

Una de esas divisiones era Spalding, una marca icónica en la industria de artículos deportivos. Fundada por un lanzador de los Boston Red Sox, Spalding fue durante años el único fabricante de las pelotas utilizadas en las grandes ligas de béisbol, antes de diversificarse en productos y ropa para fútbol americano, baloncesto y golf.[19] También fabricaba pelotas de golf Top-Flite, una marca líder entre los jugadores medios en cuanto a precio y calidad.

Spalding encajaba bien con Cisneros: estaba orientada al consumo de masas y prometía un importante flujo de caja.

---

19 https://www.spalding.com/about-spalding.html

Siempre me interesa mucho el flujo de caja. Si este es bueno, compro la empresa. El flujo de caja siempre puede crecer, mientras que los beneficios, no.

Intento comprar empresas que puedan brindarme algo. No estábamos comprando solo un negocio: estábamos comprando talento. Cuando compré una empresa estadounidense, estaba comprando su gestión. Si considerábamos que la dirección se quedaría por poco tiempo, no comprábamos la empresa.

Vi el potencial de Spalding para resurgir. Podíamos asumir esta empresa de la vieja escuela y, utilizando nuestro conocimiento de los mercados estadounidense y mundial, transformarla rápidamente en una marca internacional. Era una buena oportunidad para demostrar nuestra valía en un sector distinto al de los refrescos.

Queríamos directivos estadounidenses tanto para empresas de Estados Unidos como para empresas que se expandieran desde Estados Unidos al resto del mundo. Siempre he creído que la gestión es exportable, pero algunos directivos son más exportables que otros. Los venezolanos, en aquel momento, preferían quedarse en Venezuela. En Estados Unidos, la gente se mueve tanto que está abierta a la posibilidad de trasladarse.

Spalding era un producto muy estadounidense, así que nos propusimos que la mayor parte de la dirección fuera estadounidense, con algunos venezolanos en los puestos de arriba. Fue una cooperación intensa mientras superábamos los problemas culturales. Eran machistas; mucho más machistas que nosotros. Les habíamos dicho que contrataran a más estadounidenses; teníamos más que suficiente de qué preocuparnos en Venezuela y era una gran oportunidad para ampliar nuestra lista de estadounidenses competentes. Para mi sorpresa, todos sus candidatos eran hombres blancos. Dije: "Esta es una empresa totalmente estadounidense. ¿Dónde están las mujeres y las minorías?".

Resultó que los ejecutivos de Spalding eran miembros de clubes sociales segregados. Dije: "Queremos que Spalding crezca y sea más grande tomando en cuenta todos los contextos americanos, así que tenemos que reflejar el mercado". Al final, funcionó así.

Aprendimos mucho de las empresas estadounidenses que adquirimos. Sabían cómo gestionar el crecimiento, tenían muchos conocimientos financieros y eran muy disciplinadas: sabían cómo organizar reuniones sin fricciones en las que todo el mundo tenía claro lo que tenía que hacer. Vimos lo que hacían bien y lo utilizamos para desarrollar nuestros propios negocios. Pero para adquirir todo ese aprendizaje, tuvimos que adquirir Spalding junto con otra empresa.

Había muchos otros compradores potenciales, pero la condición de Lufkin de vender conjuntamente Spalding y Evenflo, un fabricante de productos para bebés, los desanimó. Veían a Evenflo como una anomalía. Nosotros, en cambio, lo vimos como una oportunidad. Ya teníamos experiencia con los productos para bebés de Chicco en Venezuela, así que conocíamos el mercado. Evenflo, al igual que Spalding, gozaba de buena reputación y contaba con un amplio mercado y un buen flujo de caja. Era nuestro tipo de empresa.

Acordamos un precio de 350 millones de dólares. Era un precio elevado, encarecido aún más por los tipos de interés de dos dígitos de los préstamos vigentes entonces, que ahuyentaron a muchos otros compradores. Pero Dan Lufkin y yo trabajamos juntos para convencer a los bancos de que íbamos a tener una mejor gestión. Aun así, Citibank se negó a financiar toda la operación, e insistió en que Cisneros aportara 65 millones de dólares de capital.[20] Pensé: "Podemos aguantar cinco años con el

---

20 Bachelet, Pablo. *Gustavo Cisneros: Pioneer*. Planeta, 2004, p. 93.

flujo de caja actual de Spalding. Pero después de cinco años, no podremos mantenernos".

No necesitaba que un consultor me dijera que para que Spalding sobreviviera, tendría que vender sus productos en Walmart. A mediados de los años ochenta del siglo XX, Walmart era una máquina imparable; en 1980 había alcanzado los mil millones de dólares en ventas —la empresa que más rápido lo había logrado— y a finales de la década tendría tiendas en más de la mitad de los estados del país.[21] Si pudiéramos vender a Walmart, tendríamos la mejor puerta de entrada al mercado minorista estadounidense. Una vez se entraba en Walmart, casi automáticamente se entraba en todas las demás tiendas minoristas.

Pero tampoco necesitaba que un consultor me dijera que Walmart exigía a sus proveedores los precios más bajos posibles. Había conocido a Sam Walton y a su hermano en excursiones de pesca. Habíamos conversado y pasado buenos ratos juntos. Conocía su filosofía y su determinación. Sabía que tendríamos que rebajar nuestros precios.

Fui a ver a los Walton y les dije: "Podemos darles la exclusividad y un negocio gigantesco. ¿Pueden darnos el mejor precio?". Su gente volvió con un precio que implicaba una cosa: tendríamos que cerrar casi todas las fábricas de Estados Unidos y trasladar la producción al extranjero. (Podíamos seguir fabricando pelotas de golf TopFlite en Estados Unidos, donde éramos competitivos).

---

21 Goldman, Leah. "The Incredible Story of Walmart's Expansion from Five & Dime to Global Megacorp." *Business Insider*, July 20, 2011. https://www.businessinsider.com/the-incredible-story-of-walmarts-expansion-from-five-and-dime-to-global-megacorp-2011-7

El traslado de fábricas estadounidenses a México y Asia había empezado en serio a finales de los años setenta;[22] en los ochenta, la subcontratación era una forma controvertida, pero cada vez más aceptada, de reducir costes. Exacerbada por las recesiones de principios del decenio, entre 1980 y 1983 los fabricantes de bienes duraderos habían perdido casi el 17 % de los puestos de trabajo, y los de bienes perecederos, cerca del 7,5 %.[23]

Yo sabía que nosotros también acabaríamos en China. Pero trasladar la fabricación de Chicopee Falls (Massachusetts) a China en un solo paso era demasiado para la dirección de Spalding. En vez de eso, aterrizamos en un terreno intermedio: Tailandia. Sabía que no sería permanente, y no lo fue: Al cabo de un año en Tailandia, los costes aumentaron y nos vimos obligados a contemplar la posibilidad de reubicarnos de nuevo. Para entonces, sin embargo, la gente pensaba que trasladarse de Tailandia a China era inevitable. (Afortunadamente, yo tenía muchos contactos chinos a través de David Rockefeller y llevaba años visitando China. Cuando envié al equipo de Spalding, no estaban solos. Sabían a quién llamar y qué hacer).

Nos arriesgamos para que los directivos se quedaran con nosotros. Ya eran muy buenos; la cuestión era cómo podíamos hacer para que fueran mejores. Cerrar las fábricas estadounidenses era una decisión de vida o muerte: Si no podíamos reducir nuestros costes de producción, tendríamos que vender la empresa, o cerrarla. Al trasladar la producción al extranjero,

---

22 "Where America's Jobs Went." *The Week.* January 11, 2015. https://theweek.com/articles/486362/where-americas-jobs-went

23 Harris, Katelynn. "Forty Years of Falling Manufacturing Employment." *Beyond the Numbers*, U.S. Bureau of Labor Statistics. November 2020; Volume 9, Number 16. https://www.bls.gov/opub/btn/volume-9/forty-years-of-falling-manufacturing-employment.htm

conservamos la empresa y a sus ejecutivos. Y estos empezaron a entender que se podía crecer más y ser más rentables. La historia de Spalding era como una partida de ajedrez. Siempre teníamos que mirar varios pasos adelante.

Cambiar la producción a China dio sus frutos. Nos sirvió de palanca para abrir otros mercados. Walmart representaba el 30 % de nuestras ventas, y las ventas en otras tiendas empezaron a aumentar exponencialmente, porque nuestros costes eran muy bajos, y nuestra calidad, muy buena. Cuando vendimos Spalding y Evenflo, en 1996, éramos el número 1 en baloncesto y pelotas de golf tanto en Estados Unidos como en el resto del mundo, y pudimos vender por 350 millones de dólares una empresa que habíamos comprado por casi 1.000 millones.[24]

* * *

"Si ves un diamante en el suelo, recógelo"

Adquirimos Spalding y Evenflo en septiembre de 1984, apenas un año y medio después de la compra de Sears en Venezuela. Era mucho que digerir en tan poco tiempo, y todo el personal trabajaba a tope.

Steve Bandel recuerda haber hablado conmigo por aquel entonces sobre nuestra estrategia de adquisición de empresas: ¿no deberíamos tener un enfoque específico para el tipo de negocio en el que queríamos estar antes de adquirir más empresas? "Quizá tengas razón —le dije—. Pero si veo un diamante en el suelo, ¿debo recogerlo o no?". Nunca habríamos imaginado

24 Barba, John. "History's Mysteries: Spalding Golf's Final Countdown." *MyGolfSpy*, October 19, 2021. https://mygolfspy.com/historys-mysteries-spalding-golfs-final-countdown/.

que, al cabo de unas semanas, un enorme diamante estaba a punto de llegarme servido en bandeja de plata.

Estaba esquiando en Aspen cuando recibí una llamada de Pedro Pablo Kuczynski, copresidente de First Boston, un banco de inversión internacional. Lo conocía bien de negocios financieros con su banco y por haber mantenido relaciones sociales con él en Nueva York. Me llamaba para decirme que Galerías Preciados, una famosa cadena española de grandes almacenes, estaba en venta.

"Es un reto —me dijo—. Se ha ofrecido a todos los grandes empresarios de España, y nadie la quiere. Se ha ofrecido a los principales grandes almacenes de Europa, y nadie la quiere. Se ha ofrecido a El Corte Inglés [principal competidor de Galerías Preciados en España], y no la quieren. Se la he ofrecido a las principales cadenas de grandes almacenes de Estados Unidos y a los grandes almacenes de América Latina, y no les interesa. La he presentado cien veces a cien grupos diferentes, y todos han rechazado la oferta. Creo que solo hay una persona lo bastante loca como para pensar que tiene valor —concluyó—. Y ese eres tú".

Me encantaba España y había visitado a menudo el Corte Inglés. Pensaba aplicar el modelo del Corte Inglés en Venezuela y utilizar Galerías Preciados como modelo de lo que no se debe hacer. Tras la recesión española de los años setenta, fue adquirida primero por un banco y luego por el conglomerado Rumasa. Cuando Rumasa resultó ser un juego de trileros, el Gobierno español intervino y pidió a First Boston que vendiera los activos. Con 15.000 empleados en 29 tiendas repartidas por todo el país, Galerías Preciados registraba pérdidas de 50 millones de dólares al año. La empresa estaba ahogada en sus propias deudas y la rígida legislación laboral española impedía reducir la nómina. *The Wall Street Journal* citó a uno de los responsables de la venta declarándola una "causa perdida" y añadiendo que no podrían deshacerse de ella "ni aunque quisiéramos regalarla".[25] Para colmo, había dudas sobre la estabilidad del incipiente gobierno democrático español y la agenda económica de su presidente socialista, Felipe González. Yo estaba interesado.

George Moore, uno de mis primeros "consejeros sabios" y amigo íntimo, vivía en España. Sus comentarios eran tranquilizadores. España tenía una clase media fuerte y estable, según me dijo, con mucho que perder con un gobierno populista o una vuelta a la dictadura franquista. Puede que Felipe González fuera el secretario general del Partido Socialista Obrero Español, pero su plan de gobierno era favorable al mercado (de hecho, conocí a González en 1978, durante el simposio "Autocracia, democracia y totalitarismo", organizado por Cisneros. Era uno de los políticos más brillantes que he conocido. Iba a asumir un país atrasado, lo modernizaría y reforzaría su democracia, y luego aconsejaría a Mario Soares sobre cómo hacer lo mismo en Portugal).

Envié un equipo a España, para examinar la situación. Me informaron que las tiendas de Galerías Preciados se hallaban en mal estado, pero sus ubicaciones eran inmejorables. Su publicidad era más que mala, y su *marketing*, peor, pero sabíamos cómo solucionarlo. Hicimos una rigurosa evaluación de riesgos. No tardamos en utilizar proyecciones informáticas para calcular las previsiones de tesorería, beneficios y pérdidas. Gracias a las proyecciones informáticas, nunca nos embarcamos en algo que no supiéramos hacer.

Teníamos un dicho sobre la forma de asumir riesgos: "Apunta, apunta y dispara". No nos limitábamos a apuntar y disparar ni,

25 Bachelet, Pablo. *Gustavo Cisneros: Pioneer*. Planeta, 2004, p. 94.

Dios no lo quiera, a disparar sin apuntar. Éramos unos maníacos de los números. No dejábamos de plantear una situación tras otra, hasta que conocíamos el negocio al dedillo. Calculábamos y analizábamos todos los resultados posibles. Eso nos ayudaba a predecir y gestionar el riesgo, de modo que podíamos identificar las cuestiones problemáticas y apostar por las mejores posibilidades. Como nuestras evaluaciones de riesgo se basaban en datos reales, no nos dejamos intimidar por los inevitables retos y las incertidumbres que implica aventurarse en lo desconocido.

Las cuestiones clave con Galerías Preciados eran la financiación y las relaciones laborales. George Moore nos puso a Ricardo y a mí en contacto con los banqueros más importantes del país, empezando por Alfonso Escámez, presidente del Banco Central, el mayor banco privado de España. Nos reunimos en la embajada de Estados Unidos, porque era territorio neutral, con Thomas Enders, el embajador estadounidense, como anfitrión. Tom dijo: "Gustavo Cisneros es amigo de Estados Unidos. Al Gobierno americano le interesa facilitar este acuerdo. Será bueno para el Gobierno español y para la economía española".

Explicamos nuestra estrategia: aplicaríamos técnicas modernas de *marketing*, como habíamos hecho con tanto éxito en Estados Unidos y Venezuela, lanzaríamos una campaña publicitaria masiva en televisión —algo inusual en España en aquella época— y mejoraríamos la variedad de productos en las tiendas.

Escámez había empezado su carrera en la oficina de correos. Conocía el poder político y el poder empresarial, y sabía que estaba viendo una demostración de interés político a gran escala. Escámez prometió su apoyo y abrió otras puertas en la comunidad bancaria española. Volvimos de España con líneas de crédito por un total de más de 400 millones de dólares.[26]

---

26 *Ibid.*, p. 97.

Mientras tanto, Felipe González me presentó a los líderes sindicales. Los sindicatos estaban en una huelga ilegal, pero el jefe de los sindicatos accedió a reunirse conmigo personalmente. Fue un gran paso para él: le habían enseñado a odiar a los capitalistas desde la cuna y nunca había hablado con un capitalista.

Los sindicatos estaban especialmente preocupados por sus obligaciones en materia de pensiones: ¿Las pagaría Cisneros? Les dije: "Financiaré totalmente las pensiones, pero necesitaré un poco de tiempo para reconstruir la empresa. Para ello, sin embargo, no puede haber huelgas". Necesitaba enviar una señal clara de que nos comprometíamos a permanecer en España. Y después de eso, no tuvimos problemas con los sindicatos. Los sindicatos aceptaron reducir la nómina de la empresa a cambio de participar en las decisiones sobre a quién afectarían los recortes (trabajando juntos, despedimos a 4.000 de los 15.000 empleados, lo que ayudó a aliviar los costes de funcionamiento). Estábamos listos para hacer nuestra jugada.

En la subasta solo hubo dos postores: el colombiano Grupo Roca, propietario de la cadena Sears Roebuck en ese país, y Cisneros. El Gobierno español sopesó las opciones: Roca, que generaba 75 millones de dólares al año, frente a Cisneros, con unos ingresos anuales que superaban los 4.000 millones.[27] Ganamos y la noticia se anunció el 6 de diciembre de 1984.[28]

El paquete financiero se estructuró siguiendo el mismo modelo que una compra apalancada: pusimos 16 millones de nuestro capital para comprar una empresa de 350 millones de dólares. Eso es capital inversión.

---

27 *Ibid.*, p. 98.

28 "El precio de Galerías Preciados se ha multiplicado por cien en cuatro años." El País, 15 de noviembre, 1988. *https://elpais.com/diario/1988/11/16/economia/595638010_850215.html*

El capital inversión era un concepto tan nuevo en España que hubo rumores de que la operación era un favor político. No lo era, y sabíamos cómo resolver la cuestión: haciendo un buen trabajo. Como suelo decir, una vez que la transacción está estructurada y completada, lo único que queda es arremangarse y ponerse a trabajar. O como decía mi padre: "El premio de un buen trabajo es más trabajo".

Enviamos un equipo de primera: Héctor Beltrán era un mago del *marketing*, Humberto González era nuestro mejor ejecutivo de distribución y mi hermana Marión rediseñó y renovó las tiendas para hacerlas frescas y modernas. (Esto causó mucho revuelo en España, donde las mujeres solían estar relegadas a funciones de secretaría). Ampliamos la gama de productos, incluyendo productos Spalding y Evenflo, y mejoramos las vitrinas. Lanzamos una agresiva campaña publicitaria en televisión. Íbamos a tomar la varita mágica que habíamos utilizado para transformar CADA y Maxy's y llevarla a Galerías Preciados.

Era apasionante, pero no todos los miembros de nuestro equipo venezolano querían participar. En aquel momento, vivir en Venezuela era más atractivo que vivir en España. Si intentabas enviar a los ejecutivos venezolanos a otro lugar fuera Venezuela, no querían ir. A pesar de la devaluación del bolívar, seguían ganando mucho dinero en Venezuela, sus hijos iban a los mejores colegios y estaban rodeados de familiares. La gente pensaba que Venezuela siempre podría encontrar una solución a su disfuncional situación política y financiera. Mientras tanto, para ellos Venezuela era un paraíso, así que, ¿para qué irse a otro sitio?

Luego estaba el hecho de que España tenía una forma diferente de funcionar. Tenía una mentalidad europea completamente distinta de la de Estados Unidos y Venezuela. Las cosas iban más despacio. Me reuní con la gente y escuché sus preocupaciones. No forcé la situación. Les pedí que tuvieran paciencia con sus nuevos colegas españoles, los animé a que trajeran gente y les aseguré que con el tiempo se adaptarían a nuestra forma de pensar y de hacer las cosas. Les dije: "España es como California. Va a ser un mundo nuevo. Es una oportunidad".

Para mí, España se convirtió en parte de nuestra estrategia de salida de emergencia. Me había sentido como carne de cañón desde el famoso Viernes Negro. Aunque éramos los líderes indiscutibles en Venezuela, sentí que había llegado el momento de alejarnos; al menos, mentalmente. Fue una decisión muy dura, pero resultó ser la correcta.

* * *

"Cuando se recibe una oferta para vender, se vende"

La magia funcionó, hasta cierto punto. A finales de 1987, tres años después de adquirir Galerías Preciados, habíamos reducido el flujo de caja negativo anual de 20.000 millones de pesetas (114 millones de dólares) a 3.000 millones de pesetas (23 millones de dólares), y nuestras previsiones para 1988 eran que íbamos a lograr resultados positivos. Además, nuestra operación despertó el interés de inversionistas británicos y alemanes. España se estaba convirtiendo en 'La California de Europa'.

Pero el éxito operativo no se tradujo necesariamente en un repunte financiero. Nuestro acuerdo con los bancos concedía un periodo de gracia de cuatro años para pagar la deuda. Al cabo de ese tiempo, los bancos podían reprogramar el pasivo, pero solo si cancelábamos el 40 % de la deuda. Además, necesitábamos ampliar más la gama de productos y ofrecer a los clientes tarjetas de crédito en tienda, algo que ya hacía nuestro principal rival, El Corte Inglés. Todo ello requería más capital. Era una situación complicada.

Y entonces se produjo otro tipo de magia. Anthony Clegg, un exitoso comerciante británico de materias primas convertido en magnate inmobiliario, estaba interesado en comprar Galerías Preciados. Gracias a las políticas económicas favorables al capitalismo, impulsadas por Felipe González, y a la entrada de España en la Unión Europea (UE), en 1986, el valor de los inmuebles en España se había disparado. Las 29 tiendas de Galerías Preciados ocupaban algunas de las mejores ubicaciones en ciudades de todo el país y el Grupo Mountleigh, de Clegg, estaba interesado en comprarlas todas a un precio 100 veces superior al de nuestra inversión inicial.[29]

Yo también había pensado en utilizar Galerías Preciados como base para desarrollar una cartera inmobiliaria española/europea. Pero cuando recibes una oferta así, no te quedas de brazos cruzados. Hay que vender.

Había un posible escollo en la operación: Clegg insistió en que el equipo directivo de Galerías Preciados se quedara. Al fin y al cabo, eran los responsables de la transformación de la cadena. Hablé con ellos y les expliqué la situación: La oferta de Mountleigh era muy buena para Cisneros, pero que pudiéramos aceptarla dependía enteramente de ellos. Todo el equipo aceptó quedarse en Galerías Preciados, y el acuerdo se firmó el 29 de septiembre de 1987.

Tres semanas más tarde, el 19 de octubre, el índice Dow Jones cayó 508 puntos; casi el 23 %: la mayor caída porcentual

29 "El precio de Galerías Preciados se ha multiplicado por 100 en cuatro años." *El País,* 15 de noviembre, 1988. https://elpais.com/diario/1988/11/16/economia/595638010_850215.html

registrada en un solo día hasta entonces.[30] El desplome repercutió en todo el mundo y el precio de las acciones de Mountleigh se redujo a la mitad.[31] Mountleigh ya no podía permitirse los términos de la negociación original. Sin embargo, Tony Clegg propuso una alternativa: En vez de pagar 150 millones de libras en efectivo, ofreció 30 millones de libras en efectivo, un pagaré de 80 millones de libras para pagar en 24 meses y el equivalente a 42 millones de libras en acciones de Mountleigh valoradas a su nivel anterior al Lunes Negro, lo que equivalía al 7,2 % de la empresa.[32] Nosotros aceptamos.

Con el paso de los meses, sin embargo, quedó claro que el otrora prometedor mercado inmobiliario británico se había ensombrecido considerablemente. Las acciones de Mountleigh seguían muy devaluadas. Empezamos a dudar de que podrían pagar el pagaré.

En consecuencia, en octubre de 1988, un año después del desplome bursátil, firmamos un tercer acuerdo con Mountleigh: devolvimos el pagaré como anticipo del 25 % del valor de cinco propiedades que Mountleigh poseía en Londres. Mi sueño inmobiliario seguía vivo.

La joya de la corona de las propiedades de Mountleigh era un grupo de edificios alrededor de Paternoster Square, el barrio que rodea la catedral de San Pablo. La zona había sido duramente bombardeada en la Segunda Guerra Mundial, cuando los alemanes intentaron destruir un monumento tan importante para la identidad británica como la catedral Nôtre Dame de París lo es para Francia. San Pablo sobrevivió milagrosamente intacta, pero los edificios circundantes quedaron destruidos. Cuando

---

30 https://www.investopedia.com/terms/s/stock-market-crash-1987.asp

31 Bachelet, Pablo. *Gustavo Cisneros: Pioneer*. Planeta, 2004, p. 102.

32 *Ibid.*

fueron reconstruidos, en los años sesenta, la descripción más amable que se hizo de ellos fue "prosaicos" y "mediocres".[33]

Todo el mundo estaba de acuerdo en que Paternoster necesitaba una renovación a fondo. Un banco de inversión lo describió como "el proyecto más atractivo que ha aparecido en el mercado inmobiliario inglés en los últimos 50 años".[34] Todos los arquitectos querían hacerse con el anillo de oro.

Bill Keon, que supervisaba los asuntos fiscales y jurídicos de Cisneros fuera de Venezuela y las finanzas de AAB, también tenía experiencia en el sector inmobiliario. 'Bad News Bill' —apodo que se ganó por su enfoque directo— pasó 14 meses viajando a Londres cada semana, para renegociar el contrato de arrendamiento de cada inquilino de nuestras propiedades en Paternoster Square, desde el quiosco más pequeño hasta grandes corporaciones, como Reuters y KPMG.

Pero el mayor obstáculo no fue por parte de un inquilino. Alfred Taubman me había advertido sobre Paternoster Square. Me dijo: "En Inglaterra tienen ustedes un problema. Lo que no está escrito es lo que cuenta. El príncipe Carlos tiene ideas sobre arquitectura, y tu proyecto interferirá con su sueño. No tiene capacidad legal para ir contra ti, pero tiene una gran influencia a nivel informal. Nunca sabrás qué te ha golpeado, pero nunca conseguirás que te aprueben nada".

El príncipe Carlos, dedicado a preservar el patrimonio arquitectónico británico, tenía un lugar especial en su corazón para San Pablo, y reservaba personalmente un lugar especial en el infierno para quienes profanaran su entorno. En un discurso dirigido a arquitectos y urbanistas, en diciembre de 1987,

---

33 https://www.architectsjournal.co.uk/archive/why-paternoster-square-was-a-60s-disaster

34 Bachelet, Pablo. *Gustavo Cisneros: Pioneer*. Planeta, 2004, p. 103.

comparó sus esfuerzos en Paternoster Square con "un equipo de baloncesto que se interpusiera entre ustedes y la Mona Lisa", y dijo: "Hay que reconocerle esto a la Luftwaffe: cuando derribó nuestros edificios, no los sustituyó por nada más ofensivo que escombros. Eso lo hicimos nosotros".[35] Era evidente que nos adentrábamos en un campo minado, independientemente del diseño que propusiéramos. La cuestión era cómo limitar los daños.

Me reuní personalmente con el príncipe Carlos en la residencia caraqueña del embajador británico en Venezuela. (Tenía interés en visitar el Amazonas, y yo le facilité las cosas). Habíamos diseñado una enorme maqueta de color verde real, con coches, árboles y personas y, por supuesto, la catedral, todo a escala. Era en realidad hermosa. Traje a un par de personas brillantes para que describieran lo que teníamos en mente. Pero me di cuenta de que, tal y como había predicho Alfred, no iba a aceptar. Le pedí tiempo, y Carlos accedió.

Afortunadamente, tenía un plan B. Cuando estábamos considerando el acuerdo de Paternoster Square, tuve un largo almuerzo con Alfred Taubman. Me explicó el negocio inmobiliario: cuándo comprar, cuándo vender, cuándo volver a comprar, cuándo utilizar la estrategia de duplicación (*Double-Up*). Para ilustrarlo, me preguntó: "¿Conoces la historia de la sardina?".

Entonces me contó lo siguiente: un hombre pesca un hermoso banco de sardinas en Italia. Las envasa en latas de bonito diseño y las vende a un intermediario, que, a su vez, las vende a una tienda de otro país. Cuando no se venden allí, se vuelven a vender a otra tienda de otro país. Esto sucede varias veces. Finalmente, alguien abre una lata. Para entonces, está tan vieja

35 Eliason, Marcus "Prince Says Architects Damage London More Than the Luftwaffe Did." *Associated Press.* December 2, 1987.

que apesta y las sardinas no sirven. Alfred me dijo: "Esta propiedad es como la lata de sardinas. Hay unos pocos negocios que son para vender, y este es uno de ellos, porque tienes una posición fuerte".

Tuve muchos asesores que me decían que esperara, que el príncipe Carlos se inclinaría por nuestro punto de vista. Alfred no estaba de acuerdo. "No luches contra el *establishment* —dijo—. Véndelo". Alfred, incluso, se ofreció a hacer la presentación de la venta, lo que significó un enorme favor. Su trabajo fue tan convincente que en menos de un año, a finales de 1989, vendimos una participación mayoritaria en Paternoster a Greycoat PLC y Park Tower Realty. A principios de 1990, Mitsubishi Estate, que había comprado el Rockefeller Center, se unió a la sociedad con una participación de un tercio; cinco años después, les compró a los socios.[36]

Pude salir airosamente de aquello, sin escándalos y con mi dinero intacto. Ese fue el final de mi sueño inmobiliario en el Reino Unido. Pero, como describiré más adelante, no necesariamente era el final de todos mis sueños inmobiliarios.

* * *

"Ten siempre una estrategia clara de salida"

Cuando la gente le da a uno su dinero —ya sea un banco, un capital inversión o, como es hoy en día, una SPAC—, la expectativa es clara: que uno lo hará bien. Muy bien. Eso significa tener clara, desde el principio, una estrategia de salida.

---

36 Rubin, Dana. "Mitsubishi Banks on St. Paul's Project." *The Independent.* Octubre 22, 2011. https://www.independent.co.uk/news/business/mitsubishi-banks-on-st-paul-s-project-1295680.html

Por ejemplo, cuando compramos Galerías Preciados, la estrategia de salida era clara: Galerías Preciados tenía una cartera con las mejores propiedades inmobiliarias de España. En el peor de los casos, siempre podíamos vender los inmuebles poco a poco, edificio a edificio.

Con AOL en Latinoamérica, como después describiré, nuestra estrategia de salida se basaba en establecer un límite estricto a la cantidad de dinero que estábamos dispuestos a invertir, y ni un dólar más. Determinar una estrategia de salida es un proceso que hago yo mismo. Otros líderes lo asignan a un equipo especializado en planificación de escenarios. En cualquier caso, es un proceso solitario: A nadie le gusta hablar del fracaso, porque el fracaso asusta. Pero, como dice el refrán, la esperanza no es una estrategia.

Mi padre era, en el fondo, un gran romántico. Creo que me enseñó a propósito a no ser sentimental, a ser realista. Cuando llega el momento de tirar del enchufe, hay que ser implacable. Eso significa que tienes que dejar a un lado tu ego. No intentes mejorar una mala situación. Es lo que hay.

A veces, lo mejor es tirar la caja de sardinas. Ese pensamiento me guiaría a finales de los años ochenta cuando empecé a contemplar lo impensable: salir de nuestros negocios en Venezuela.

* * *

Entre bastidores

Cuando mi padre me sacó del colegio San Ignacio de Caracas y me envió a Estados Unidos, me esperaba en el aeropuerto de Idlewild (como se llamaba antes de que se lo rebautizara como aeropuerto internacional John F. Kennedy) el chofer de la familia Rockefeller.

¿Cómo sucedió eso? Mi padre era un hombre muy importante en Venezuela y reconocido como figura influyente por el Departamento de Estado de Estados Unidos. También era cliente del Banco Mercantil, el cual pertenecía en el 80 % a Chase Manhattan, que, a su vez, era un negocio de los Rockefeller. Además, era cliente del Chase en Estados Unidos. Y como el negocio de los refrescos tenía un buen flujo de caja, era un cliente valioso.

Los Rockefeller, por supuesto, sabían quién era quién en Venezuela. Nelson Rockefeller y mi padre eran contemporáneos: Nelson era solo 3 años mayor que mi padre; su hermano David era 4 años menor. Compartían, en gran medida, el mismo punto de vista sobre los negocios y el papel de las empresas en una democracia, por lo cual no es de extrañar que se convirtieran no solo en conocidos, sino en buenos amigos.

Los Rockefeller me acogieron y, a medida que crecía y seguía a mi padre en los negocios, nuestro vínculo se profundizó. Pedro Tinoco era el abogado de todos los intereses de los Rockefeller en Venezuela; cuando se convirtió en mi abogado y mi consejero, fue otro nodo de la red. (Por recomendación de él, también establecimos una relación con Milbank Tweed, un bufete de abogados muy poderoso, y que era el que llevaba los negocios de los Rockefeller). Nelson siempre buscaba buenos clientes para el Chase Manhattan Bank, y Cisneros era uno de ellos. David era el presidente y CEO del Chase. Aunque no estaba tan enamorado de Venezuela como Nelson, nos llevamos bien desde el principio.

En el transcurso de la compra de CADA y del 20 % de IBEC —ambos, negocios de los Rockefeller—, conocí a J. Richardson Dilworth. Dicky Dilworth era el principal asesor financiero de la familia Rockefeller y de sus inversiones y sus instituciones filantrópicas; como principal gestor de Room 5600, la oficina familiar en el Rockefeller Center, también ejercía de principal asesor de la familia. Era el enlace más importante de todos: en una organización familiar que se enorgullecía de su red de contactos, él era el *networker* por antonomasia.

Como cliente número uno del Chase en Latinoamérica, me reunía con Dicky dos o tres veces al mes. Congeniamos por mi deseo de hacer crecer nuestro negocio en Estados Unidos y su deseo de formar parte de ese crecimiento. Patty y yo nos hicimos buenos amigos de Dicky y su mujer, Bunny. Él recomendó que me nombraran miembro del Consejo Internacional de Chase Manhattan, lo que era una fuerte señal de confianza, y me presentó a gente muy destacada.

La filantropía era un profundo interés de la familia Rockefeller, como lo era de la familia Cisneros: todos respaldábamos el valor de unir la filantropía y los negocios. Dicky se ofreció a colocarnos a Patty y a mí en los consejos "adecuados": Patty participó desde el principio en el Jardín Botánico de Nueva York y en el Museo de Arte Moderno, y yo entré en el Consejo de las Américas (que David Rockefeller fundó como versión "regional" del Consejo de Relaciones Exteriores) y fui nombrado miembro del Consejo Administrativo de la Universidad Rockefeller.

Si se hacen los deberes y se participa en consejos que no tienen nada que ver con la empresa y se trabaja gratuitamente, se demuestra que se es bueno aportando soluciones a la comunidad. Los consejos también proporcionan una red de personas a las que se puede llamar o que saben que deben llamarlo a uno. Cuentan lo que pasa en el mundo y abren la puerta a oportunidades nunca antes vistas. Si no se está allí, se tienen menos ideas y el flujo de operaciones se limita a las propuestas que traen los abogados y los banqueros.

Estábamos en el lugar adecuado, en el momento adecuado y con las personas adecuadas. Mi padre fue el maestro más influyente en mi vida, pero David Rockefeller le seguía de cerca. Me machacó, me machacó y me machacó con una lección en particular: Es importante saber cómo crear conexiones, cómo fortalecerlas y cómo utilizarlas. Es importante desde el comienzo.

* * *

"El poder blando empieza con cosas pequeñas"

Cuando George Moore, Pedro Tinoco y todos los bancos empezaron a enviarnos personas que contemplaban la posibilidad de concedernos créditos o querían invertir en Venezuela, no dejábamos de hacer presentaciones: presentarnos, explicar quiénes éramos y qué queríamos. Todo esto transcurrió sin la posibilidad inmediata de hacer un trato, pero fue una inversión valiosa.

Fue el comienzo de cómo construimos y cultivamos relaciones. Fue el comienzo de mi comprensión y mi uso del *poder blando*, el cual empieza con pequeñas cosas. Si un visitante importante venía a Caracas, yo mismo iba al aeropuerto a recibirlo. Teníamos un helipuerto en uno de nuestros edificios, así que podíamos ir del aeropuerto al centro en helicóptero y evitar el terrible tráfico de Caracas. Ese visitante siempre recordaría que me había tomado la molestia de ir al aeropuerto a recogerlo en persona y facilitarle la llegada.

Montamos una oficina en Venevisión —que estaba muy cerca del centro de Caracas, donde se encontraban el palacio presidencial y los ministerios—, específicamente para agilizar las citas. Yo mismo la supervisaba. Cualquiera que viniera —incluso con 24 horas de antelación— podía llamarnos, y concertábamos una cita. Y nunca interferíamos en sus asuntos.

Cuando la gente venía a Caracas, nos convertíamos en el primer lugar al que llamaban o, al menos, al que se registraban. Con el tiempo, pensaban: "Si la organización Cisneros puede ayudarme a conseguir una cita tan rápidamente, quizá sea bueno hacer negocios con ellos". Estoy seguro de que otras personas hacían lo mismo, pero esto garantizaba que no nos ignoraran.

Adaptamos nuestro enfoque en Nueva York, pero con el mismo objetivo de nutrir las redes. En Nueva York era diferente. En Nueva York todo son negocios, hechos concretos. Es una ciudad tan dura que con una sonrisa extra se sale airoso.

Ayudar a alguien, encontrar una solución, hacerle la vida más fácil o más agradable. Si una conexión empieza de forma amistosa, es mejor para todos. Y crea una oportunidad para hacer negocios. Si alguien me necesita, me llamará. Dirán: "Gustavo podría ser un buen socio".

En ese entonces no lo llamábamos poder blando, pero eso era. Empieza con el trabajo gratuito y se alimenta con lealtad y paciencia. Las cosas cambian, la gente entra y sale del poder, pero nunca la descartamos ni la perdimos de vista. El poder blando nos permitió aprovechar un enorme caudal de ideas, influencias y conexiones.

Le pedí a William Luers, exembajador estadounidense en Venezuela, que describiera sus impresiones sobre cómo alimentamos nuestras redes a través del poder blando. Esto es lo que dijo:

> Desde mis primeros encuentros con Gustavo y Patty Cisneros en otoño de 1978, tras llegar a Caracas como nuevo embajador estadounidense, me di cuenta de que tenían una misión: influir en la forma en que los líderes políticos, empresariales e intelectuales norteamericanos pensaban sobre Venezuela y América Latina.
>
> Su primer objetivo era crear oportunidades para que destacados estadounidenses que nunca habían estado en Venezuela o en América Latina vivieran directamente la experiencia venezolana

y aprendieran de primera mano de las visitas con líderes culturales, intelectuales y políticos. El simposio organizado por la Fundación Diego Cisneros sobre "Autocracia, democracia y totalitarismo" fue un ejemplo perfecto. Los participantes, entre los que se encontraban muchos líderes de opinión que hasta entonces sabían poco o nada sobre Venezuela, se familiarizaron con los problemas de las naciones sudamericanas. Al regresar a Estados Unidos, comunicaron lo visto y escuchado, contribuyendo así a una mejor comprensión de la realidad venezolana y latinoamericana.

Gustavo había aprendido mucho sobre la vida política e intelectual estadounidense. Hablaba el idioma estadounidense de los negocios y el sector privado, lo que le sirvió de puerta de entrada. Se convirtió en la persona a la que acudían banqueros, periodistas, catedráticos y altos dirigentes políticos estadounidenses, incluidos todos los presidentes de Estados Unidos y sus principales asesores, para tratar cuestiones sobre América Latina. Nadie que yo conociera fuera de Washington o Nueva York tenía una lista tan extensa de personas poderosas. A Gustavo se le abrían puertas que le permitían aprender y escuchar.

Mientras tanto, Patty estaba decidida a concienciar a la gente de que el "arte latinoamericano" del siglo XX era más amplio, rico e influyente que la obra de los grandes muralistas mexicanos y la popular Frida Kahlo. A través de un activo compromiso filantrópico con la formación de curadores sobre arte latinoamericano, amplió enormemente la capacidad de los grandes museos para conocer y exponer con mayor conocimiento las obras realmente innovadoras de Suramérica.

No he visto en toda mi carrera diplomática un compromiso tan exitoso de una familia en pos de la educación del mundo. Nunca sentías que te estaban vendiendo una mercancía sobre Venezuela. Al contrario, Gustavo y Patty abrieron puertas y mentes.

* * *

“Mantenerse al corriente de la gente que hace las cosas importantes”

Aprendí de David Rockefeller el arte de mantener los contactos. La gente tiende a cambiar de trabajo o de puesto cada cinco o diez años: En países de ritmo rápido, como Estados Unidos, la gente cambia de trabajo, incluso, más rápido. La gente también entra y sale de los consejos filantrópicos, aunque más lentamente. En cualquier caso, hay que mantenerse al corriente de las personas que hacen las cosas importantes.

No me refiero a los que están en la cima. Pero las personas que están por debajo de ellos desaparecen, y esas son encargadas de los detalles de los acuerdos empresariales, las personas con las que se negocian los detalles. Hay que conocerlos y saber quién será su sustituto, y entablar una relación con ambos.

Mi padre solía aconsejarme que tuviera paciencia, así que aprendí a actuar a largo plazo. Hablaba con las personas, las escuchaba y aprendía sobre ellas: sus puntos fuertes y los débiles, lo que les gustaba y lo que no, cuál era su sentido del humor. Sabía que cuando una persona inteligente y ambiciosa desarrolla una carrera profesional rápida, es probable que su empleador actual la ascienda o que salte a un puesto mejor en otro lugar. Cualquiera de las dos opciones les abre las puertas a nuevas oportunidades. Así que después de una reunión yo siempre mantenía contacto por escrito, para conservar abiertos los canales de comunicación. Ese era el consejo de David Rockefeller: hacer seguimiento, hacer seguimiento, hacer seguimiento.

Y que mantuvieras un archivo. Siempre guardaba un archivo de personas que podrían ser buenas contrataciones o convertirse en socios comerciales o proporcionar una vía para proyectos filantrópicos. El archivo contenía información pública:

cumpleaños, aniversarios, registros de reuniones, descripciones de relaciones comerciales, regalos dados y recibidos, y relaciones familiares, así como mis impresiones personales. Además, siempre me fijo en lo que la gente hace fuera de los negocios. Quiero tener una idea completa de la persona, lo cual me proporciona más contexto.

Gracias al archivo, cuando vuelvo a encontrarme con una persona después de un tiempo, puedo mencionar un detalle personal para demostrar que realmente la recuerdo. En el caso de las relaciones más estrechas, el archivo me recuerda que debo enviar una tarjeta o un pequeño regalo.

Cultivar una red de relaciones era una lección que tanto David Rockefeller como mi padre recalcaban con frecuencia. Para ellos era una ley tan natural como la Primera Ley de la Termodinámica de Newton: Las relaciones siempre deben construirse y cultivarse; nunca deben destruirse.

* * *

"Hay que darle un respiro al cerebro"

Cuantas más responsabilidades se tengan, más importante es tomarse un descanso. Mi padre me dio una buena perspectiva de cómo hacer las cosas —y de cómo no hacerlas—. No cuidó su estrés como debía y, en consecuencia, sufrió un derrame cerebral tremendo. Fue una gran lección para mí.

Mi cerebro nunca está completamente apagado, pero mis mejores ideas surgen cuando hago ejercicio o descanso. Me relajo estando activo. Creo que los deportes son lo mejor para mí: pádel, natación, bicicleta, ejercicio en el gimnasio. La actividad física libera endorfinas y me hace pensar con más lucidez. También incluyo deliberadamente una pausa en mi agenda diaria. Creo que es como poner el cerebro a fuego lento, en vez de mantenerlo en ebullición.

Me gusta hacer siestas de 20 minutos; normalmente, por la tarde. Las siestas son importantes. Te dan una nueva perspectiva cada vez que te despiertas. Es una forma natural de recargar las pilas. Y no cuesta nada. Las mejores siestas del mundo son en una hamaca (si no se tiene hamaca, hay que pensar en comprar una). Pero a veces, cuando estoy en Nueva York y paseo por la ciudad, me meto en una iglesia para echar una *cabezadita* (incluso, lo he hecho en la catedral de San Patricio).

Como cualquier hábito, hay que trabajar en ello. Mi padre estudió yoga con Indra Devi, un gran yogui, y yo asistí a muchas de sus sesiones. También he meditado con el Dalái Lama. Eso me llevó a aprender técnicas para no obsesionarme con los problemas. Cierro los ojos, respiro profundamente, me concentro en mi respiración y muy pronto estoy desconectado.

* * *

"Maneja tu negocio, no dejes que tu negocio te maneje"

Las siestas son un descanso rápido y barato, pero también hay que tomarse vacaciones más largas para poner el cerebro en un plano totalmente distinto. Al principio, Patty se enfadaba porque nos íbamos de vacaciones que no nos podíamos permitir. Yo le decía: "Patty, se amortizará con ideas". Y así fue.

Una de sus anécdotas favoritas proviene de una de nuestras primeras vacaciones. Voy a dejar que sea ella quien la cuente:

> Era 1973. Los competidores de Gustavo querían acabar con él y yo estaba recién embarazada. Llevábamos más de dos años sin

> tomar vacaciones desde que nos casamos y Diego había sufrido el derrame cerebral. Gustavo dijo: "Patty, necesitamos descansar. Vamos a hacer un crucero a Nueva York".
>
> A Gustavo no le gustan los espacios pequeños, así que reservamos una pequeña *suite* en el Queen Elizabeth. Cuando abrimos la puerta de la suite, descubrimos que constaba de una habitación con un ojo de buey, un armario y dos camas estrechas. ¿Se suponía que íbamos a quedarnos allí dos semanas y media? Imposible.
>
> Gustavo habló con el sobrecargo. Lo único disponible era la Suite Queen Mary. Tenía dos pisos con balcones (en aquella época, los barcos no tenían balcones) y un mayordomo privado. Gustavo dijo: "¡Es perfecta!".
>
> Eché un vistazo al precio de la habitación, que estaba indicado detrás de la puerta del baño y casi me vuelvo loca. Costaba 50.000 dólares. No teníamos tanto dinero. Pero Gustavo dijo: "¡No, no, no! Nos quedamos aquí". Así que lo hicimos.
>
> Y el caso es que descansó, puso en orden sus ideas y, cuando regresamos a Venezuela, siguió haciendo todo lo que hacía.
>
> El colmo de la historia es que cuando Gustavo fue a pagar, los de Cunard se disculparon por haberse equivocado y solo nos cobraron por la habitación original. Ojalá nos lo hubieran dicho antes. ¡Yo estuve sufriendo todo el tiempo!

Tras la muerte de mi padre, en 1980, me di cuenta de que necesitaba relajarme más. No se me malinterprete: me encanta mi trabajo, pero podría trabajar sin parar, y eso no es sano. No quería tener un derrame cerebral, como mi padre. Derald Ruttenberg me dio un consejo inestimable: "Gustavo, necesitas un poco de negocios de ocio en tu vida". Al principio, "negocios de ocio" significaba ir de pesca o de caza, por ejemplo, a Islandia, Alaska o Escocia. Pasé a formar parte de un círculo de personas que, aunque eran poderosos hombres de negocios, no se relacionaban por negocios, sino por placer: Alfred Taubman y Don Kendall, de PepsiCo; Vernon Jordan y Jim Wolfensohn, del Banco Mundial; los hermanos Walton, de Wal-Mart; Leonard Lauder, y Henry Kravis, por nombrar algunos, así como los expresidentes estadounidenses Jimmy Carter y George H. W. Bush.

En el transcurso del tiempo, algunos me dieron consejos empresariales muy sabios y acabé haciendo tratos con otros. Por ejemplo, los hermanos Walton vinieron a Venezuela a pescar conmigo en el Amazonas antes de que hiciéramos negocios juntos. Por eso, cuando compramos Spalding y Evenflo, sabía que podía hablar con ellos. Lo que dijeron confirmó que teníamos que cerrar las plantas de producción estadounidenses y trasladarlas primero a Tailandia, y luego, a China. Eso nos dio una ventaja gigantesca y nos permitió convertirnos en líderes mundiales de productos deportivos. Y fue gracias a las conexiones establecidas en los negocios de ocio.

Pero los negocios no eran lo importante. Confiábamos y nos respetábamos mutuamente, y éramos capaces de relajarnos juntos. Nos convertimos en algo más que compañeros: éramos camaradas. Yo les correspondí acogiéndolos en Venezuela: en Los Roques, para pescar macabí, y en el campamento de Manaka, en la región amazónica venezolana, para pescar pavón. Pronto me di cuenta de que, si iba a llevar a gente importante a la selva, necesitaba crear una organización profesional, con alguien al mando en quien confiar plenamente. Esa persona era Johnny Fanjul, un antiguo compañero del Babson College. Puse literalmente mi vida, y las de mis invitados, en sus manos.

Johnny organizó los viajes más increíbles al Orinoco. Íbamos en helicóptero, siguiendo el río, porque no había satélite ni radiofaro para la navegación, y luego pasábamos a las piraguas.

Nuestros guías eran: Charles Brewer-Carías, famoso explorador y naturalista venezolano; Mark Moffett, biólogo especializado en la ecología de las copas de los bosques tropicales, y Napoleon Chagnon, antropólogo y principal experto en las tribus yanomami. Visitábamos el *shabono* de una tribu —la vivienda comunal, en forma de rosquilla, que era el corazón de una aldea— y pasábamos tiempo con indígenas cuyo modo de vida estaba en peligro de extinción. Dirigentes de países y empresas multinacionales iban a hablar con el jefe de la tribu, para comparar las diferencias y las similitudes de sus funciones y sus responsabilidades[37].

Uno de los viajes más fascinantes fue con David Rockefeller. En medio de la selva hay mesetas llamadas *tepuyes*. Algunos se elevan a cientos de metros de altura, y otros tienen sumideros que se formaron hace millones de años. Cerro Sarisariñama es un *tepuy* de más de 300 metros de altura y un sumidero dos veces mayor que el Empire State Building. Se calcula que se hundió hace más de dos millones de años, antes de la separación de las placas continentales. El piloto del helicóptero nos bajó en una cesta de carga, cuatro personas a la vez, al interior del sumidero, entre paredes tachonadas de nidos de guacamayas, con plumas de brillante color rojo escarlata y azul zafiro.

Fueron experiencias únicas e inolvidables. Como dijo Derald Ruttenberg de uno de nuestros viajes, "¡Estoy tan emocionado de estar aquí que me estoy haciendo en los pantalones!".

---

37 Estos viajes a la selva contribuyeron a crear la Colección Orinoco, dentro de la Colección Cisneros, que ahora comprende más de 1.200 objetos etnográficos y documentación de doce comunidades indígenas habitantes de la cuenca venezolana del río Orinoco. El mundo indígena estaba desapareciendo tan rápidamente que nos pareció de vital importancia preservar los artefactos de su cultura. En la actualidad, esta es una de las colecciones de arte indígena del Amazonas más completas del mundo.

Al principio, llamábamos a los viajes *el deslumbramiento*, pero luego, por Derald, los apodamos negocios de ocio. Incluso mandamos hacer un *pin* especial: un mono agachado sobre el globo terráqueo, con la cola enroscada alrededor del ecuador. Lo distribuíamos entre nuestros huéspedes, como recuerdo de estas extraordinarias aventuras.

A veces las vacaciones son un descanso, a veces, una aventura. Sea como sea, dan un respiro a tu cerebro, por eso, estos viajes merecen la pena.

* * *

El 4 de diciembre de 1988 Venezuela reeligió presidente a Carlos Andrés Pérez, quien había presidido el país de 1974 a 1978, los años de mayor auge petrolero. Ahora la situación era muy diferente. A pesar de los controles de precios y las restricciones monetarias, en 1988 la inflación se había disparado a una tasa anual del 35,5 %.[38] Los ingresos del petróleo se desplomaron a 8.000 millones de dólares anuales entre 1986 y 1988: el 43 % menos que en el trienio anterior.[39] Cuando Pérez asumió la presidencia, el 2 de febrero de 1989, Venezuela tenía unas reservas internacionales de solo 300 millones de dólares[40] y se tambaleaba, agobiada por una deuda externa de casi 35.000 millones de dólares.[41]

Pérez se vio obligado a pedir prestado dinero al Fondo Monetario Internacional (FMI), que le exigió drásticas reformas

---

38 Bachelet, Pablo. *Gustavo Cisneros: Pioneer*. Planeta, 2004, p. 110.

39 *Ibid.*

40 https://en.wikipedia.org/wiki/Caracazo

41 Tarver, H. Micheal. *The History of Venezuela*. ABC-CLIO, 2018, p. 149.

económicas y fiscales; especialmente, en la reducción del gasto público. El Plan de Ajuste Económico de Pérez pretendía ser un choque a corto plazo para el sistema. Y lo fue. En lugar de volver a la abundancia del mandato anterior de Pérez, que muchos votantes habían previsto, *el Paquetazo* devaluó aún más el bolívar, aumentó los precios de la electricidad y los servicios públicos, como el teléfono, el agua y el saneamiento, y del transporte público, y recortó los subsidios estatales a la gasolina.[42]

El programa de ajuste económico se anunció el 16 de febrero. En una semana, los precios de la gasolina se duplicaron. Las tarifas de los autobuses públicos debían subir el 30 % el 1.° de marzo, pero las empresas de autobuses decidieron aplicar la subida de precios el lunes 27 de febrero, justo la víspera del día de pago en Venezuela.[43] Fue la chispa del polvorín.

El 27 de febrero de 1989 estalló una oleada de disturbios, saqueos y tiroteos en Guarenas, a 30 kilómetros al este de Caracas, y que luego se extendió a Caracas y a todo el país, en lo que se conoció como el Caracazo. El gobierno llamó al Ejército para restablecer el orden. En la represión que siguió, murieron al menos 200 personas —y algunos estiman que hasta 2.000—; la mayoría, a manos de las fuerzas gubernamentales.

Corrió el rumor de que el presidente Pérez había muerto o había sido hecho prisionero, y que los militares estaban tomando el poder. Pérez pidió dar un discurso por Venevisión, algo que apoyamos, porque nuestra democracia estaba en juego. No nos dimos cuenta de que la gente estaba tan enfadada y desilusionada con Pérez que nos iban a meter en el mismo saco. En un abrir y cerrar de ojos, pasamos de ser una de las empresas más admiradas de Venezuela a ser la más vilipendiada.

---

42 *Ibid.*

43 https://en.wikipedia.org/wiki/Caracazo

En las semanas posteriores al Caracazo, todo el país sufrió escasez de alimentos. Nuestra empresa tenía el almacén más grande de Suramérica y el sistema de distribución más extenso para nuestros cientos de tiendas, pero la gente acaparaba productos y las estanterías solían estar desocupadas. Todas las cadenas de supermercados se vieron afectadas, pero la opinión pública, azuzada por la prensa, centró sus ataques en CADA. Lo pasamos muy mal: tres de nuestros grandes camiones de 18 ruedas fueron secuestrados, y uno de los conductores recibió tal paliza que tuvo que ser hospitalizado. Tuvimos que hacer que la Guardia Nacional acompañara nuestros camiones.

Finalmente, se restableció la calma y la empresa se recuperó. Pero los cimientos del país habían sido sacudidos hondamente. La clase política y los *notables* —un grupo de figuras de alto nivel, incluidos empresarios, periodistas, creadores de opinión y líderes intelectuales— pidieron la dimisión de Pérez. Estaba claro que consideraban más importante la oportunidad de echarlo que la de salvar la democracia de nuestro país.

Tenía un mal presentimiento sobre el futuro de mi país y de sus políticos. Pensé: "Si esto es la *crème de la crème* de Venezuela, francamente, la nata se ha agriado". Sentía que las cosas estaban fuera de control, que habíamos perdido la brújula. Todo por lo que mi padre y yo habíamos luchado, todo lo que habíamos construido, se desmoronaba ante mis ojos.

Sabía que íbamos a tener problemas en Venezuela. Cedí por completo al compromiso del Gobierno venezolano de permitir que la economía privada cambiara y creciera. Fue una verdadera prueba, y nuestros políticos habían fracasado.

Le dije a Steve Bandel, que por entonces era el presidente de Cisneros: "No podemos esperar más. Tenemos que reducir nuestro tamaño en Venezuela, y debemos comenzar ahora".

Parte IV

"HUIR HACIA DELANTE", LOS AÑOS NOVENTA

Estar en el mundo de los negocios —y cuantos más negocios, mejor— le da a uno una buena butaca en la sala de teatro. Podía ver lo que pasaba en el escenario después del Caracazo. No había mucho que pudiera hacer desde el público para influir en la trama, pero podía asegurarme de que había una salida clara para nuestras empresas y nuestra gente.

Habíamos celebrado nuestro 60.° aniversario en 1989. Nuestra organización era más grande y más fuerte que nunca. Pero nuestros éxitos ponían de relieve la necesidad vital de permanecer atentos a las circunstancias cambiantes y prepararnos para responder a ellas.

Incluso antes de los acontecimientos de febrero de 1989, habíamos estado considerando la posibilidad de reducir nuestras operaciones en Venezuela. Veinte años antes, cuando tomé las riendas de la empresa de manos de mi padre, nuestro objetivo había sido diversificar nuestros negocios, tanto para ampliar la base de ingresos como para dar más estabilidad a nuestra organización. Primero lo hicimos en Venezuela, incorporando empresas como CADA y O'Caña a nuestros bastiones tradicionales de Pepsi-Cola y Venevisión. Luego nos expandimos a Estados Unidos, con las adquisiciones de All-American Bottling, Spalding y Evenflo. Por último, entramos en Europa con la compra de Galerías Preciados.

Nuestro objetivo de obtener la mitad de las ventas de fuentes internacionales se había cumplido. Al mismo tiempo, habíamos construido un sólido amortiguador contra la agitación financiera en Venezuela, con nuestra estrategia de construir negocios que trajeran bolívares: Maxy's, Pizza Hut, Burger King, y Yukery, que elaboraba productos para bebés, zumos, *ketchup*, leche pasteurizada, chocolate y otros productos.

Pero el mundo estaba cambiando; no solo dentro de Venezuela, sino también fuera. La globalización no era un concepto nuevo, pero los avances políticos, económicos y tecnológicos aceleraron la tendencia. Las grandes multinacionales ampliaban sus intereses en Venezuela. Las marcas de Cisneros, como los helados Tío Rico, Yukery y los productos de belleza Helene Curtis, tenían que competir ahora contra las filiales locales de Unilever, Nestlé, Kraft y P&G. CADA y Maxy's se enfrentaban a Carrefour y Walmart. Sencillamente, no teníamos sus recursos.

Hay un dicho en español: "Huir hacia delante para no repetir los errores del pasado". Una vez más, tocaba cambiar de rumbo y reorientar nuestra organización. Una vez más, experimentaríamos una metamorfosis en nuestro modelo empresarial y financiero. Una vez más, no solo nos adaptaríamos a las circunstancias cambiantes, sino que nos reinventaríamos.

A medida que transcurría la década, no me daba cuenta de hasta qué punto la frase "huir hacia delante" se aplicaría a nosotros. Tampoco podía imaginar cuánto dejaríamos atrás.

* * *

"Virar cuando haya que virar y cambiar cuando haya que cambiar"

A lo largo de 1989 y 1990, Ricardo y yo mantuvimos muchas reuniones con nuestros ejecutivos más competentes, para intercambiar ideas sobre cómo evolucionaríamos. Reducir nuestra presencia en Venezuela exigiría un esfuerzo inmenso. Teníamos que proteger a más de 6.000 empleados, muchos de los cuales vivían en un país con un futuro político incierto. Mi instinto me pedía actuar de inmediato, pero mi mente frenó en seco. Lo último que necesitábamos era dar la impresión de que cundía el pánico. Y, en realidad, no estábamos entrando en pánico, pero sí necesitábamos crear y aplicar una estrategia de salida inteligente.

En diciembre de 1990, invitamos a más de 600 directivos de Cisneros al Hotel Macuto-Sheraton, un encantador balneario cercano a Caracas, para un "encuentro estratégico". Tras el caos de los dos últimos años, queríamos —necesitábamos— asegurarle a nuestra gente, a nuestros socios y a las instituciones con las que tratábamos, que teníamos una visión clara, apasionante y radicalmente distinta sobre nuestro futuro. Queríamos —y de nuevo, necesitábamos— estimularlos a actuar para ayudar a transformar la organización y hacer realidad esa visión.

El primer y más importante cambio que anunciamos fue que ninguna empresa podía depender de un solo país. Ya no era suficiente: en un país pequeño como Venezuela, por ejemplo, ya habíamos agotado ciertos mercados; no había margen para seguir creciendo. Y ya no era seguro: ¿te imaginas que 35 de las 50 mayores empresas de Venezuela fueran propiedad de Cisneros? Piensa en la energía negativa que atraeríamos.

A partir de entonces, decidimos que todas las empresas de Cisneros debían ser internacionales y tener su sede fuera, en Estados Unidos. Podía crecer tanto dentro como fuera de Estados Unidos, o convertirse en una empresa internacional que pudiéramos traer a Estados Unidos. Sin embargo, una empresa que no pudiera internacionalizarse ya no podría justificar su existencia en nuestra organización.

"Todos ustedes están acostumbrados a dirigir empresas que generan bolívares —les dije—. Ahora aprenderemos a generar dólares". Era un cambio con implicaciones radicales. Ya había sido muy caro generar dólares en Venezuela; y después del Caracazo, se había vuelto imposible.

Nuestra organización se había fundado sobre la fórmula de que "El efectivo es el rey". Con la excepción de Venevisión, todas nuestras empresas se habían fundado o adquirido porque podían generar un flujo de efectivo fiable y abundante. El flujo de caja había sido un indicador clave a la hora de decidir una nueva adquisición; nuestro análisis financiero se centraba específicamente en el flujo de caja, hasta el punto de que siempre decíamos a los banqueros que solo compraríamos una empresa si sus beneficios eran suficientes para financiar su propio crecimiento y amortizar todos sus préstamos en un plazo de cinco a diez años. Esa era la esencia de nuestro modelo de compra apalancada, pero eso también tendría que cambiar.

Había visto en Europa y en Estados Unidos cómo gigantes multinacionales de productos de consumo, como Carrefour, Kraft, Unilever y Walmart, aprovechaban su tamaño para erosionar los márgenes de flujo de caja de sus competidores. Sabía lo que pasaría si nos quedábamos con nuestros negocios de productos de consumo: eran tan pequeños que serían asfixiados como un ratón por una pitón.

Algunas de nuestras empresas con sede en Venezuela podían valerse por sí mismas. Entre ellas estaban las franquicias de Pizza Hut, Burger King y Summa Sistemas, la distribuidora de marcas de computadores NCR, Apple y Fujitsu, que eran responsabilidad de mi hermano menor, Gerardo. Mi hermano, 11 años menor que yo, había estudiado en la Universidad de Stanford cuando los computadores empezaban a coger fuerza, y se había quedado fascinado por su potencial. Al igual que nuestro hermano Carlos, era un genio del *marketing* y la distribución. Bajo su dirección, Summa venció a IBM en su propio terreno en Venezuela, y se convirtió en el distribuidor de computadores más importante del país.

Muchos de nuestros otros negocios no pudieron valerse por sí mismos. Atlantis, la empresa que fabricaba mostaza, betún para zapatos y limpiadores domésticos, fue transferida en su totalidad a Yukery, y su centro de distribución fue cerrado. Helados Tío Rico se vendería a Unilever.

No se trataba de una venta relámpago. La idea era reducir nuestra presencia gradualmente, sin una sanción financiera, y lograr las condiciones que queríamos: un buen precio y protección para nuestros empleados. Nos aseguramos de que ellos pudieran quedarse con el nuevo propietario; de lo contrario, les buscaríamos otro trabajo. Era un imperativo: no perjudicar a nadie.

En total, en los cuatro años siguientes se venderían quince empresas; entre ellas, Yukery, e incluso nuestra querida CADA. Sería extremadamente difícil abandonar una parte tan clave de nuestra identidad, pero no podíamos permitirnos ningún tipo de sentimentalismo o nostalgia.

Entonces, ¿cómo se conocería a Cisneros? En vez de fabricar y vender productos perecederos de consumo masivo, adoptaríamos una nueva identidad: entretenimiento mediático masivo a escala regional. Venevisión y Radiovisión serían nuestra plataforma de lanzamiento para un nuevo crecimiento. El concepto *entretenimiento* tampoco se limitaría a la creación de contenidos para un canal de televisión o una emisora de radio: comprendería un universo de productos que apoyaban el entretenimiento, como los refrescos, la cerveza e, incluso, el béisbol.

Este cambio de identidad también supuso el replanteamiento de nuestras fuentes de financiación. Nuestra reputación ante los bancos se había basado en nuestra pericia para generar flujo de caja. Sin embargo, en el sector de las comunicaciones, las empresas no se valoran tanto en función de los ingresos mensuales de los abonados como sí de su potencial para crear valor: ampliando las redes de distribución en múltiples zonas geográficas y llenando esos conductos con contenidos atractivos. Los bancos habían estado encantados de financiar la ampliación de una planta procesadora de zumos, pero era una inversión relativamente modesta, comparada con la creación de una nueva cadena de televisión. Para entusiasmar a los bancos, tendríamos que afianzar nuestras credenciales a una escala mucho mayor.

Habíamos aprovechado muy bien los mercados de capital inversión, y pretendíamos mantener y aumentar ese flujo de inversiones. Además, la venta de All-American Bottling y Galerías Preciados nos había proporcionado un considerable colchón financiero; estábamos preparados para aprovechar otra oportunidad.

Pero también estábamos investigando una nueva fuente de financiación: nuevos socios. No se trataba solo de invitar a socios a participar como inversores pasivos. Necesitaríamos operadores experimentados que pudieran compartir su capacidad intelectual, así como abrir sus billeteras y prestarnos dólares.

Un negocio basado en dólares significaba trasladar nuestra base de operaciones a Estados Unidos. Para lo que pretendíamos lograr, necesitaríamos acceso a mercados más grandes y mayor financiación. Eso sería muy difícil de conseguir en América Latina, así que tenía sentido pensar en términos de dólares estadounidenses y, por tanto, en ser una empresa con sede en Estados Unidos.

Aunque esto implicaba otro cambio significativo para nosotros, ya lo habíamos decidido: íbamos a ser una empresa estadounidense, con balances estadounidenses, costumbres comerciales estadounidenses y ejecutivos estadounidenses que cumplieran los estándares de gestión estadounidenses. De hecho, gran parte de eso ya existía. Lo que cambiaba era la escala.

Como Venezuela era un mercado limitado, teníamos que estar metidos en 50 pequeñas cosas diferentes para crecer, e incluso así, siempre acabábamos chocando contra un muro. El mercado estadounidense era tan enorme que podíamos concentrarnos en menos áreas y hacer más con menos. Y como me había aconsejado Nelson Rockefeller, es mucho más fácil crecer en Estados Unidos porque hay muchos más talentos, los sistemas operativos funcionan y el gobierno es estable.

Nuestra nueva base de operaciones sería Miami, Florida. (La sede de la empresa seguiría en Caracas y nuestra oficina de inversiones permanecería momentáneamente en Nueva York). Venevision International había tenido oficinas en Coral Gables desde 1972, por lo que ya estábamos familiarizados con el clima empresarial del sur de Florida. También había sido una ubicación central para varias operaciones inmobiliarias en las que habíamos participado.

Había un chiste en Latinoamérica por aquel entonces: "¡Miami está tan cerca de Estados Unidos!". Gracias a su importante población de emigrantes cubanos e inmigrantes de América Latina y el Caribe, Miami era un lugar donde se hablaba mucho español y la cultura era muy familiar. Al mismo tiempo, tenía todas las instituciones estadounidenses, que garantizaban seguridad y confiabilidad, con leyes y reglamentos estadounidenses, y sentido del orden, pese a la serie de televisión *Corrupción en Miami* y los libros de Carl Hiaasen. Para los venezolanos que aún no se habían recuperado del Caracazo, Miami ofrecía lo mejor de Estados Unidos, combinado con la sensación de que podían sentirse cómodos y encajar perfectamente en el entorno.

Desde el punto de vista empresarial, la ubicación de Miami era una gran ventaja. Podíamos llegar a todo el mundo sin perder de vista los negocios latinoamericanos. Caracas estaba a solo tres horas de avión y se podía llegar a todas las grandes capitales extranjeras en un vuelo nocturno sin escalas, conexiones que no existían en muchos países latinoamericanos. Al ser un área metropolitana muy grande, ofrecía acceso a un personal internacional y bilingüe acostumbrado a las prácticas y las normas de contratación globales. Y Miami era territorio neutral: no existían las distinciones habituales entre venezolanos y colombianos, argentinos y brasileños o mexicanos y todos los demás. Todos podían trabajar juntos. Miami sería, a la vez, nuestro puente hacia Estados Unidos y hacia América Latina. Estábamos seguros de poder competir desde allí en casi cualquier ámbito que eligiéramos.

Se vira cuando hay que virar y se cambia cuando hay que cambiar. En un momento de confusión, a nuestro pueblo se le dio esperanza. Podría haber sido un trauma sin solución. El cambio seguiría siendo traumático, pero era un trauma con solución.

* * *

A primera hora de la mañana del miércoles 5 de febrero de 1992, me encontraba volando hacia Madrid, desde el Foro Económico Mundial de Davos, cuando el piloto me notificó un mensaje urgente de mi asistente personal: la noche anterior se había dado un intento de golpe de Estado en Venezuela.

En los tres años transcurridos desde el Caracazo, el 27 de febrero de 1989, Venezuela había alternado huelgas, manifestaciones y protestas estudiantiles. En mayo de 1989 se convocó una huelga general para protestar contra el drástico ajuste económico del presidente Carlos Andrés Pérez. En junio de 1990 se produjeron violentas manifestaciones contra la subida de los precios de la gasolina. En marzo del año siguiente, la policía mató a dos estudiantes en Caracas, durante las manifestaciones contra el alto costo de la vida; en noviembre de 1991, otras tres personas murieron durante una manifestación; y en diciembre de 1991 se suspendieron las clases en institutos y universidades, como consecuencia de las protestas que dejaron otro saldo de al menos diez manifestantes muertos a manos de la policía. En enero de 1992 se produjeron manifestaciones en todo el país pidiendo la destitución del presidente Pérez.[1]

Mientras Pérez pregonaba la estabilidad política de Venezuela ante inversionistas extranjeros en Davos, un grupo de oficiales del ejército, dirigidos por el teniente coronel Hugo Chávez Frías, conspiró para capturarlo cuando su avión oficial aterrizara en la Base Aérea Francisco de Miranda, en el centro de Caracas. El plan fracasó porque el avión del presidente llegó al anochecer. La pista de aterrizaje del centro no tenía luces de aterrizaje, por lo que el avión se desvió al Aeropuerto Internacional Simón Bolívar, de Maiquetía, a unos 21 kilómetros de distancia.[2]

Los rebeldes, entonces, atacaron La Casona, la residencia presidencial. Alertado minutos antes del ataque, Pérez consiguió escapar por la ciudad, con los rebeldes pisándole los talones, hasta el Palacio de Miraflores, que alberga las oficinas presidenciales. Mientras un vehículo de transporte de tropas rebeldes atravesaba la puerta principal, Pérez huía, por un túnel secreto, hasta el garaje. Su jefe de estado mayor lo metió en un vehículo blindado y le puso un impermeable para camuflarlo.

---

1 Tarver, Micheal. *The History of Venezuela.* ABC-CLIO, 2018, p. 152.

2 Brooke, James. "Venezuela Recounts How Coup Failed." *The New York Times*, February 6, 1992. https://www.nytimes.com/1992/02/06/world/venezuela-recounts-how-coup-failed.html?searchResultPosition=2

Pasándose semáforos en rojo, el vehículo se dirigió a los estudios cercanos del principal canal de televisión del país, uno que él sabía que apoyaba la democracia: Canal 4, también conocido como Venevisión.[3]

El golpe había comenzado hacia las 9 de la noche. José Antonio Ríos recuerda haber visto aviones volando —"y en Venezuela nada volaba de noche"—, así que supo que algo estaba pasando. En aquel momento, Ríos era el director de operaciones de Cisneros. Cuando empezaron a llegar noticias del golpe, llamó al director general de la emisora, Manuel Fraiz-Grijalba, y al ingeniero jefe, que se dirigieron inmediatamente a los estudios de Venevisión. Fraiz-Grijalba llevó, incluso, a su mujer, lo que resultó ser una decisión inteligente.

Yo ya había llamado a mi hermano Ricardo para advertirle que algo estaba ocurriendo, para pedirle que tuviera cuidado y llegara lo antes posible a los estudios de Venevisión. También había estado en contacto con Fraiz-Grijalba; teníamos un plan para emitir la señal desde Miami, si era necesario, y de diferentes lugares de Sudamérica. Eso era cosa nuestra; era algo que sabíamos hacer.

El carro con Pérez llegó a Venevisión poco antes de la medianoche.[4] A Pérez le dieron una oficina desde donde podía hacer y recibir llamadas telefónicas. José Antonio Ríos ya estaba en línea con la embajada de Estados Unidos. En 15 minutos, Pérez recibió una llamada del presidente George Bush confirmando su apoyo. Una hora más tarde, justo cuando amanecía en Madrid, el presidente del Gobierno, Felipe González, también expresó su solidaridad, al igual que otros líderes internacionales de Europa y América Latina.[5]

---

3 *Ibid.*

4 Bachelet, Pablo. *Gustavo Cisneros: Pioneer*. Planeta, 2004, p. 120.

5 *Ibid.*, p. 121.

Mientras tanto, Ríos y su pequeño equipo trabajaban frenéticamente para hacer posible una transmisión en directo a todo el país en plena noche, a pesar del caos y las interferencias creadas por el intento de golpe. Mi hermano Ricardo manejaba una cámara; la mujer de Fraiz-Grijalba, otra, y el subdirector general, la tercera. El técnico de guardia *pinchaba* la señal y abría el micrófono, mientras que el ingeniero jefe se encargaba de que la transmisión se emitiera no solo por el Canal 4, sino también, por el Canal 2 y el Canal 8, por lo cual llegaba prácticamente a toda Venezuela.

Esto confundió a los insurgentes sobre la verdadera ubicación de Pérez, y aseguró así que Venevisión no fuera bombardeada; al menos, no inmediatamente (más tarde se supo que los insurgentes se dirigieron al Canal 8, el canal estatal, para emitir su propia proclama, pero no pudieron emitirla porque la cinta se había grabado en un formato incorrecto).[6] Pérez apareció en el aire, sentado tras un escritorio en un estudio y demostrando que, a pesar de las declaraciones de los insurgentes, estaba indudablemente vivo. Pero tenía poco más de 70 años, acababa de llegar de Europa en un vuelo de 10 horas y había sobrevivido a múltiples intentos de asesinato. Estaba sudoroso y despeinado y parecía, recuerda Ríos, "totalmente destrozado".

A las 4:30 de la madrugada, Pérez apareció por segunda vez en televisión. Le habían proporcionado una camisa limpia y se había duchado y afeitado. El equipo de Venevisión preparó un estudio más grande y con un escritorio más amplio. Pérez se veía de nuevo como presidente y al mando.

Solo faltaba un elemento clave en la escena: una bandera venezolana para ponerla junto a él. Alguien corrió al almacén

---

6 *Ibid.*, p. 122.

especial, donde se guardan las banderas para los telones de fondo de los noticiarios, cogió una bandera amarilla, azul y roja, corrió de vuelta al estudio y la izó en el asta… solo para descubrir que era la bandera *de Colombia.* (Ambas banderas tienen los mismos colores, pero la anchura de las franjas es diferente. Además, la bandera venezolana tiene un arco de ocho estrellas blancas y un escudo de armas). Luego de una nueva carrera a la unidad de almacenamiento, se fabricó la bandera correcta y se la izó justo antes de que Pérez saliera en el aire.

La segunda emisión marcó la diferencia. Líderes políticos nacionales, dirigentes sindicales y líderes comunitarios vieron el mensaje y empezaron a llegar a los estudios de Venevisión o a llamar a Pérez para reafirmar su apoyo a la democracia. Unas horas más tarde, volvió a entrar en el Palacio de Miraflores y, a las 11:30 de esa mañana, Hugo Chávez se entregó y fue detenido.

Durante toda la noche, Patty atendió los teléfonos, para servir de puente entre la familia y yo, entre nuestros ejecutivos y contactos internacionales y la emisora, y trasmitiendo, de forma calmada y controlada, la información que iba llegando. Eso fue muy importante. Patty era una figura pública bien considerada en Venezuela por su trabajo con Acude y Mozarteum; la familia sabía que yo confiaba en ella al ciento por ciento. Aprovechando esa confianza, ella era el mejor conducto para enviar información mía a personas clave en el país, hasta cuando yo mismo pudiera llegar a Caracas (no bien me enteré de la noticia, al aterrizar en Madrid, hice repostar el avión y volé inmediatamente a Miami. Fui a casa de mi madre, en Coral Gables, evalué la situación y, rápidamente, decidí que mi lugar estaba con Venevisión y mi familia, en Venezuela. Aterrizamos en Maiquetía a primera hora de la mañana siguiente). Hubo mucha improvisación, pero logramos emitir la señal muy rápidamente. Eso fue fundamental para sofocar el golpe.

Venevisión había sido, desde su creación, un defensor inequívoco de la democracia. Cuando se produjo la intentona golpista, no había otra alternativa para mí, ni para nuestra empresa, excepto defender al gobierno. Puede que no apoyara las políticas de Pérez, pero la alternativa era la desaparición de la democracia en Venezuela, de la noche a la mañana. No había elección. Sin embargo, pagamos un alto precio, y más tarde pagaríamos otro aún más alto.

El rechazo popular a Pérez —la respuesta a una combinación letal de corrupción gubernamental generalizada y una política económica tan dura que apenas la mitad de los venezolanos (el 57 %) podía permitirse más de una comida al día—[7] fue tan fuerte que una encuesta realizada poco después de sofocar el golpe reveló que el 81 % de los encuestados tenía "poca o ninguna confianza" en el gobierno de Pérez.[8] Una de las formas como manifestaron su disgusto con Pérez fue rechazando la cadena de televisión que le había servido de plataforma. El número de telespectadores cayó en picada. Venevisión tardaría dos años en recuperar su primer puesto.[9]

Pero el intento de golpe repercutió de maneras más perniciosas y duraderas. Como recordaba José Antonio Ríos, "El día después del 'día después' empezó a correr un rumor: 'Cisneros devolvió a Pérez a la Presidencia'. ¿Cuántos enemigos se gana uno con eso?".

En los meses siguientes se nombró una comisión presidencial para analizar y afrontar los problemas sociales que

---

7 "Venezuela Crushes Army Coup Attempt." *The New York Times*, February 5, 1992. https://www.nytimes.com/1992/02/05/world/venezuela-crushes-army-coup-attempt.html?searchResultPosition=3

8 *Ibid.*

9 Bachelet, Pablo. *Gustavo Cisneros: Pioneer*. Planeta, 2004, p. 123.

condujeron al intento de golpe de Estado[10], pero las propuestas de la comisión no fueron escuchadas ni aplicadas con urgencia o eficacia, lo que llevó a la población a una mayor desilusión, una mayor frustración y una mayor desconfianza hacia el gobierno.

Ese mismo año, el 27 de noviembre de 1992, se produjo un segundo intento de golpe de Estado, ahora por parte de oficiales de alto rango de la infantería de marina y las fuerzas aéreas. Una vez más, el apoyo popular fue escaso y la insurrección terminó sofocada. Pero el levantamiento pareció confirmar la creencia de que cuanto más tiempo permaneciera Pérez en el poder, más volátil se volvería la situación política, y más dolorosa, la crisis económica y social.

En marzo de 1993 se inició un proceso de destitución contra Pérez, acusado de malversar 250 millones de bolívares (unos 2,7 millones de dólares) de un fondo presidencial discrecional. Pérez sería destituido definitivamente el 31 de agosto de 1993.

Asociaciones poderosas

Unos 18 meses antes del primer intento de golpe de Estado, habíamos iniciado lo que se convertiría en una reinvención a gran escala de nuestra organización; una reinvención que nos definiría durante las tres décadas siguientes, y que sigue siendo hoy una señal de nuestra identidad.

En noviembre de 1991 dimos nuestros primeros pasos en el campo de las telecomunicaciones con la fundación de Telcel, la primera empresa de telefonía celular de Venezuela. Telcel era una sociedad entre Ricardo, nuestro primo Oswaldo (que fue nombrado presidente) y yo, en una empresa conjunta con el

10 Tarver, Micheal. *The History of Venezuela.* ABC-CLIO, 2018, p. 154.

gigante estadounidense de las telecomunicaciones BellSouth —yo formaba parte del Consejo de Administración— y algunas empresas de telecomunicaciones más pequeñas.[11]

Telcel fue un test práctico para nosotros en muchos sentidos. Encajaba con nuestro sueño de ampliar nuestra presencia en tecnología y telecomunicaciones, en alianza con una gran multinacional que pudiera aportar conocimientos operativos y brindarnos experiencia práctica. Era un negocio que podíamos hacer crecer rápidamente y, con el tiempo, vender por dólares estadounidenses.

El acuerdo también fue la práctica de una nueva forma de financiación para nosotros. Estábamos acostumbrados a gestionar empresas con un flujo de caja importante que, básicamente, podían financiarse por sí solas. Esto era diferente: requería mucho capital por adelantado.

Necesitábamos entender cómo configurar la estructura financiera de la empresa para poder pedir prestadas cantidades de dinero mayores que las que acostumbrábamos. Eso significaba que necesitábamos una nueva fuente de inversión: no un banco o una compra apalancada, sino una gran empresa que quisiera asociarse a nosotros y arriesgar el pellejo. Esta sería una receta para transacciones más ambiciosas en los próximos años.

Telcel se convirtió en la principal empresa de telefonía móvil de Venezuela. Pero el éxito de Telcel también fue agridulce. Fue una de las últimas operaciones de "los tres amigos": Oswaldo, Ricardo y yo. Nos habíamos complementado muy bien, pero habíamos llegado a un punto de nuestras vidas (nos

---

11 "US$20 million line of credit for Telcel Celular of Venezuela." CAF Development Bank of Latin America. January 31, 1992. https://www.caf.com/en/currently/news/1992/01/us-20-million-line-of-credit-for-telcel-celular-of-venezuela/

acercábamos a los 50) en el que empezábamos a tomar rumbos diferentes.

Oswaldo era como otro hermano. Se le daban muy bien las operaciones cotidianas y las finanzas, y fue uno de los impulsores para que nuestro negocio de embotellado de Pepsi y jugos Hit siguiera siendo tan rentable. Pero después de haber vendido el negocio de embotellado a Coca-Cola, en 1996 —y que describiré más adelante—, Oswaldo quiso hacer una gran apuesta en el sector petrolero de Venezuela. Yo siempre había querido entrar en el negocio del petróleo, pero no creía que la política del país fuera lo bastante fiable como para arriesgarme en aquel momento. Oswaldo quería arriesgarse. Intenté convencerlo de que no lo hiciera, pero era testarudo, una cualidad que lo había convertido en un buen homólogo mío. Nos separamos amistosamente y siempre nos mantuvimos muy unidos.

Ricardo también quería tomar un rumbo diferente. Se había dedicado a trabajar para la organización desde cuando se licenció en Babson College, aunque, a diferencia de mí, nunca se sintió cómodo trabajando sin parar. Buscaba relajarse cada vez más y disfrutar de la vida mientras fuera todavía lo bastante joven para hacerlo. Poco a poco iría dando un paso al lado, y tras una complicada separación, acabó retirándose oficialmente de la organización en 2008.

Hay asociaciones que uno desearía que duraran por generaciones. Pero cuando no hay la misma voluntad de continuar, lo mejor para ambas partes es separarse.

* * *

"Los buenos socios ofrecen la oportunidad de algo más grande y diferente"

Cuando me puse al frente de Venevisión en 1970, tenía una visión clara de nuestra misión: quería convertir el negocio en una empresa de alcance regional, e incluso, mundial. Y, ¿cuál sería el motor que nos impulsaría? El amor o, más exactamente, las historias de esperanza y desamor encarnadas en las telenovelas.

Gracias a *La Revancha, Las Amazonas*, *Cara Sucia*, *Esmeralda* y otras telenovelas, a principios de los años noventa teníamos una fantástica tarjeta de presentación: una de cada cuatro telenovelas transmitidas al mundo hispanohablante era producida por Venevisión, con mercados adicionales en Turquía, Grecia, Hungría y Filipinas.[12] Entre 1991 y 1992, las ventas de Venevision International aumentaron en el 150 %.[13]

Cuando nos fuimos acercando al 50 % del mercado en Venezuela, empecé a buscar oportunidades de crecimiento fuera del país, pero todavía en América Latina: en Perú, Argentina y Brasil, por nombrar algunos. Pero me encontré con una situación similar a la de Venezuela: el tamaño del mercado era tan limitado que el crecimiento de una empresa se producía a expensas de su competencia, lo que, a su vez, alteraba el equilibrio político.

Pensé: "Vamos por todas. Entremos en el mercado más grande y con mayor margen de crecimiento, un mercado en el que pudiéramos marcar la diferencia con los productos y el talento que teníamos". Realmente solo había un candidato. Pensé: "¿Y si nos trasladamos a Estados Unidos?". No fui la primera persona a la que se le ocurrió esta idea.

---

12 Bachelet, Pablo. *Gustavo Cisneros: Pioneer*. Planeta, 2004, p. 126.

13 *Ibid.*

Emilio Azcárraga Milmo era un empresario mexicano y el principal accionista de Televisa, el homólogo mexicano de Venevisión. En 1991, Televisa controlaba el 97 % del mercado mexicano y exportaba unas 38.000 horas de programación; sobre todo, en noticiarios y telenovelas.[14] Azcárraga también vio en la expansión a Estados Unidos un paso natural. Sin embargo, ya lo había intentado unos 20 años antes, y se había quemado fuertemente.

En los años setenta, Azcárraga lanzó Spanish International Network (SIN), un canal para llevar la programación de Televisa a los millones de hispanohablantes que vivían en Estados Unidos. Sin embargo, la legislación estadounidense exigía que los canales —como NBC, ABC o SIN— fueran propiedad independiente de la red de emisoras que distribuían las señales en cada ciudad. Sin el control de las emisoras, no había garantía de que emitieran la programación de SIN.

En consecuencia, Azcárraga se asoció a un grupo de inversores bajo la dirección de René Anselmo, empresario de la radiodifusión, para fundar la Spanish International Communications Corporation (SICC). Esta empezó a comprar emisoras para emitir la programación del SIN a una población hispana que crecía rápidamente: de 9,6 millones en 1970 a 14,5 millones en 1980 y que se dispararía a 22,6 millones en 1990.[15] A mediados de los ochenta, SICC/SIN contaba con más de 400 emisoras de radio, televisión por satélite y cable.[16] El futuro parecía prometedor.

---

14 *Ibid.*, p. 129.

15 "U.S. Hispanic population surpassed 60 million in 2019". Pew Research Center, July 7, 2020. https://www.pewresearch.org/fact-tank/2020/07/07/u-s-hispanic-population-surpassed-60-million-in-2019-but-growth-has-slowed/

16 Johnston, David Cay. "Rene Anselmo, 69, the Founder of A Satellite Network, Is Dead." *The New York Times*, September 21, 1995. https://www.nytimes.com/

En 1986, SICC se estrelló contra un muro. La Comisión Federal de Comunicaciones (FCC por sus siglas en inglés) dictaminó que la estrecha relación de la corporación con la familia Azcárraga infringía las normas sobre la propiedad de cadenas estadounidenses por parte de extranjeros.[17] La FCC se negó a renovar las licencias de las emisoras de SICC, y Anselmo se vio obligado a vender SICC a una empresa estadounidense. El comprador fue Hallmark Cards, Inc.

Hallmark, uno de los principales fabricantes de tarjetas de felicitación y artículos de papelería, también era conocida por sus películas para televisión, galardonadas y a menudo lacrimógenas. (*Hallmark Hall of Fame*, emitida por primera vez en 1951, fue la serie de mayor duración en horario de máxima audiencia de la historia de la televisión).[18] Recientemente se había embarcado en un ambicioso programa de diversificación, y los programas de televisión dirigidos a la floreciente audiencia hispana encajaban perfectamente en su estrategia. Hallmark comenzó a adquirir emisoras SICC adicionales no contempladas en la compra original, incluida la compra de SIN a Televisa. En 1987, la empresa —incluidas las emisoras de televisión y la red— pasó a llamarse Univisión.[19]

Hallmark tenía poca experiencia en el diseño de programas para hispanos. Lanzó versiones en español de éxitos en inglés como *Saturday Night Live*, *Entertainment Tonight*, *The People's Court* y varios programas de entrevistas y programas de varieda-

---

1995/09/21/obituaries/rene-anselmo-69-the-founder-of-a-satellite-network-is-dead.html

17 *Ibid.*

18 "Hallmark Hall of Fame." Wikipedia. https://en.wikipedia.org/wiki/Hallmark_Hall_of_Fame#History

19 "The History of Serving Hispanic America." Univision Communications. https://corporate.univision.com/timeline/#close

des con celebridades de la farándula. Contrató a más corresponsales de noticias y se hizo famosa por su cobertura de la actualidad latinoamericana.[20] Sin embargo, los nuevos programas no eran tan populares como las telenovelas de Televisa o los programas de Venevisión, y los gastos de desarrollo de contenidos originales no se correspondían con los ingresos publicitarios. Impulsar las ventas, en un intento de llegar a un público más amplio, exigía gastos aún mayores. El flujo de caja no era suficiente para pagar la deuda que Hallmark había contraído para financiar la compra de Univisión.

El problema de Hallmark era una oportunidad para nosotros. Habíamos estado observando de cerca tanto a Univisión como a Telemundo, su competidor en Estados Unidos. Sin embargo, Telemundo solo tenía siete emisoras, mientras que Univisión tenía trece, además de un mayor número de canales afiliados.[21] Eso significaba que, por muy popular que fuera la programación de Telemundo, carecía de una cobertura tan amplia como la de Univisión y, por consiguiente, nunca podría hacerse con la mayor parte de los dólares de publicidad.

Venevisión ya había vendido programación a Univisión, pero no teníamos contenidos suficientes para llenar una cadena entera. Sin embargo, si nos asociábamos a Televisa, entre las dos empresas lo lograríamos. Y con nuestra sólida experiencia de gestión combinada y la calidad de nuestra programación —especialmente, las telenovelas—, podríamos convertir esa cadena en la número uno.

Conocía y admiraba a Emilio Azcárraga. (Entre nuestras diversas conexiones, también fui miembro del Consejo de

---

20 https://www.company-histories.com/Univision-Communications-Inc-Company-History.html

21 Bachelet, Pablo. *Gustavo Cisneros: Pioneer*. Planeta, 2004, p. 131.

Administración de Televisa). Sabía que, así como yo quería expandirme fuera de Venezuela, él también quería independizarse de México. Compartíamos intereses y el gusto por el buen tequila. Lo invité a mi casa en la República Dominicana, donde almorzamos abundantemente, bebimos muchos tequilas —de algún modo, me mantuve en pie— y acordamos la idea.

Transformar la idea en realidad fue un ejercicio de poder blando y pragmatismo puro y duro. Pedí consejo a algunos buenos amigos de Washington DC sobre cómo estructurar el acuerdo para obtener la aprobación de la FCC. "¿Vas a hacerte ciudadano estadounidense?", me preguntaron. (Por aquel entonces, se necesitaba un pasaporte estadounidense para comprar o poseer más del 20 % de una cadena estadounidense. Eso era lo que había hundido a Azcárraga y a SICC). Les dije que no. "Entonces busca a un estadounidense para que sea el titular de las licencias; preferiblemente, un republicano". (Sabían que sería más fácil conseguir la aprobación de la FCC para un republicano bajo una administración republicana).

Carlos Barba, a quien hacía poco habíamos contratado como presidente de Venevision International, había dirigido anteriormente el Canal 47 de Nueva York, una de las principales cadenas en español de Estados Unidos. Bajo su dirección, el Canal 47 había eclipsado al canal SIN en índices de audiencia en horario de máxima audiencia. Barba sugirió que nos pusiéramos en contacto con el propietario de la emisora: A. Jerrold Perenchio.

Jerry Perenchio había trabajado en MCA (Music Corporation of America), con el legendario Lew Wasserman, antes de convertirse en un prestigioso agente de talentos, para luego dedicarse a la televisión y el cine. Nunca se había molestado en aprender español, pero estaba convencido de que la televisión en español tenía un futuro prometedor en Estados Unidos. Y era un republicano convencido.

Fui a verlo y le dije: "Jerry, Emilio Azcárraga y yo estamos pensando en comprar Univisión. Creemos que eres la persona adecuada para ser el presidente y CEO". Él me contestó: "¡Detesto a Azcárraga! ¡Jamás!". Entonces, fui a ver a Emilio en México. Le dije: "Emilio, esta es la manera de trabajar en Estados Unidos. He encontrado a un republicano, un ex agente de talentos, que trabajó para Lew Wasserman, se llama Jerry Perenchio". Azcárraga me dijo: "¿Ese hijo de puta? ¡Odio a ese tipo!".

Cuando salí de esta reunión, llamé a Bob O'Hara, mi abogado en Milbank and Tweed y le dije: "¿Puedes redactar un contrato que proteja a la empresa contra el mal humor entre estos dos? No me importa si tenemos que gastar todo el dinero del mundo, pero asegúrate de que, si se pelean, no pase nada". Bob prometió que lo haría, y Azcárraga, Perenchio y yo nos reunimos. Ese primer encuentro fue terrible, se la pasaron discutiendo sobre el pasado y sobre quién hizo qué a quién. Al final, les espeté: "¡Basta ya de hablar del pasado! Hablemos del futuro".

Finalmente lo hicimos, y el resultado fue que acordamos comprar Univisión a Hallmark por 550 millones de dólares.[22] Solo 100 millones eran en efectivo; el resto se cubriría con deuda que asumiríamos.[23] Perenchio recibió el 75 % de la propiedad de las emisoras —el antiguo SICC— y el 50 % de la cadena SIN; Azcárraga y Venevisión se repartieron el resto, además de recibir *warrants* que nos permitían adquirir el 50 % del grupo de emisoras si las leyes estadounidenses cambiaban para permitir una mayor participación extranjera en los

---

22 https://www.company-histories.com/Univision-Communications-Inc-Company-History.html

23 Bachelet, Pablo. *Gustavo Cisneros: Pioneer*. Planeta, 2004, p. 133.

medios de radiodifusión y televisión.[24] Perenchio sería cogestor; además, había una contrapartida para proteger a los socios minoritarios: Perenchio no podía vender la operación sin la aprobación de Azcárraga y Cisneros, y había límites a la cantidad de deuda que la empresa podía asumir.[25]

Gastamos millones en los mejores abogados, debido a la animadversión subyacente entre Azcárraga y Perenchio. Tuvimos que poner todo por escrito para que Azcárraga no pudiera despedir a Perenchio, y viceversa. Por ejemplo, los socios tenían que ponerse de acuerdo en cuestiones tan mínimas como la elección de los gerentes de la emisora local más pequeña. Y había que planificar las reuniones entre ellos para que no duraran más de 25 minutos, porque después de media hora en compañía el uno del otro, explotaban.

Empezaron a pelearse antes de que se secara la tinta del contrato, pero no importaba: teníamos un manual de normas tan grande como la vieja guía telefónica de Manhattan y teníamos a Bob O'Hara para obligarlos a cumplirlas. La FCC aprobó la venta el 30 de septiembre de 1992.[26] Ahora éramos propietarios de la primera cadena en español en el mayor mercado hispano fuera de México.

Es difícil subestimar la importancia de la adquisición de Univisión para Cisneros. Desde un punto de vista puramente financiero, la venta de programación de Venevisión a Univisión sería, durante muchos años, una fuente de ingresos para Cisneros. Participar en la mayor cadena de habla hispana de los

---

24 https://www.company-histories.com/Univision-Communications-Inc-Company-History.html

25 Bachelet, Pablo. *Gustavo Cisneros: Pioneer*. Planeta, 2004, p. 133.

26 "FCC Approves Sales of Univision Stations." *UPI Archives*. https://www.upi.com/Archives/1992/09/30/FCC-approves-sale-of-Univision-stations/8887717825600/

Estados Unidos impulsó la prominencia de Cisneros a una escala mucho mayor, y no solo en Estados Unidos. Supuso un potencial trampolín para la expansión, como mínimo, en América Latina y, tal vez, incluso en España.

Entre 1990 y 2000, la población hispana de Estados Unidos creció más del 50 %, al pasar de 22,6 millones a 35,7 millones.[27] Un año después de nuestra adquisición, Univisión invirtió su flujo de caja, que se encontraba en caída; su EBITDA (beneficios antes de intereses, impuestos, depreciaciones y amortizaciones) casi se duplicó, pues pasó de 34 millones de dólares en 1992 a 60 millones en 1993.[28] En los cinco años siguientes a nuestra adquisición, la cuota de Univisión en la televisión en español en Estados Unidos creció del 57 % al 83 %.

Cada una de sus trece estaciones, así como sus diez afiliadas, ocuparon el primer lugar en audiencia de televisión en español.[29] En 1996, de los 20 programas más vistos por los hispanos, quince eran de Univisión. Un analista de Merrill Lynch señaló: "Nadie se acerca al control del 80 % del mercado del que disfruta Univisión, ni siquiera en el mercado de habla inglesa".[30]

Ese septiembre, Univisión salió a bolsa, a un precio de 23 dólares por acción. En un solo día, el precio por acción se disparó a 30 dólares.[31] Nada mal para una inversión inicial de solo 33 millones de dólares, y la realización de un sueño largamente acariciado.

---

27 https://www.pewresearch.org/fact-tank/2020/07/07/u-s-hispanic-population-surpassed-60-million-in-2019-but-growth-has-slowed/

28 Bachelet, Pablo. *Gustavo Cisneros: Pioneer*. Planeta, 2004, p. 135.

29 https://www.company-histories.com/Univision-Communications-Inc-Company-History.html

30 Bachelet, Pablo. *Gustavo Cisneros: Pioneer*. Planeta, 2004, p. 136.

31 *Ibid.*

De lo que me sentí especialmente orgulloso fue de lo que hicimos por los hispanos en Estados Unidos. Muchos de los nuevos inmigrantes —como los procedentes de Guatemala— estaban marginados en sus países de origen y en sus nuevas comunidades en Estados Unidos, porque no hablaban español con fluidez. Muchos de los mexicanos que llegaron a Estados Unidos en aquella época eran obreros con pocos ingresos y escasa formación. Al no tener una base común de lengua y cultura, se vieron excluidos de la comunidad hispana ya existente. Y con la tecnología satelital e internet aún en pañales, estaban aislados de su país de origen. Si ocurría algo en México o Guatemala, solo se enteraban hasta unos días después.

"Enfócate en lo común", solía predicar mi padre. Nuestra idea era que los hispanohablantes de Estados Unidos debían verse a sí mismos y ser vistos no como mexicanos o guatemaltecos o venezolanos, sino como un solo grupo de personas: latinos. Nos aseguramos de ofrecer a los puertorriqueños de Nueva York, a los cubanos de Miami y a los mexicanos de Chicago temas de conversación comunes y música compartida para salir de fiesta.

También tuvimos que convencer a los anunciantes de que se trataba de un enorme mercado sin explotar y de que poseíamos la fórmula mágica para acceder a él. Y lo conseguimos. Hoy, ese mercado de cultura común y crisol de culturas es enorme. Fuimos los primeros en evidenciar su poder.

Cogimos a un grupo de personas marginadas y las ayudamos a integrarse en la vida estadounidense. Queríamos ser un agente de cambio. El núcleo de esta iniciativa fue nuestra decisión de utilizar un español neutro —como el inglés estándar de la BBC—, en vez del arcoíris fonético del español de Hispanoamérica. Como resultado, Univisión proporcionó a todo el mundo un vocabulario y un lenguaje comunes. Con más de

1.400 emisoras repetidoras en lugares que van desde Dakota del Norte hasta Carolina del Sur, supuso un punto de encuentro común: todo el mundo podía ver el mismo partido de fútbol a la misma hora y en el mismo idioma.

Además, todas las lecciones que habíamos aprendido de Acude las aplicamos en nuestra programación televisiva en Estados Unidos. Nuestros programas animaban a los telespectadores a aprender a leer y escribir, a educarse, a ser buenos ciudadanos y a votar. Gracias a Univisión, se creó conciencia de la existencia del público latino —de hecho, de la identidad latina en Estados Unidos—.

Los buenos socios ofrecen la oportunidad de avanzar hacia algo más grande y diferente. Pero, por supuesto, todo lo bueno se acaba. Emilio Azcárraga murió en 1997, y hubo tensiones entre todos los socios. Mi hija Adriana, cada vez más implicada en la organización, decía que nos habíamos equivocado de negocio: la radiodifusión era cosa del pasado, según decía, y debíamos centrarnos en el mundo digital.

Para entonces, yo ya estaba acostumbrado a la idea de que se compra, se mejora y se vende. Si Univisión hubiera tenido un solo propietario, habría adoptado una visión a largo plazo y la habría mantenido en los buenos y en los malos momentos. Pero uno se debe a sus accionistas y no puede hacer lo que quiera todo el tiempo. A corto plazo, los mercados decían: "Vende". Y yo pensé: "Saquemos nuestro dinero, e invirtámoslo en otra cosa".

En 2007, Univisión se vendió a un grupo de inversionistas por 12.300 millones de dólares.[32] Nuestra inversión inicial de 1992 retornó en el 31 %. (Cisneros no poseía una participación

---

32 Villafañe, Veronica. "Univision is Exploring Selling the Company." *Forbes*, July 3, 2019. https://www.forbes.com/sites/veronicavillafane/2019/07/03/univision-is-exploring-selling-the-company/?sh=37c05751edcc

mayoritaria). Seguimos suministrando contenidos a través de Venevisión hasta 2014, incluida nuestra popularísima telenovela *Eva Luna*, que se emitió de noviembre de 2010 a abril de 2011. Fue este un acuerdo de programación que elevó al 49 % el rendimiento de nuestra inversión.

Seis meses después, la bolsa se hundió y Univisión pasó a valer la mitad de lo que los nuevos dueños habían pagado. Nos habíamos salido justo a tiempo.

* * *

"Hay que asociarse a empresas que puedan enseñarle a uno algo"

Poco después de comprar Univisión, tanto Televisa como Cisneros habían empezado a explorar la idea de crear una cadena de televisión regional. Azcárraga compró canales en Chile y Perú; nosotros, una participación en el Canal 11 de Chile, al que rebautizamos Chilevisión. Pero muy pronto apareció una nueva tecnología: la televisión por satélite (DTH).

Llevábamos más de una década fascinados con la televisión por satélite. En 1986, incluso, pensamos en lanzar un satélite, el *Simón Bolívar*, para prestar servicios de televisión y telecomunicaciones a la región andina y el Caribe. Pero no era factible en aquel entonces: el costo de poner un satélite en órbita superaba los 100 millones de dólares y la vida útil del satélite era de apenas siete años, por no mencionar que los receptores en Tierra tenían el tamaño de una piscina para niños y costaban 3.000 dólares.[33] Los escépticos bromeaban diciendo que la sigla

---

33 Bachelet, Pablo. *Gustavo Cisneros: Pioneer*. Planeta, 2004, p. 151.

de *direct broadcast satellite* (DBS) significaba en realidad "*don't be stupid*" ("no seas estúpido"). Tuvimos que esperar a que la tecnología se pusiera a la altura de nuestros sueños. Pero sabíamos que, cuando lo hiciera, revolucionaría el sector y ampliaría el mercado a escala mundial.

Avancemos hasta mediados de los noventa. Habían aparecido los primeros navegadores de internet: Mosaic y Netscape, y en 1995, Microsoft Explorer. America Online arrasaba en todo el país, con 3 millones de usuarios activos en 1995 y millones de disquetes —¿los recuerdan?— llegando a los buzones de correo cada día.[34] Las dudas sobre el DBS (*Disclosure and Barring Service*) empezaron a disiparse.

Unos años antes, Steven Bandel había visitado Hughes Electronics, para negociar la compra o el alquiler de uno de sus satélites. ¿Por qué Hughes? Porque en aquella época la mayoría de los satélites solo tenían un transpondedor con capacidad para un canal de televisión por transpondedor. Hughes tenía la tecnología para operar un satélite con cuatro transpondedores. Eso significaba que podíamos transmitir Venevisión a Venezuela, Colombia, las Antillas Holandesas y, quizá, a alguno de los países de Centroamérica. Además, Hughes había descubierto la forma de concentrar la señal del satélite para apuntar a puntos muy concretos de la Tierra; en vez de necesitar un receptor enorme, se podía captar la señal con todos los canales en una antena parabólica muy pequeña.

Bandel recuerda:

> Al salir [de las oficinas de Hughes], vi un cartel de DirecTV. Le pregunté a un tipo: "¿Qué es DirecTV?". Me explicó que era un

---

34 Nollinger, Mark. "America, Online!" *Wired*, September 1, 1995. https://www.wired.com/1995/09/aol-2/

servicio basado en una nueva tecnología que enfocaba y multiplicaba la transmisión desde un satélite a geografías específicas, y que una vez que Hughes hubiera adquirido la posición orbital adecuada, planeaban lanzar DirecTV en Estados Unidos y luego quizá en Latinoamérica.

Llamé a Gustavo y le dije: "Tienes que venir aquí. Este es el futuro de la televisión".

Gustavo hizo una presentación e intentó convencer a Hughes de que Latinoamérica era la próxima gran oportunidad. Creíamos que era incluso más prometedora que Estados Unidos por la extensión de su territorio y la falta de cableado para televisión convencional y por cable.

No querían hacerlo.

Pero Gustavo conoce a todo el mundo, así que se presentó ante el Consejo de Administración de General Motors, propietaria de Hughes, para explicar por qué América Latina era una opción razonable. GM volvió a Hughes y le dijo: "Tienes que hacer esto con Cisneros en Latinoamérica".

En marzo de 1995, anunciamos el lanzamiento de DirecTV Latin America, el primer servicio de televisión por satélite totalmente digital y directo al hogar de América Latina.[35] Hughes controlaría el 80 % del negocio; el 20 % restante se dividía entre un socio local en cada país, contratando cada socio una parte diferente del negocio: el Grupo Clarín poseía el 50 % del servicio en Argentina; Santo Domingo, el 50 % en Colombia, y Cisneros, el 100 % en Venezuela.

La firma del contrato con nuestros socios locales se retrasó varios días, porque insistimos en una cláusula que estipulaba

---

35 Bachelet, Pablo. *Gustavo Cisneros: Pioneer*. Planeta, 2004, p. 161.

que un transpondedor del satélite se dedicaría exclusivamente a la programación educativa, y que esta se distribuiría gratuitamente. (En realidad, era la primera cláusula del contrato). Lo utilizamos para crear Cl@se, el primer canal educativo regional en español. Cl@se permitió a profesores y alumnos acceder a programación educativa gratuita en toda Suramérica, incluido el Polo Sur.

En abril de 1995, inicié un viaje por la región para promocionar DirecTV en cada uno de los países donde estaría disponible. Mi hija Adriana, que entonces tenía 15 años, estaba de vacaciones de primavera, y me acompañó. Asistió a muchas de mis reuniones con el socio local y escuchó atentamente. Después hizo muchas preguntas. Me di cuenta de que en realidad entendía de qué se estaba hablando.

Adriana recuerda el viaje como una experiencia que le cambió la vida, no solo desde el punto de vista de los negocios, sino porque también sembró las semillas de su futura red de relaciones:

> Fuimos a todos esos países de América Latina que nunca había visitado. Aprendí el poder de estructurar los negocios desde un punto de vista regional. Como resultado, cuando me convertí en CEO de Cisneros, desde el principio nuestro enfoque fue regional. Y cuando lanzamos nuestro negocio digital —ahora somos la mayor red de publicidad digital de América Latina—, incluso en países en los que el grupo nunca había tenido relaciones comerciales, siempre conocía a una persona de la red de personas con las que crecí en América Latina. Y eso era todo lo que se necesitaba para iniciar conversaciones.

A mediados de 1996 todos los socios se reunieron en Cabo Cañaveral, para asistir al lanzamiento del satélite. Adriana también estuvo allí. Recuerda: "Nunca en mi vida había estado tan nerviosa. Lo sentía en el estómago: la emoción y los nervios". No era la única persona que estaba nerviosa. Los lanzamientos implicaban un gran riesgo. Nuestro principal competidor, Sky, de Rupert Murdoch, que se había asociado con el conglomerado brasileño Grupo Globo, y el mexicano Emilio Azcárraga pretendía poner en órbita su satélite antes que nosotros, pero se estrelló durante el lanzamiento, lo que supuso una valiosa pérdida de tiempo y de millones de dólares.

Adriana comenta: "Recuerdo que me sorprendió mucho el precio del seguro, y que nuestros socios brasileños decidieran correr el riesgo de no pagarlo. En lugar de eso, todos llevaban pulseras de cuerda con pequeños nudos para dar buena suerte. Incluso ataron algunas al lanzador del satélite. Era su póliza de seguros".

Los amuletos de la buena suerte debieron de funcionar, porque el lanzamiento fue impecable. DirecTV se puso en marcha transmitiendo 300 canales (con potencial para 600); todos, disponibles con alta calidad digital, a través de una pequeña antena parabólica instalada en los tejados de las casas.

Por supuesto, hubo muchos fallos y contratiempos, y aprendimos muchas lecciones útiles. Lo más importante fue que aprendimos sobre el negocio de los satélites de la mano con una empresa extraordinaria, y Adriana lo comprobó de primera mano. Esa experiencia fue valiosísima, para nosotros y para ella. No exageramos si decimos que marcaría el rumbo futuro de nuestra organización.

Otra lección fue la dinámica de asociación *push-me/pull-you*. Como la televisión satelital eran un sector y una tecnología nuevos para nosotros, al principio dejamos que Hughes tomara la iniciativa de vender el servicio a los consumidores. Su manera de operar en Estados Unidos dictaba que el equipo se vendiera en tiendas especializadas, como RadioShack o Circuit City. A Hughes le convenía, porque así DirecTV evitaba contratar vendedores y trasladaba a la tienda el costo del inventario.

La estrategia funcionó en Vermont, pero fracasó en Venezuela. Las tiendas especializadas, simplemente, no existían. El canal de ventas convencional estaba debilitado por la televisión pirata. Además, había un problema básico: muchos venezolanos no entendían el concepto *televisión de pago* ni, mucho menos, las ventajas del "directo al hogar", el "digital" y el "pagar por ver", pues la televisión por cable tradicional tan solo llegaba al 3 % del público televidente.[36]

Hughes insistió en seguir el modelo estadounidense. El resultado: aunque el plan de negocios preveía vender 3.000 suscripciones al mes, solo se vendieron 300.[37] Necesitábamos un modelo de ventas diferente: en vez de esperar a que los consumidores vinieran a nosotros, teníamos que ir a ellos. Hughes se resistió al principio, pero nosotros insistimos.

Víctor Ferreres había sido designado por Cisneros para dirigir DirecTV en Venezuela. Como presidente de nuestra franquicia de computadores Apple en Venezuela, sabía cómo vender allí un producto de alta gama. Ferreres instaló quioscos en centros comerciales de lujo, frecuentados por personas que podían pagar el servicio. Una fila de televisores mostraba las ventajas de DirecTV. También envió equipos de vendedores a los barrios pudientes, donde instalaban un puesto en una esquina concurrida y, a bombo y platillo, invitaban a los residentes a ver, por sí mismos, las maravillas de DirecTV. Si se suscribían en el acto, recibían un precio promocional de 8 dólares al mes y se enviaba inmediatamente a un instalador a su casa.

---

36 *Ibid.*, p. 164.

37 *Ibid.*

Las ventas se dispararon,[38] y este método se convirtió en el modelo para vender DirecTV en otros países de América Latina.

Aprendimos que, aunque la gente lista diga: "Nuestro método es el único", puede no ser el mejor. Ganamos en confianza para hacernos valer en la asociación. Los resultados lo demostraron: en los países en los que gestionamos el proceso de ventas, nos fue bien; en los países en los que dependimos de socios locales, no nos fue tan bien. Fue una lección que nos tomamos muy en serio, y que pondríamos en práctica con AOL en Latinoamérica.

Los satélites de DirecTV revolucionaron las comunicaciones. Al proporcionar una señal para todo el continente, ofrecían una oportunidad única de llegar simultáneamente a millones de personas. Como suele ocurrir, la nueva tecnología tardó más que lo previsto en imponerse; sobre todo, tomando en cuenta los retos económicos del mercado latinoamericano. Yo tenía una visión a largo plazo, y no me preocupaba demasiado. Hughes era propiedad de General Motors. Pensé que eso significaba apoyo ilimitado para la eternidad.

Pero entonces ocurrió lo inimaginable: cinco años después, GM, la mayor empresa del mundo, se estaba quedando sin liquidez. Cuando empezaron a hablar de vender el negocio, supe que tendríamos problemas. No había forma de que pudiéramos financiar 500 millones de dólares al año por nuestra cuenta. Como dice el refrán: "Prepárate para lo peor, porque casi siempre llega".

DirecTV era un negocio atractivo, y siempre hay un comprador para un buen negocio; sobre todo, a precio de saldo. En 2003, GM acordó vender su participación a nuestro competidor, News Corp., de Rupert Murdoch. Vendimos nuestras acciones a News Corp. cuatro años después, en 2007. No ganamos dinero,

---

38 *Ibid.*, p. 164.

pero nos llevamos algo mucho más valioso: conocimientos y experiencia en el nuevo campo de las telecomunicaciones internacionales. Uno siempre quiere asociarse a empresas que puedan enseñar algo.

Cambiando los fundamentos

De vuelta en Venezuela, en diciembre de 1993 se celebraron nuevas elecciones presidenciales. Con 18 candidatos en liza, Rafael Caldera ganó con menos de un tercio (30,5 %) de los votos. Caldera era el fundador y la cara pública de COPEI, uno de los dos principales partidos políticos de Venezuela. Sin embargo, para ser elegido, Caldera se apoyó en el sentimiento de antipolítica, que había estado latente desde los golpes de 1992, erosionando aún más la estabilidad del sistema bipartidista de Venezuela.

Caldera tomó posesión el 2 de febrero de 1994. Al igual que su predecesor, Carlos Andrés Pérez, había ocupado la presidencia durante cinco años (1969-1974). Al igual que Pérez, a quien precedió en su primer mandato, Caldera había liderado enormes inversiones en infraestructura y educación, impulsadas gracias a los petrodólares. Su segunda administración, sin embargo, heredó la crisis económica que había doblegado a Pérez: un brusco descenso de los precios del petróleo, unido a una inflación galopante, tipos de interés al alza y contracción económica.

Para empeorar las cosas, en enero de 1994, menos de un mes antes de la toma de posesión de Caldera, el Banco Latino, el segundo mayor banco de Venezuela, quebró y fue intervenido por el gobierno. Cinco años de desregulación financiera y una mínima supervisión gubernamental permitieron al Banco Latino y a muchos otros bancos ofrecer tipos de interés insosteniblemente altos. Tasas de hasta el 70 % atrajeron depósitos de los fondos de pensiones de instituciones gubernamentales como

PDVSA[39] y Fogade, el Fondo federal de seguro de depósitos de Venezuela, que había colocado el 33,6 % de sus recursos en el Banco Latino, y el 13 %, en otro banco propiedad, en gran parte, del Banco Latino, así como a más de un millón de personas del común que confiaron al Banco Latino los ahorros de todas sus vidas.[40]

En la mayoría de los países, cuando un banco tiene problemas, el gobierno o una agencia reguladora del sector intervienen, y la institución resuelve sus problemas bajo supervisión estatal. (Pensemos en la multa de 2.000 millones de dólares a Barclays por vender valores tóxicos respaldados por hipotecas en Estados Unidos[41], o a Bankia, en España). Cerrar un banco es un desastre. El modelo venezolano agravó el problema, lo cual puso en peligro a todo el sector.

La quiebra del Banco Latino fue el principio de una catástrofe financiera para el país. En seis meses quebraron otros nueve bancos, que representaban más de la mitad de los activos bancarios de Venezuela, lo cual costó a los contribuyentes una factura de rescate de 6.100 millones de dólares, el 75 % del presupuesto nacional del Gobierno de 1994.[42] Siguieron otras

---

39 Tejera, Maria. "Venezuela's Oil Industry Hit Hard by Failure of Nation's Banco Latino." *The Journal of Commerce,* January 18, 1994. https://www.joc.com/venezuelas-oil-industry-hit-hard-failure-nations-banco-latino_19940118.html

40 Freed, Kenneth. "Venezuelan Bank Collapse Threatens Nation's Future." *The Los Angeles Times*, February 14, 1994. https://www.latimes.com/archives/la-xpm-1994-02-14-mn-22878-story.html

41 White, Lawrence. "Barclays $2 Billion Fraud Fines Resolves Major U.S. Legal Issue." *Reuters, March 29, 2018. https://www.reuters.com/article/us-barclays-mortgages-fine/barclays-2-billion-fraud-fine-resolves-major-u-s-legal-issue-idUSKBN1H51WY*

42 Brooke, James. "Failure of High-Flying Banks Shakes Venezuelan Economy." *The New York Times*, May 16, 1994. https://www.nytimes.com/1994/05/16/us/failure-of-high-flying-banks-shakes-venezuelan-economy.html

quiebras bancarias y, en enero siguiente, más de la mitad de los 47 bancos comerciales del país necesitaban ser rescatados.[43]

La organización Cisneros poseía el 3,5 % del Banco Latino. Mi hermano Ricardo formaba parte del Consejo de Administración de dicha entidad, un cargo no ejecutivo que Pedro Tinoco, presidente del Banco Central hasta 1993, le había convencido de aceptar.[44] La quiebra del banco fue una pesadilla de relaciones públicas para nuestra familia y nuestra empresa, así como para nuestro país. Algunos decían que nuestra estrecha relación con Tinoco, que había muerto en marzo, había sido una maniobra encubierta para conseguir más poder; otros nos culpaban de la quiebra del banco.[45]

Pensamos que solo había una cosa por hacer: devolver todos nuestros préstamos, en efectivo y por su valor íntegro, a las 25 instituciones financieras venezolanas con las que hacíamos negocios —incluido el Banco Latino—. Algunos de nuestros directivos estaban en contra: pensaban que era una locura llevar divisas a un país inestable. Además, en Estados Unidos, por ejemplo, es típico decir: "Te compro tu deuda por 60 centavos de dólar". Probablemente, en Venezuela hubiéramos tenido oportunidad de conseguir algunos descuentos.

Pero nos comprometimos a pagar 100 centavos por dólar. Era lo correcto y lo único que podíamos hacer para limpiar nuestro nombre y el de la organización. Cisneros pudo conseguir efectivo recurriendo a líneas de crédito de Estados Unidos y vendiendo poco a poco algunos negocios en Venezuela. Solo nuestros préstamos con el Banco Latino ascendían a unos

---

43 "Chaos in Caracas." *The Economist*, April 10, 1997. https://www.economist.com/special-report/1997/04/10/chaos-in-caracas

44 Bachelet, Pablo. *Gustavo Cisneros: Pioneer*. Planeta, 2004, p. 141.

45 *Ibid.*, p. 146.

23 millones de dólares, el equivalente aproximado del 13 % de nuestro pasivo total en Venezuela.[46] Ricardo y yo estábamos dispuestos a complementar el efectivo disponible con nuestro propio dinero, pero aun así no sería suficiente.

Ya estábamos avanzando en nuestro plan de vender muchas de nuestras empresas en Venezuela como parte de nuestra estrategia de internacionalización. Vendimos algunas de nuestras empresas de consumo venezolanas. Eran las empresas heredadas que habían ayudado a construir nuestra organización: Yukery, Tío Rico y otras. CADA y Maxy's también se vendieron al grupo colombiano Cadenalco, por 70 millones de dólares, en diciembre de 1994.[47]

La venta tenía lógica: El gobierno venezolano congelaba los precios y restringía las importaciones; nosotros no podíamos ofrecer el servicio ni los suministros que nos habían caracterizado. Aun así, como dijo Ricardo cuando vendimos CADA, fue como decir adiós a un hijo querido.[48]

Tardamos un tiempo, pero devolvimos hasta el último centavo de cada préstamo.

* * *

"Una asociación tiene que ser un acelerador, no un freno"

La organización Cisneros que emergió de la crisis financiera de Venezuela fue muy diferente de lo que se esperaba. En vez de

---

46 *Ibid.*, p. 145.

47 "Venezuela: Grupos colombianos compran supermercados y tiendas". *Inter Press Service.* December 22, 1994. https://ipsnoticias.net/1994/12/venezuela-grupos-colombianos-compran-supermercados-y-tiendas/

48 Bachelet, Pablo. *Gustavo Cisneros: Pioneer*. Planeta, 2004, p. 148.

enfocarnos en productos de consumo, ahora nos estábamos reinventando claramente como una empresa de medios de comunicación y entretenimiento. Sin embargo, había un negocio clave que había permanecido intacto a lo largo de las décadas: nuestro conglomerado de refrescos, soportado por la embotelladora Pepsi-Cola.

Pero eso estaba a punto de cambiar. La asociación había sido mutuamente beneficiosa durante casi 50 años. Pero una asociación productiva tiene que seguir nutriendo a ambas partes, pues de lo contrario se convierte en un freno, en vez de un acelerador. Siempre hay que estar preparado para esa posibilidad.

A pesar de los cálidos lazos personales entre Don Kendall, director general de PepsiCo hasta 1986, y nuestra familia —Don y mi padre eran amigos íntimos, y él y yo solíamos pescar juntos—, durante años hubo tensiones en nuestra sociedad con Pepsi. Cada vez que queríamos expandirnos fuera de Venezuela, nos topábamos con un poco interés, indiferencia o rechazo.

Por ejemplo, cuando mi padre y mi hermano Carlos montaron nuestro negocio de embotellado en Brasil y Colombia en los años sesenta, partíamos de cero frente a la todopoderosa Coca-Cola. Estábamos en una posición segura, pero podríamos habernos beneficiado del apoyo de Pepsi. En vez de ello, nos abandonaron a nuestra suerte. Lo mismo ocurrió en 1972, cuando compramos una fábrica de embotellado en Málaga (España) que producía La Casera, una bebida muy popular.

Cuando nuestro sueño de convertirnos en el mayor embotellador de América Latina se vio frustrado por la intransigencia de Pepsi, orientamos nuestras ambiciones hacia Estados Unidos. Dimos a conocer claramente nuestros deseos a Pepsi con la adquisición de All-American Bottling (AAB), en 1982: como octavo embotellador de Estados Unidos, tendríamos capacidad para embotellar Pepsi-Cola. Desde luego, era nuestro deseo. Pepsi nos pidió que esperáramos... y esperáramos. Al final, nos ofreció una planta embotelladora en Nueva York, y otra, en Tennessee. Fue una bofetada: la planta de Nueva York estaba en manos del corrupto sindicato de los Teamsters y ambas operaciones estaban en tan mala situación financiera que se las conocía como plantas "basura".

Roberto Goizueta se había convertido en CEO de Coca-Cola en 1981. Cerebral y reservado, también se centró en cambiar los países del azul de Pepsi al rojo de Coca-Cola. Venezuela era uno de los pocos países del mundo donde Pepsi vendía más que Coca-Cola. Era una "piedra en el zapato", y Goizueta estaba ansioso por quitársela.

Aparecimos en el radar de Goizueta con nuestra adquisición de AAB. Una de las marcas incluidas en la venta fue Royal Crown Cola, también creada en Georgia. RC Cola, favorita de los clientes afroamericanos, no se vendía especialmente bien. Cambiamos la agencia de publicidad por una empresa de propiedad afroamericana que entendía mejor el mercado. Las ventas se dispararon y Goizueta se dio cuenta.

La idea de vender Pepsi-Cola-Hit Bottlers of Venezuela a Coca-Cola se le había ocurrido por primera vez a mi primo Oswaldo, a mediados del decenio de 1980. Oswaldo, hijo de mi tío Antonio, había crecido en la embotelladora y la dirigía; no podíamos plantearnos ningún cambio importante sin su consentimiento.

Oswaldo era amigo personal de Roger Enrico, que dirigía la división global de bebidas de Pepsi-Cola. Él también estaba frustrado por la intransigencia de Pepsi, pero esperaba que las cosas mejoraran. Le dije a Oswaldo: "Cuando ya no tengas esperanzas, iremos a Coca-Cola, porque PepsiCo nunca va a resolver nuestros problemas".

A principios de los noventa, a Oswaldo se le acabaron las esperanzas. Había cumplido 50 años en 1990 y tenía mala salud.

Había visto los estragos que el estrés había causado en mi padre. Si necesitaba más advertencias, en 1990, su buen amigo Roger Enrico había sufrido un ataque al corazón mientras bailaba en un club nocturno de Estambul, cuando los Enrico y los Cisneros pasaban las vacaciones juntos.

Enrico se recuperó, pero se retiró de las operaciones mundiales. Mientras tanto, sus sucesores prestaron poca atención a Venezuela. Cuando Oswaldo planteó sus preocupaciones sobre el futuro y propuso que Pepsi o Enrico compraran sus acciones en la embotelladora, Enrico no se comprometió. Oswaldo estaba dispuesto a hacer algo.

Mi acuerdo inicial con Goizueta fue un apretón de manos. Goizueta cometió el error de pedir a sus abogados que lo analizaran, y se encontraron con tantos obstáculos legales que todo se vino abajo. Pero nos dio a ambos una idea de lo que podíamos hacer.

En 1994 estábamos listos para intentarlo de nuevo. Oswaldo, Ricardo y yo nos reunimos con Goizueta y su mano derecha, Douglas Ivester, en el comedor privado de Goizueta, en la planta 12 de la sede central de Coca-Cola en Atlanta. Esta vez acordamos seguir adelante.

El secreto era absolutamente primordial. En los dos años siguientes nos reunimos unas 50 veces, pero nunca más en la sede de Coca-Cola. En vez de eso, nuestros equipos se reunían en anónimas salas de conferencias de hoteles o en hangares. El equipo que trabajaba en el acuerdo tenía prohibido volar en aviones pertenecientes al Grupo Cisneros o utilizar la agencia de viajes de la empresa para hacer reservas.[49] Las negociaciones se denominaron "Proyecto Cisne", y Pepsi y Coca-Cola recibieron

---

49 *Ibid.*, p. 178.

los nombres en clave de *Azul* y *Rojo*, por sus respectivos colores corporativos. Incluso Weldon Johnson, presidente del grupo Coca-Cola para América Latina, no se enteró de nada.[50]

El acuerdo se firmó a las 10 de la mañana del miércoles 14 de agosto de 1996. Coca-Cola acordó comprar Pepsi-Cola-Hit Bottlers de Venezuela, por unos 500 millones de dólares. Pepsi fue informada dos días más tarde, a través de documentos presentados a sus abogados.[51]

Mientras en Atlanta se brindaba por la exitosa finalización del Proyecto Cisne, se puso en marcha el Proyecto Switch. Había que borrar todo vestigio de PepsiCo en Venezuela y sustituirlo por Coca-Cola. Toda la pintura roja del país se agotó pintando sobre el azul de Pepsi, y se pudo conseguir más de Colombia.[52] Ese sábado por la mañana, un avión 727 transportó a Caracas miles de botellas de Coca-Cola para distribuirlas a las plantas embotelladoras.[53] Los empleados que acudieron a trabajar el sábado quedaron sorprendidos cuando les dijeron que entregaran sus uniformes de Pepsi-Cola y se pusieran unos de Coca-Cola.[54]

Mi hija Adriana recuerda:

> Yo estaba en un internado en Massachusetts. Era la época antes del celular y no teníamos correo electrónico. Recibí un

---

50 Sellers, Patricia. "How Coke Is Kicking Pepsi's Can". *Fortune*, October 28, 1996. https://money.cnn.com/magazines/fortune/fortune_archive/1996/10/28/203906/index.htm

51 Frank, Robert. "Coca-Cola Steals Bottler in Venezuela from Pepsi". *The Wall Street Journal*, August 19, 1996. https://www.wsj.com/articles/SB84040964045778500

52 Bachelet, Pablo. *Gustavo Cisneros: Pioneer*. Planeta, 2004, p. 180.

53 Sellers, Patricia. "How Coke Is Kicking Pepsi's Can". *Fortune*, October 28, 1996. https://money.cnn.com/magazines/fortune/fortune_archive/1996/10/28/203906/index.htm

54 Bachelet, Pablo. *Gustavo Cisneros: Pioneer*. Planeta, 2004, p. 180.

mensaje: "Ven a Atlanta el fin de semana". Me dijeron que muchos de los primos estarían allí, pero no tenía ni idea de por qué nos habían convocado. Cuando llegamos todos, nos dijeron que Cisneros había vendido nuestro negocio de Pepsi a Coca-Cola.

En un hotel se había habilitado un piso entero con máquinas de fax. El trabajo de los primos —los hijos de mi tío Ricardo y las hijas de mi primo Oswaldo, así como mi hermano Guillermo y mi hermana Carolina— consistía en enviar 200 faxes cada uno, anunciando que Coca-Cola sustituiría a Pepsi en Venezuela. La noticia era tan candente que "los adultos" ni siquiera podían confiar en sus asistentes o secretarias. En los únicos que podían confiar era en sus hijos.

Pepsi-Cola era más que un negocio: formaba parte de mi familia. Pepsi corría por nuestras venas. Moldeó el entorno en el que crecí. De todos los negocios que habíamos tenido, el único que nadie pensó que venderíamos fue Pepsi. Recuerdo que mi padre nos decía entonces: "Todos los negocios están en venta. Solo es cuestión del momento y el precio adecuados". Fue una gran lección.

El desenlace del acuerdo fue memorable. Pepsi poseía el 40 % del mercado en Venezuela, frente al mísero 10 % de Coca-Cola. Hit y otras marcas representaban otro 45 %, lo que daba a Cisneros el 85 % del mercado de refrescos. De la noche a la mañana, Coca-Cola se hizo con el control del 55 % del mercado, además de la capacidad de embotellado para impulsar a Coca-Cola el 40 % más.[55] La cuota de Pepsi se desplomó a cero, sin capacidad de embotellado y sin distribución, si bien Coke colocó en un fideicomiso especial seis plantas embotelladoras que no

---

55 Collins, Glenn. "How Venezuela is Becoming Coca-Cola Country". *The New York Times*, August 21, 1996. https://www.nytimes.com/1996/08/21/business/how-venezuela-is-becoming-coca-cola-country.html

necesitaba, y accedió a ofrecer a Pepsi la posibilidad de comprarlas.[56] "No recuerdo un cambio más drástico desde que Leo Durocher, de los Dodgers de Brooklyn, pasó de la noche a la mañana a dirigir a los Giants —afirma Jesse Meyers, director fundador del boletín del sector Beverage Digest—".[57]

Oswaldo y yo habíamos acordado que yo atendería las llamadas de Pepsi. El lunes por la mañana recibí llamadas de Don Kendall y Peter Warren, que habían dirigido el negocio internacional de Pepsi durante dos décadas, antes de jubilarse, en 1985.[58] Habían sido muy amigos de mi padre y, como era de esperar, estaban furiosos. Pero yo les señalé que se trataba de un tema tanto de estrategia como de elección: si hubiéramos permitido que continuara el *statu quo*, al final nos habría devorado Coca-Cola. Queríamos modernizar nuestras plantas y expandirnos geográficamente, pero Pepsi no nos proporcionaba los recursos necesarios. Me dije: "Entre mi familia y Pepsi, elijo a mi familia. Tengo que pensar en mi familia y tengo que crecer fuera de Venezuela, y Pepsi se negó a entenderlo". No tenían argumentos para rebatirlo.

El acuerdo repercutiría de otras maneras en toda la extensa familia Cisneros. Oswaldo se convirtió en el director ejecutivo de Embotelladoras Coca-Cola y Hit de Venezuela, el nuevo

---

56 Frank, Robert. "Coca-Cola Steals Bottler in Venezuela from Pepsi". *The Wall Street Journal*, August 19, 1996. https://www.wsj.com/articles/SB84040964045778500

57 Collins, Glenn. "A Coke Coup in Venezuela Leaves Pepsi High and Dry". *The New York Times*, August 17, 1996. https://www.nytimes.com/1996/08/17/business/a-coke-coup-in-venezuela-leaves-pepsi-high-and-dry.html

58 D'Souza, Charles. "Peter K. Warren, 94, of Wilton, Former Pepsi International CEO." *Wilton Daily Voice*, July 15, 2014. https://dailyvoice.com/connecticut/wilton/obituaries/peter-k-warren-94-of-wilton-former-pepsi-international-ceo/474045/

nombre del grupo de 18 plantas embotelladoras[59] (se trataba de un cargo temporal, debido a su salud. Al año siguiente, las operaciones de embotellado se vendieron a Panamerican Beverages, también conocida como Panamco, el embotellador principal de Coca-Cola en Latinoamérica, por 1.100 millones de dólares).[60]

Más de medio siglo antes, el padre de Oswaldo, mi tío Antonio, había probado Pepsi por primera vez en la Feria Mundial de Nueva York; el 8 de mayo de 1940 él y mi padre fundaron Pepsi-Cola de Venezuela.[61] En ese momento, Pepsi unió a nuestras familias; ya no sería así.

Oswaldo, Ricardo y yo también firmamos una transacción privada. Oswaldo nos dio sus acciones de Cervecería Regional —una cervecería que habíamos comprado juntos en 1992— y, a cambio, nosotros le dimos nuestras acciones en Telcel.

La profunda y productiva sociedad entre las dos ramas de la familia Cisneros llegaba a su fin. Aunque nuestras relaciones siguieron siendo cordiales y afectuosas, a partir de ahora tomaríamos caminos separados.

---

59 Collins, Glenn. "A Coke Coup in Venezuela Leaves Pepsi High and Dry." *The New York Times*, August 17, 1996. https://www.nytimes.com/1996/08/17/business/a-coke-coup-in-venezuela-leaves-pepsi-high-and-dry.html

60 "Panamerican Beverages." *Reference for Business.* https://www.referenceforbusiness.com/history2/93/Panamerican-Beverages-Inc.html

61 Bermúdez, Alfredo. *Diego Cisneros: A Life for Venezuela.* Fundación Diego Cisneros, 1992.

* * *

"Cuidado con el culto a los conversos"

A medida que transcurrían los años noventa, estaba claro que internet era el invento del siglo: ofrecía un nuevo modo de comunicarse, un nuevo impulso a la creatividad y una nueva oportunidad de ganar dinero. Para la mayoría de los estadounidenses, el camino hacia ese futuro mágico lo construyó una empresa: America Online.

En 1995, más de 3 millones de estadounidenses se conectaban por línea telefónica (sí: esa era la forma de conectarse entonces) para enviar correo electrónico, discutir en foros en línea, flirtear en salas de chat, jugar, aprender a través de sitios de noticias y educación, y explorar el nuevo y apasionante universo de la web mundial.[62] Miles de personas más se registraban cada día, gracias a que AOL cubría el país con CD-ROM y disquetes de 3,5 pulgadas. Según PC World, "no podías abrir una revista (PC World incluida) o tu buzón de correo sin que cayera un disco de AOL".[63] A finales de los noventa, AOL sumaba casi medio millón de nuevos abonados al mes y se había convertido en el sistema operativo *de facto* para internet en Estados Unidos.[64]

Desde 1996 llevábamos discutiendo la idea de formar una alianza con AOL para ofrecer servicio de internet en América Latina. A finales de 1995, AOL anunció una empresa conjunta con el conglomerado alemán de medios de comunicación Bertelsmann AG, para lanzar su servicio en Europa. AOL aportaría

---

62 Nollinger, Mark. "America, Online!" *Wired*, September 1, 1995. https://www.wired.com/1995/09/aol-2/

63 Tynan, Dan. *"The 25 Worst Tech Products of All Time." PC World, May 26, 2006.* https://www.pcworld.com/article/535838/worst_products_ever.html

64 Bachelet, Pablo. *Gustavo Cisneros: Pioneer*. Planeta, 2004, p. 198.

la tecnología, y Bertelsmann, el dinero y su conocimiento del mercado europeo.[65] Nosotros éramos el Bertelsmann de América Latina. Nos pareció lógico que AOL y Cisneros trabajaran juntos.

A mediados de los años noventa, nuestra estrategia de futuro estaba clara: invertir en medios de comunicación y telecomunicaciones. Gracias a la venta de muchos de nuestros negocios heredados, contábamos con un enorme fondo de más de 2.000 millones de dólares en efectivo.[66] (Habíamos vendido Spalding y Evenflo en agosto de 1996.) Estábamos preparados y listos para entrar en ese nuevo y apasionante mundo.

El acuerdo tardó dos años en cerrarse, pero America Online Latin America (AOLA) se anunció finalmente el 15 de diciembre de 1998. AOL y Cisneros aportarían cada uno hasta 200 millones de dólares en una empresa conjunta para llevar una versión en español y portugués de AOL a Brasil, México y Argentina, los tres mercados más grandes y de mayor crecimiento de la región.[67]

Parecía que estábamos haciendo lo correcto en el momento adecuado. AOL era un sueño hecho realidad. Tenía el poder de transformar América Latina. Era la mejor propuesta de negocio del mundo en aquel momento, con los mejores socios y la mejor gestión.

Pero tomé una pésima decisión con AOLA. Teníamos la fórmula equivocada para la región. Al igual que Hughes, AOL pensó que podía aplicar en América Latina la fórmula que tan

---

65 *Ibid.*, p. 191.

66 Vogel, Thomas T., Jr. "Cisneros Group Scours Globe for Media Deals." *The Wall Street Journal,* September 18, 1996. https://www.wsj.com/articles/SB842997056506259000

67 "AOL, Cisneros Form Online Joint Venture." *Los Angeles Times*, December 16, 1998. https://www.latimes.com/archives/la-xpm-1998-dec-16-fi-54457-story.html

bien le funcionaba en Estados Unidos: enviar CD gratuitos por correo a todo el mundo. En América Latina, sin embargo, el correo no es fiable. Intentamos convencer a AOL de que enviar CD no funcionaría. Nos dijeron: "En Estados Unidos funciona".

Además, su estrategia consistía en cobrar a los clientes por el servicio. En América Latina, sin embargo, los clientes no están acostumbrados a pagar. La empresa gana dinero de los anunciantes que pagan por llegar a los clientes. Se monta la red y se vende a los anunciantes.

Lo sabíamos, pero ni una sola persona de mi grupo dijo que no. Eso debería haber sido una señal para mí. Para ser justos, al principio había muchos Casandras. Pero internet era muy atractivo, y nos dejamos seducir. Era una nueva forma de hacer negocios, y nos convencieron de que debíamos abandonar nuestros métodos provincianos. Nos habíamos unido al grupo de los conversos.

Es difícil seguir siendo converso cuando tu inversión se va por el desagüe. Cuando nuestras pérdidas alcanzaron los 25 millones de dólares, volvimos a AOL e intentamos convencerlos de que cambiaran su sistema, de que vendieran publicidad y ganaran dinero de esa forma. Era algo que sabíamos hacer. Dijeron que no.

Teníamos mucha gente sobre el terreno dentro de la empresa, que nos advirtió que las cosas no estaban funcionando como se preveía. Afortunadamente, el contrato nos permitía revisar nuestro compromiso si las pérdidas alcanzaban los 100 millones de dólares. Dije: "Si la empresa pierde 100 millones de dólares, estamos fuera. Le daremos a AOL todas nuestras acciones". Y eso fue lo que hicimos.

La mejor decisión que tomé en ese acuerdo fue tirar del enchufe cuando las pérdidas alcanzaron los 100 millones de dólares. Podríamos haber perdido mil millones de dólares.

Aprendimos una valiosa lección: si no estás de acuerdo con el plan de negocios, no lo hagas.

Era el plan de negocio equivocado y deberíamos haberlo sabido. Afortunadamente, pusimos un tope. Cuando apuestas, siempre tienes que preguntarte cuánto estás dispuesto a perder. Tienes que saber hasta qué punto te cubres y cuándo te sales. Con AOLA, necesitábamos mucho capital, pero yo había decidido que 100 millones de dólares eran suficientes; no iba a malgastar 200 millones.

Ya he hablado de la necesidad de tener una estrategia de salida. Además, hay que tener sentido de la oportunidad: saber cuándo aguantar y cuándo retirarse. Esto es cuestión de criterio. Ojalá pudiera decir que el juicio se puede enseñar. Ayudé a mi padre en todas las decisiones que eran importantes para él y, sin duda, aprendí mucho. Pero, en última instancia, el juicio depende de la experiencia. Hay que tener madurez.

Hace 25 años yo no tenía la capacidad de juicio que tengo ahora. He asistido a miles de presentaciones. Se necesita información, experiencia e inteligencia para saber cuándo alguien está tratando de engañarnos. El ego también puede enceguecer; como me advertía a menudo mi padre, hay que meter el ego en el armario para ver todos los hechos, y no solo los que uno quiere ver.

La experiencia con AOLA me dejó un mal sabor de boca. Sabía instintivamente que no iba a funcionar, pero seguí adelante, porque todo el mundo me lo decía. Debería haber cogido una rabieta. No me enfadé por los 100 millones de dólares, sino por el proceso de toma de decisiones.

Ahora me planteo muchas más preguntas. Me he comido una buena porción de la tarta de la humildad. Ahora, en vez de comprobar dos y tres veces las grandes decisiones, lo hago diez veces, con más gente y con personas ajenas a la empresa. Si hay un consenso positivo, empiezo a sospechar. Traigo a un Casandra de fuera, un consultor externo, un abogado o un experto técnico, y cuyo propósito es cuestionar nuestra forma de pensar.

Y siempre tenemos una misión claramente definida. Eso es sobremanera importante. Todo el mundo sabe cuánto riesgo toleraremos, o no.

"Reorganizar, reubicar y reinventar"

El 6 de diciembre de 1998, Hugo Chávez Frías fue elegido presidente de Venezuela, con el 56,2 % de los votos populares válidos.[68] Ya en 1994, una de las primeras medidas del presidente Caldera como primer mandatario había sido indultar a Chávez y a otros oficiales del ejército y la fuerza aérea que habían planeado y participado en los dos intentos de golpe de Estado.[69] Posteriormente, Chávez se convirtió en un símbolo de la oposición al sistema político bipartidista que sostenía la democracia venezolana desde hacía mucho tiempo. Aprovechando el descontento popular por el deterioro del nivel de vida y la corrupción política generalizada, prometió disolver el Congreso y reorganizar el país y sus leyes para restaurar el orgullo nacional y la prosperidad.

Venevisión realizaba sondeos en todo el país. Sabíamos que entre el 15 % y el 20 % de la población de las barriadas eran pobres de Bolivia, Perú, Colombia y otros países latinoamericanos que habían venido a Venezuela como mano de obra. Les dimos trabajo y les concedimos la ciudadanía, pero los partidos políticos no se molestaron en proporcionarles educación, una atención sanitaria decente o una formación democrática.

---

68 Tarver, Micheal. *The History of Venezuela.* ABC-CLIO, 2018, p. 161.

69 "President Caldera Pardons Officers Who Led 1992 Coup Attempt in Venezuela." *Latin America Data Base*, April 29, 1994. https://digitalrepository.unm.edu/cgi/viewcontent.cgi?article=12459&context=notisur

Era gente que había sido oprimida durante siglos y que había heredado el odio a través de muchas generaciones. El mensaje chavista de lucha de clases y resentimiento social les dio voz, y su voto bastó para cambiar las elecciones.

* * *

"Gestionar la incertidumbre como forma de vida"

No abandonaría la lucha por la democracia en Venezuela. Me valí de todos los contactos que tenía —la Iglesia católica, chavistas de mentalidad abierta, e incluso, los expresidentes estadounidenses Jimmy Carter y George Bush— para intentar convencer a Chávez de que librar una guerra contra los empresarios y los medios de comunicación no era bueno para nadie: ni para las personas atacadas ni para Chávez, y desde luego, tampoco para la mayoría de los venezolanos. Hicimos todo lo que pudimos para convencer a Chávez de que el capitalismo no era su enemigo. Fracasamos de manera estrepitosa. En todo caso, los ataques se hicieron más frecuentes, más personales y más virulentos. Todo lo que representábamos fue atacado.

Leonard Lauder había venido de visita antes de que Chávez ganara las elecciones, y me advirtió: "Eres un punto de mira". Se atacó a todos los capitalistas y a los llamados imperialistas, pero Venevisión había contribuido decisivamente a sofocar el golpe de 1992, así que yo era el enemigo público número uno. Se lanzó una campaña sistemática contra mí, contra mis activos y contra las empresas de nuestra organización. Hubo un acoso institucional constante por parte de las autoridades fiscales, el Ministerio del Interior y otras entidades gubernamentales. Se me atacó por mi nombre en discursos televisados y en emisiones diarias en todas las emisoras de radio; se distribuyeron panfletos y pancartas en las calles del centro de Caracas mostrando mi rostro y etiquetándome como enemigo del Estado. Algunos de nuestros reporteros de Venevisión fueron agredidos físicamente.

Los ataques fueron feroces, e iban en aumento. Estábamos en modo de gestión de crisis todo el tiempo. Era suficiente para hacerlo a uno cuestionarse sobre el futuro. En vez de perder la cabeza, nos reorganizamos por completo para poder vivir y trabajar fuera de Venezuela. Ya teníamos una residencia y una oficina en República Dominicana, con una casa de huéspedes, y donde Patty y yo recibíamos a amigos y familiares, así como a jefes de Estado y a muchas personas distinguidas. Pensé en convertirla en nuestra sede corporativa. Pero Adriana me dijo: "Cierra la oficina de República Dominicana, y traslada todo a Miami".

Al principio no estuve de acuerdo con su decisión. Estábamos muy asentados en Venezuela y en República Dominicana. Y nos habíamos establecido satisfactoriamente en Miami y Coral Gables, donde estaban los estudios de Venevisión. Pero Adriana señaló que Miami era un lugar más animado que Coral Gables y más atractivo para los jóvenes talentos. Tenía toda la razón, y al final me convenció por completo.

Cuando empezábamos a prepararnos para salir de Venezuela, pensé: "Tenemos que dar la impresión de que nada ha cambiado para nosotros, salvo nuestra dirección y nuestro número de teléfono". Habíamos ido trasladando gradualmente nuestra dirección a Miami, a raíz del Caracazo, de 1989. En marzo de 2000, la transición había concluido, y anunciamos que en adelante Miami sería el lugar de nuestra sede operativa. Fue una operación inmensa y muy cara, pero mereció la pena hasta el último centavo. Establecer allí nuestra sede nos dio tranquilidad a mí y a nuestros ejecutivos. Necesitábamos sus conocimientos más que nunca (cerraríamos nuestra oficina de Nueva York y convertiríamos Miami en nuestra sede corporativa oficial cuando Adriana se convirtió en CEO, en 2013).

Estábamos en un compás de espera. Entonces, de repente, todo se aceleró. En abril de 2002 se produjo un golpe de Estado fallido contra Chávez, y que fue reprimido por la fuerza, seguido ello de una serie de huelgas nacionales que paralizaron el sector petrolero y otros pilares de la ahora tambaleante economía. Las manifestaciones pedían la dimisión de Chávez. En agosto de 2003, una petición con 3,2 millones de firmas exigía que el Consejo Nacional Electoral (CNE) destituyera a Chávez. Después de que el CNE rechazó la solicitud, tres meses después, en noviembre de 2003, se presentó una segunda petición con 3,6 millones de nombres. Cuando el CNE también la rechazó, alegando que la mitad de las firmas no eran válidas, estallaron disturbios en todo el país. La opinión pública se encendió aún más cuando se publicó la lista de firmas y muchos trabajadores del gobierno, que habían firmado, perdieron sus puestos de trabajo, como represalia. Finalmente, el CNE acordó reservar cinco días en mayo de 2004 para que la gente verificara sus firmas; si se cumplía el requisito de 2,4 millones de firmas, se programaría una votación revocatoria para el 15 de agosto de 2004.[70] El país estaba a punto de estallar.

Teníamos un hermoso campamento de pesca en Manaka, en la región amazónica venezolana. Habíamos alojado a George H. W. Bush y a Jimmy Carter —ambos, ávidos pescadores—, para pescar pavón, así como a los hermanos Walton, a Barbara Walters y al presidente del Banco Mundial, James Wolfensohn. Justo después de Semana Santa, helicópteros Black Hawk

---

70 Tarver, Micheal. *The History of Venezuela*. ABC-CLIO, 2018, p. 173.

armados, procedentes de Miraflores, la residencia presidencial, llegaron sin previo aviso. Entonces, 48 soldados de las Fuerzas Especiales saltaron de dichas aeronaves. Dispararon a nuestros dos perros y a nuestros loros, aterrorizaron a nuestro personal y saquearon el campamento.

Supe de inmediato que debíamos abandonar el país. Estaba ocupándome de los últimos preparativos cuando, el 11 de mayo, recibí la noticia de que 500 soldados armados asaltaron nuestra finca de café orgánico en Carabobo, con el pretexto de que yo estaba armando a guerrilleros colombianos para atacar el palacio presidencial, los cuarteles militares y otros enclaves estratégicos.[71] Tal cosa, por supuesto, era completamente falso. Por fortuna, pude enviar gente allí para impedir que las tropas plantaran armas en la propiedad.

Ya no había tiempo que perder. Nuestro avión estaba esperando en Maiquetía. Patty, Adriana y yo lo abordamos (Carolina y Guillermo estaban fuera del país en ese momento). Cargaron nuestro equipaje y… no pasó nada. Nos sentamos en la pista y esperamos… Y esperamos. El piloto nos dijo que no había recibido autorización para despegar. Con soldados armados por todo el aeropuerto, no nos atrevimos a intentar un despegue sin permiso. No quedaba más remedio que esperar. Nadie decía nada.

Finalmente, un vehículo del Ejército se acercó al avión. Un hombre de uniforme se apeó y subió a bordo. Lo reconocí como uno de los oficiales que habían participado en el intento de golpe de 1992, un chavista acérrimo que estaba a cargo de la zona alrededor de Caracas. Se acercó a donde yo estaba sentado,

---

71 Hernández, Clodovaldo. "Chávez Denuncia una Conspiración Internacional contra Venezuela." *El País*, 11 de mayo, 2004. https://elpais.com/diario/2004/05/13/internacional/1084399224_850215.html

me miró fijamente e hizo una pausa. "Un mensaje de mi comandante —dijo—: no regrese". Luego se dio la vuelta y bajó del avión.

La puerta se cerró y se aseguró inmediatamente. Rodamos hasta el final de la pista, el piloto encendió el motor y el avión se elevó. En pocos minutos sobrevolábamos el Caribe, protegidos por aguas internacionales. Estábamos a salvo, pero, ¡a qué precio!

Estábamos más que agradecidos por estar vivos, pero la pérdida era casi demasiado grande para poder abarcarla. Patty, nuestra familia y yo éramos exiliados del país que amábamos y por el que tanto habíamos trabajado. Dejábamos atrás un legado que se remontaba a generaciones, y a las personas y los lugares que constituían el núcleo de los recuerdos más preciados de nuestra familia: los amigos que conocíamos desde la infancia; la iglesia donde nuestros hijos fueron bautizados y se casaron; la granja donde Patty y yo habíamos planeado pasar nuestros últimos años; Venevisión, el negocio del que me enamoré y con el que crecí.

Ya antes habíamos abandonado Venezuela, pero solo durante meses, y siempre supimos que podríamos volver. Ahora no. Estaba claro que no volveríamos en años. Patty y Adriana pensaban que, tal vez, en seis u ocho años. Yo, en el fondo, sabía que, al menos, no sería hasta dentro de una generación. Lloré no solo por mí, sino también, por mi familia y mi amado país. Patty también sufrió enormemente. Ambos estábamos marcados por el trauma de los años anteriores, más profundamente que lo que nos habíamos dado cuenta al principio.

Con el tiempo, ambos buscamos ayuda profesional. Mi padre había estado abierto a la psicoterapia y yo ya había establecido una relación duradera con un psicólogo, para que me ayudase a afrontar las muchas pérdidas que mi familia había sufrido a lo largo de los años. Patty y yo también tenemos muy buenos amigos que son sacerdotes y pastores. Ellos marcaron la diferencia; nuestra fe marca la diferencia. Cuando experimentas dolor o pena, ayuda mucho mantener una conversación con Dios.

Mientras tanto, el trabajo duro, el ejercicio físico y los proyectos significativos fueron nuestra medicina. Dejamos Venezuela, pero no dejamos el mundo. Patty ya había creado la Colección Patricia Phelps de Cisneros y se hallaba estrechando relaciones con el Museo de Arte Moderno de Nueva York, el Museo de Arte Fogg, de la Universidad de Harvard, y el Museo Blanton, de la Universidad de Texas, en Austin. En todo caso, viajé más, siguiendo viejas conexiones y haciendo otras nuevas. Las oportunidades ayudan a concentrar la mente en el futuro.

Empecé a pensar: "Podemos renovarnos".

Parte V

PLANIFICAR LA TRANSICIÓN

Ni Patty ni yo quisimos nunca que nuestros hijos se sintieran obligados a incorporarse a la empresa familiar. Sin embargo, yo había pensado a menudo en el tema de la sucesión y en cómo planificar una transición ordenada. Es natural cuando se dirige una empresa familiar.

En realidad, mi padre nunca me había pedido que lo sustituyera. Debido a lo repentino y lo grave de su ictus, simplemente sucedió. No hubo ningún aviso ni oportunidad de prepararse para mí, ni para la familia ni para sus socios. Cuando empezó a recuperarse, dejó claro que yo debía seguir dirigiendo la empresa. Tuve la gran suerte de que mi madre, mis hermanos y mis primos apoyaran completamente su decisión.

Podría haber sido muy distinto. La historia de las empresas familiares está plagada de luchas internas. Según las encuestas, aproximadamente un tercio de los directivos de empresas familiares se muestran aprensivos ante el traspaso del mando a la siguiente generación.[1] El periodo en el que una generación anticipa la transición a la siguiente es en especial peligroso: es

---

1 Citado en "Family Business Facts." SC Johnson School of Business, Cornell University. https://www.johnson.cornell.edu/smith-family-business-initiative-at-cornell/resources/family-business-facts/

entonces cuando surgen viejos conflictos y pueden aflorar resentimientos latentes, que dejan una secuela duradera de rencor y amargura. Yo era muy consciente de ese peligro. Era lo último que quería que ocurriera en mi familia.

También era consciente —¿cómo no?— del refrán sobre el auge y la caída de las empresas familiares: "De la alpargata a la alpargata en tres generaciones". Menos de la mitad de las empresas familiares estadounidenses pasan a la segunda generación; apenas una décima parte pasan sin problemas a la tercera generación.[2] Siempre me interesó saber por qué una familia lograba sobrevivir a este difícil paso cuando otra fracasaba, qué medidas tomaron para designar y formar a sus sucesores y a quién pidieron consejo.

Patty y yo tenemos tres hijos; cada uno, con sus propios talentos. A medida que crecían, me habría gustado que la tercera generación de nuestra familia dirigiera la organización que fundó mi padre. Pero no a costa de su felicidad ni de la nuestra.

* * *

"Hay que poner a los hijos en lugares que despierten su interés, y ellos harán el resto"

Rara vez hablábamos de negocios cuando los niños eran pequeños, y casi nunca hablábamos de trabajo en la mesa. Ese fue un principio que Patty y yo acordamos en los primeros años de nuestro matrimonio, cuando mi padre estaba tan enfermo y yo intentaba salvarlo a él y a la empresa al mismo tiempo. Le había

---

2 Citado en "Family Business Facts." SC Johnson School of Business, Cornell University. https://www.johnson.cornell.edu/smith-family-business-initiative-at-cornell/resources/family-business-facts/

dicho a Patty: "Cuando vuelva a casa, no quiero repetir todo lo que ha pasado hoy. El hogar es un refugio, y no quiero ocuparme de los negocios hasta mañana".

Eso no significa que no tuviéramos muchos invitados interesantes a cenar: políticos, artistas, financistas, empresarios, diplomáticos, directores de orquesta… de todo. Guillermo, Carolina y Adriana conocieron a presidentes y primeros ministros de países grandes y pequeños, al Dalái Lama, a Nelson Mandela, a Zubin Mehta, a Carlos Fuentes, a Barbara Walters, a la diva Celia Cruz y al dúo pop Los del Río, que idearon su exitosísima canción *La Macarena* en una fiesta que organizamos con ellos.

Ni Patty ni yo construimos un muro alrededor de nuestro trabajo. Los niños veían cuánto disfrutábamos y nos producía satisfacción: yo, del negocio, y Patty, de nuestros proyectos de responsabilidad social.

Yo siempre ofrecía a los niños la oportunidad de conocer la empresa. A veces me reunía con ellos, después de la escuela, en las oficinas de Venevisión; si se me hacía tarde, podían pasear por allí y ver cómo se producían las noticias o cómo se creaban las telenovelas. A Adriana, la más pequeña, le encantaba aprender cómo se hacían las cosas. Cisneros era propietario de fábricas que producían desde helados Tío Rico y zumos Yukery hasta la gigantesca panadería que abastecía de pan a los supermercados CADA. Era fácil organizarle una visita.

Aquellas visitas ofrecían un amplio y profundo contacto con los negocios y las artes que no estaba al alcance de la mayoría de los niños. Pero nunca hubo ningún adoctrinamiento formal; rara vez hubo un gran *tour* con el jefe y, desde luego, no hubo promesa fáustica alguna de que "Esto también puede ser tuyo". Los niños tenían carta blanca para explorar lo que les interesara. En esto seguí el ejemplo de mi padre: "Si tienes curiosidad, la puerta está abierta".

A medida que los niños crecían, los invitaba a que me acompañaran en viajes de negocios, cuando era apropiado. Nunca dije: "Quiero que mis hijos me acompañen, para que vean cómo hago este negocio". Era, más bien: "Voy a tal parte. ¿Quieres venir conmigo?". Como ya he descrito, Adriana me acompañó en nuestra gira "Doce países en doce días", por Suramérica, cuando lanzamos DirecTV. Eso tendría un gran impacto en cómo ella iba a ver el potencial de nuestro trabajo en esa región. En aquel momento, sin embargo, era pura diversión tenerla allí. Estaba sembrando semillas y, para mi alegría, muchas de ellas empezaron a brotar. Ese es realmente el truco: pon a tus hijos en lugares que despierten su interés, y ellos harán el resto.

Cuando Guillermo, nuestro hijo mayor, empezó a estudiar en la Universidad de Yale, a finales de los ochenta, organizó su agenda para pasar la mitad del tiempo en Nueva York, donde vivíamos Patty y yo. Guillermo tiene una personalidad muy atractiva, e invitaba a muchos de sus amigos. Entre todos, nos hacían muchas preguntas, no solo sobre negocios, sino también, sobre arte y sobre la creación de la Colección Patricia Phelps de Cisneros, que entonces acababa de arrancar. Era como si organizáramos un seminario abierto. Carolina venía a menudo a las inauguraciones de arte. Y Adriana, que es 8 años menor que su hermano y 4 años menor que su hermana, pasaba el rato con el montón de muchachos mayores, siempre escuchando, siempre haciendo preguntas, siempre interesada en lo que estaba pasando.

Nueva York era el centro del mundo en los años noventa. Cuando se está en el centro del mundo, el mundo viene a uno. Mis amigos europeos me visitaban, mis amigos suramericanos me visitaban, y muchos amigos del mundo del arte también venían. Los niños siempre estaban presentes.

Después de licenciarse en Yale, Guillermo fue a la escuela de negocios de la Universidad de Columbia. En 1998, puso en marcha ValeTV en Venezuela, un canal de entretenimiento educativo y cultural que creamos en colaboración con la Iglesia católica, y que era como una combinación de PBS y A&E. Eso le dio experiencia práctica en la creación de empresa. Luego se trasladó a Florida, donde fue fundador y presidente de Venevision Studios, lo que le permitió conocer cómo era la producción en Estados Unidos. Aprendió qué le gustaba de los negocios y qué no. Eso tiene un valor incalculable.

Trabajó en el negocio unos quince años. Un día vino a verme y me dijo: "Papá, te quiero mucho, pero no me interesa dedicarme a esto. Te ayudaré a largo plazo, pero ahora me gustaría tomarme un descanso". Para entonces estaba casado y tenía hijos. Es un padre muy comprometido, y quería dedicar mucho tiempo a sus hijos. Me di cuenta de que no volvería. Es un miembro muy activo del Consejo de Familia, que más adelante describiré con más detalle, y colabora estrechamente con Adriana.

Entre tanto, Carolina, nuestra segunda hija, se había graduado en la Universidad de Georgetown. Después de una temporada en Venevisión en Caracas y de trabajar en nuestro nuevo negocio de medios de comunicación en Florida, también dejó claro que no quería ser empresaria: crear una familia era lo que más le interesaba. Muy pronto, tuvo cinco hijos —incluyendo trillizos— y la maternidad fue para ella un trabajo de tiempo completo. También se convirtió en miembro fiel del Consejo de Familia.

Adriana había decidido por su cuenta que quería estar en Nueva York. Siempre le fascinaron los medios de comunicación. Tras graduarse de la Universidad de Columbia, en 2002, fue al Instituto de Periodismo de la Universidad de Nueva York, de donde saldría con un máster en periodismo en 2005. Creo que quería ser productora y tener su propia empresa.

Para entonces —poco después de irnos de Venezuela— Ricardo y yo habíamos tomado caminos separados (no era oficial, pero, a efectos prácticos, ya no éramos socios). Siempre habíamos manejado los diferentes negocios dentro de la organización como si fueran empresas de capital abierto; de esa manera, si alguien quería comprar una, no teníamos que perder tiempo arreglando las finanzas. Creo que si Adriana hubiera dicho "Quiero independizarme", yo habría aprovechado la subida de la bolsa en Estados Unidos para sacar la organización a bolsa; desde luego, habría vendido partes de ella, para asegurar el futuro financiero de la familia. Mi filosofía siempre ha sido: si el precio es bueno, hay que vender. Puede que no te guste, pero tienes que hacerlo.

Pero entonces Adriana y yo tuvimos una conversación, y todo cambió.

"Hay que ser dueño de las propias ideas"

Adriana rememora:

> Siempre supe que trabajaría para Cisneros, pero mi plan era trabajar por mi cuenta unos diez años antes de incorporarme a la empresa familiar. Tenía aspiraciones de crear una agencia de noticias de televisión para América Latina, incluido Brasil. (Me trasladé a Brasil para aprender portugués). En 2004, durante mi último año en la facultad de periodismo, cuando tenía 25 años, me presenté a un magnífico programa de formación de dos años en la NBC. Se presentaron cerca de 1.500 estudiantes y yo llegué a la ronda final: otro candidato y yo fuimos entrevistados por los altos ejecutivos de la cadena de noticias.
>
> Al final del proceso, me llamó una de las administradoras del programa. Me dijo: "Acabamos de darnos cuenta de quién eres y

no podemos ofrecerte trabajo". (En aquella época, Cisneros era dueño de Univisión y la NBC de Telemundo, su archirrival).

Se me rompió el corazón. Me sentí estúpida y estaba enfadada. Pensaba que Estados Unidos era una meritocracia: si te ganabas el derecho a un puesto, podías ocuparlo.

No tuve reparos en decírselo a dos amigos íntimos de la familia: Bill Luers, exembajador estadounidense en Venezuela, y Albert Ibargüen, editor de *The Miami Herald*. Ambos me dijeron lo mismo: aunque decidiera mudarme a una ciudad pequeña y enterrarme en una emisora de radio universitaria, la tendencia a la consolidación de los medios de comunicación significaba que mi nombre siempre sería un problema. Si quería trabajar en los medios de comunicación, me dijeron, debía entrar en el negocio familiar y hacerlo cuanto antes.

Bill Luers animó a Adriana a que reflexionara sobre qué quería hacer con su licenciatura en periodismo. "Yo no creía que [el periodismo por sí solo] encajara con sus habilidades —dijo Luers—. Ya era ambiciosa y tenía una idea clara de lo que quería lograr. Quería ser grande en lo que hiciera". Él conocía a nuestros hijos desde cuando eran pequeños (lo consideraban como un tío al que querían mucho) y él se daba cuenta de que Adriana no se atrevía a hacer nada que pudiera desafiar a su hermano. Luers era la única persona que podía decir lo que había que decir y hacer lo que había que hacer, y dio un paso al frente. "Guillermo no quiere ser el sucesor de Gustavo —le dijo—. No solo eres la elección lógica, sino una buena elección". Luers recuerda: "Creo que eso le abrió la mente a la posibilidad [de suceder a su padre] y le dio valor para demostrar su interés".

Eso inició una serie de conversaciones serenas entre Adriana, Steven Bandel, nuestro CEO, y yo.

* * *

"Una oportunidad y un laboratorio"

De hecho, Adriana no partía de cero. Llevaba mucho tiempo participando en la Fundación Cisneros; y las actividades empresariales de la familia Cisneros se hallaban estrechamente vinculadas a los objetivos de la Fundación Cisneros de mejorar la educación en toda América Latina y fomentar la concienciación global sobre el patrimonio de la región y sus numerosas contribuciones a la cultura mundial.

Patty y yo nunca habíamos diferenciado entre la fundación y la empresa. El liderazgo de ambas requiere las mismas habilidades: la misma solidez financiera, el mismo talento para supervisar los detalles operativos y las mismas aptitudes para el trato con la gente; tal vez, incluso más, como suele ocurrir en el espacio de trabajo de las organizaciones sin ánimo de lucro.

En el momento en que Adriana expresó su interés en hacer parte de la empresa, la Fundación gestionaba tres programas: la Colección Patricia Phelps de Cisneros (CPPC); Cl@se, nuestro programa original de formación de profesores (aunque el programa se estaba cerrando gradualmente), y Actualización de Maestros en Educación (AME), un programa similar a Cl@se, pero en línea. (Nos centramos en la formación de profesores, en vez de enseñar directamente a los niños, porque tenía más impacto: un maestro podía llegar a muchos niños).

Adriana estuvo, literalmente, en primera fila en la creación y el lanzamiento de nuestras iniciativas educativas Cl@se y AME. Ella lo recuerda así:

> Mis padres no hablaban de trabajo delante de nosotros, los hijos, pero a menudo hablaban de cómo utilizar su capital social para hacer del mundo un lugar mejor. Cuando se estaba

cerrando el trato con DirecTV, mis padres se dieron cuenta de que tenían la oportunidad de transformar la educación a través de la conectividad. Eso los llevó a lanzar Cl@se, el primer canal de televisión educativa regional. Fue un tema de muchas conversaciones a la hora de cenar: cómo garantizar que un nodo de los ochocientos nodos del satélite se dedicara a una señal educativa y que cada socio local se comprometiera a distribuir programación educativa sin recibir ingresos por publicidad.

Puede imaginarse lo emocionante que fue aquello. Y yo estaba justo allí: en la mesa de la cena mientras lanzaban ideas sobre el tema, y con mi padre mientras recorríamos América Latina y firmábamos los contratos con los socios de cada país. Ese fue mi primer contacto con la Fundación Cisneros.

Cuando lanzamos AOLA (America Online Latin America), tuvimos una revelación similar: En línea, todo el mundo puede hablar entre sí y estar en el mismo espacio sin necesidad de pasaportes. Tuvimos una conversación parecida sobre las oportunidades educativas en línea. Así nació AME, el primer programa de formación de profesores en línea de la región. Trabajamos con distintas universidades para elaborar planes de estudios sobre todo tipo de temas, desde cómo ser mejor profesor de matemáticas hasta la resolución de conflictos en las escuelas. Profesores de la sierra de Perú que nunca hubieran salido de su región ahora eran compañeros de clase de sus homólogos de Chile y Colombia.

Habiendo visto las diferencias entre esos países cuando los visité durante nuestro lanzamiento de DirecTV, ahora podía ver el potencial que hay en tender puentes a través de la tecnología.

En 2007, Adriana asumió la presidencia de la Fundación Cisneros. Tanto Cl@se como AME estaban inactivas en ese momento, por lo que ser presidenta significaba, en esencia, hacerse cargo de la CPPC, que estaba creciendo con rapidez. Era un momento de transición.

* * *

"Como un agente de cambio, nada es más importante que la cultura"

Patty y yo compramos juntos nuestra primera obra de arte —Tiritaña, del artista español Manuel Rivera— poco después de casarnos, y seguimos coleccionando artistas venezolanos contemporáneos, como hacían muchas familias acomodadas de Caracas. Pero en aquel entonces no teníamos previsto crear una colección.

Eso empezó a cambiar cuando Patty me acompañó en viajes de negocios a otros países de América Latina. Mientras yo asistía a reuniones, Patty visitaba galerías y estudios de artistas. Patty recuerda que yo la animé a pensar más allá de las fronteras de Venezuela, a considerar los aspectos comunes de la cultura latinoamericana. "Eso no habría sucedido si Gustavo no me hubiera instado a no limitarme a lo local y a ser más consciente de las tendencias internacionales", dijo Patty.

"No era una colección cara —recuerda Patty—. Durante los primeros 25 años, nunca gasté más de 5.000 dólares en una obra de arte. Afortunadamente, la abstracción geométrica era el tipo de arte que me atraía". Ese fue el núcleo de lo que se conoció como la Colección Patricia Phelps de Cisneros (CPPC).

Mucha gente crea colecciones privadas como símbolo de estatus o como una forma de diversificar sus inversiones. Muy pocos tienen una colección orientada a una misión. La idea de Patty era crear una colección que en aquel momento no existía: una que describiera la historia de América Latina a través de su arte, desde sus pueblos indígenas hasta nuestros días, y que demostrara que los artistas latinoamericanos del siglo XX no reflejaron tanto los desarrollos artísticos de Europa y Estados Unidos como sí su propia identidad, en diálogo con el resto del mundo; una identidad que merecía ser considerada parte integrante de la historia del arte mundial.

Liderados por Patty, asumimos un compromiso filantrópico activo y decidido para educar a la gente de todo el mundo sobre el valor y la fascinación propios de la cultura latinoamericana. Así pues, fomentamos cátedras en universidades; otorgamos becas para estudiar en América Latina; iniciamos una serie de publicaciones, tanto impresas como digitales, y financiamos un fondo para que los curadores de museos viajen a América Latina a conocer a los artistas y ver su trabajo *in situ*.

La CPPC también ofrece becas para apoyar a artistas en América Latina. Dado que la mayoría de los espacios organizados por artistas funcionan con muy pocos recursos —especialmente, en América Latina—, unos pocos miles de dólares son muy valiosos. A cambio, pudimos admirar, en primera fila, las manifestaciones artísticas más innovadoras de la región. Nuestra inversión fue modesta, pero el impacto fue enorme.

Una cosa que no hicimos fue construir un museo. Si uno construye un museo, la gente lo visita una o dos veces, pero es un reto hacer que vuelvan. Sin embargo, si la misión es reescribir y ampliar el canon de la historia del arte, hay que ir allí donde ya está el gran arte: El Museo de Arte Moderno, de Nueva York; el Museo Getty, de Los Ángeles; la Royal Academy, de Londres; el Museo Reina Sofía, de Madrid; el Moderna Museet, de Estocolmo. Siempre procuramos asociarnos a los que tienen capacidad para multiplicar fuerzas: nosotros les aportamos conocimientos y les dimos acceso al arte latinoamericano, que era lo que ellos necesitaban, y ellos nos brindaron un horizonte más amplio, que era lo que nosotros necesitábamos.

También sembramos nuestras semillas en lugares más pequeños, a través de un amplio programa de exposiciones itinerantes alrededor del mundo. Llegó un momento en que las actividades de la Fundación Cisneros se extendían "de polo a polo", como nos gustaba decir. Ejemplo de ello fueron una exposición de la colección Orinoco, en un hermoso centro cultural del norte de Finlandia, y un programa de formación de profesores en la base naval argentina de la Antártida.

La mitad de lo que hacíamos era coleccionar objetos y ser buenos custodios, y la otra mitad era activismo, divulgación y educación. Y lo mejor: resultaba mucho más barato que construir un museo y era mucho más eficaz.

Adriana llegó con una mentalidad digital y la aplicó al arte. Eso era único. Bajo su dirección, y con un nuevo director, Gabriel Pérez-Barreiro, la CPPC se sometió a una importante reestructuración y puso en marcha un nuevo plan estratégico.

A instancias de Adriana, probamos nuevas tecnologías y desarrollamos las nuestras. Contratamos personal nuevo y más joven. Nos comprometimos con el público de nuevas maneras: un sitio web muy completo, libros electrónicos, exposiciones en línea, seminarios interactivos, diálogos públicos sobre temas de arte moderno, conferencias gratuitas al alcance de todos y un programa de educación en artes visuales. Posicionamos nuevamente Piensa en Arte/Think Art, nuestro programa de educación artística, para una audiencia global, y pusimos el material a disposición del público en inglés. Para la exposición *Invención Concreta*, en el Museo Reina Sofía, en 2013, que exploraba el desarrollo de la abstracción geométrica en América Latina, desarrollamos una plataforma tecnológica que se integró al aspecto curatorial de la muestra: los visitantes podían acceder en sus teléfonos móviles a audioguías geolocalizadas; en la galería del museo se montaron iPads con videos de entrevistas a los artistas e imágenes de Caracas en la década de 1950. No nos limitábamos a colgar arte en las paredes. Intentábamos mostrar y compartir la rica historia del país que había producido el arte. Nos convertimos en un museo sin paredes.

La fundación fue no solo una oportunidad para que Adriana tanteara el terreno, sino también, un laboratorio en el que podía experimentar con los desarrollos que quería implementar en el negocio, al tiempo que adquiría la experiencia y la confianza necesarias para asumir la dirección de la empresa.

Adriana fue nombrada presidenta de la Fundación Cisneros en 2009. Para entonces, ya estaba bien encaminada para sucederme en el negocio. Pero, como ella rememora, puso una condición:

> Una de las pocas condiciones que le puse a mi padre antes de ser nombrada su sucesora fue que me dejara dirigir tanto el negocio como la Fundación. Él no quería hacerlo; le parecía demasiado. Pero nuestra Fundación era y es muy importante para mí. Le dije: "Mi corazón late en ambos sentidos. No me sentiré completa a menos que pueda hacer las dos cosas".

* * *

"La estructura es tu amiga"

Adriana también recordaba aquella conversación que tuvo con Bill Luers sobre vincularse al negocio familiar: "Él plantó la semilla. Pero fueron mi padre y Steven Bandel quienes propusieron la idea de que yo asumiera el cargo de CEO".

"Dije que no. Por un lado, me sorprendió, y me pregunté si estaba preparada para el puesto. Por otro, estaba empezando a comprender cómo afectaría a nuestra dinámica familiar el hecho de ser la cabeza de la empresa y lo complicado que podría ser".

Lo que resultaba tan desalentador para Adriana era que, al hacerse cargo de la empresa familiar, también estaría asumiendo el liderazgo de la familia. "Yo era la más joven, y en aquel momento era muy joven —recuerda—, así que estaba la cuestión de cómo conseguir que mis hermanos mayores me apoyaran como líder de la familia y CEO. Le dije a mi padre: 'tenemos que asegurarnos de hacer todo el trabajo de la familia para que nunca tenga que pelearme con mis hermanos por el dinero o el poder familiar. Ningún trabajo merece que yo esté en esa posición' ".

Entonces, en octubre de 2007, Adriana asistió a un seminario sobre la sucesión en las empresas familiares, dirigido por el profesor John Davis, presidente fundador del programa Families in Business, de la Harvard Business School. "Tuve un momento '¡ajá!'. Me di cuenta de que teníamos un problema típico que solía tener solución. Y nuestra familia no era tan disfuncional como muchas familias que intentan afrontar la sucesión".

John Davis recuerda: "Adriana me dijo que le habían pedido que pensara si quería ser la sucesora y si podía hacerlo. Me dijo: '¿Podrías ayudarnos a resolverlo?'. En primer lugar, necesito saber si realmente quiero hacer esto. Conozco algunas cosas de la empresa, pero tengo que entender el reto de esta nueva experiencia con la que podría estar comprometiéndome antes de tomar una decisión".

Al mes siguiente, Adriana y yo mantuvimos una teleconferencia con John, para hablar de conocernos a través de un taller familiar. En enero de 2008, todos nos reunimos en nuestra casa de República Dominicana y comenzamos a trabajar.

John señaló que cuando un sucesor toma el relevo, las relaciones familiares empiezan a cambiar —a veces, sutilmente; a veces, más abiertamente—, porque una persona asume ahora un rol que los demás no tienen. Quien reciba el testigo desempeñará un rol especial y tendrá responsabilidades y poderes especiales en la toma de decisiones. Los demás tendrán funciones diferentes. Así pues, hay que asegurarse de que todos los miembros de la familia tengan voz y puedan participar en conversaciones importantes sobre cuál será el nuevo rumbo.

John introdujo el concepto de un Consejo de Familia organizado. En muchas familias, los negocios se discuten de manera informal en la mesa o tomando una cerveza durante el fin de semana. Si se hace en torno a una mesa de conferencias con presentaciones formales de miembros de la familia o de un ejecutivo de la empresa —explicó—, todos aprenderán más, se pondrán al día y, lo que es más importante, se sentirán más respetados. No son espectadores que se enterarán *a posteriori* de "lo que hemos hecho".

"Un ingrediente clave fue intentar conseguir apoyo en la generación de Adriana, entre su hermano y su hermana —dice John—. Creo que la primera opción de Gustavo fue Guillermo. Guillermo es una persona muy inteligente e interesante, pero dejó claro que esto no era para él".

Adriana añade: "John me explicó que era estupendo que Guillermo tuviera el valor de decir: 'No quiero esto'. Mi padre no había querido escuchar. John dijo: 'He visto demasiados casos en los que el sucesor no tuvo el valor de decir eso, y luego desempeñan el trabajo durante 30 años, y no lo hacen bien y son desgraciados'. El trabajo que empezamos a hacer con John dio a mi padre los argumentos para entender que habría otro lugar, también valioso, para Guillermo, así como para Carolina. Liberó a mi padre de sus expectativas".

La conversación ayudó a darme cuenta de que el hermano y la hermana de Adriana no eran los únicos miembros de la familia que tenían que reajustar su rol en la dinámica familiar. Patty y yo tuvimos que modificar nuestros supuestos y empezar a pensar en la siguiente generación como adultos que eran, y no como niños; como administradores y consejeros, y no solo como accionistas. (El modelo tradicional latinoamericano, explica Adriana, trataba a los miembros de la familia como niños que seguían obedientemente los dictados del patriarca sin tener mucho conocimiento real del negocio). Fue un cambio de mentalidad enorme, para mí, incluso, más que para Patty. Afortunadamente, Patty ya estaba trabajando en su propia transición en la Fundación Cisneros, así que entendió cómo me sentiría. Desempeñó un papel importante como apoyo bien informado, tanto para Adriana como para mí.

John describe de la siguiente manera el proceso formal que establecimos para reunir a los cinco miembros de la familia y mantener conversaciones francas y abiertas. "Les digo a las familias: 'La estructura es su amiga'. Si se las deja abandonadas a su suerte, las familias eluden problemas, se saltan procesos que deberían seguir porque pueden resultar incómodos o porque, simplemente, no saben cómo hacerlo. Hay que confiar en la estructura, porque ayuda a ser disciplinado y más honesto. No se necesitan demasiadas normas ni reuniones, pero una cierta formalidad permite decir: 'He analizado los datos reales. Tuvimos las conversaciones que teníamos que tener' ".

A instancias de John, creamos un Consejo de Familia en el que nos reunimos para intercambiar opiniones, analizar problemas y debatir nuevos proyectos. No es un órgano formal de toma de decisiones, sino, más bien, una caja de resonancia y un canal estructurado de comunicación. En el Consejo de Familia reflexionamos como familia sobre nuestros objetivos y nos planteamos qué queremos lograr. El Consejo de Familia hizo posibles los cambios radicales que Adriana introduciría en la empresa.

John desempeñó un papel fundamental como facilitador. Es útil contar con un facilitador cuando se tratan temas delicados y de alto riesgo. Hay que asegurarse de que los temas se aborden sistemáticamente y las emociones se expresen de forma constructiva. Un facilitador garantiza que se lleven a cabo las conversaciones más complicadas y que nadie pueda decir: "Nadie me preguntó".

Celebramos reuniones del Consejo de Familia cuatro veces al año. Adriana hace una presentación sobre la empresa; a menudo invitamos a administradores externos a hacer presentaciones sobre temas concretos. Al principio, John asistía a todas las reuniones. Ahora acude con menos frecuencia, aunque está informado de todo lo que ocurre. Compara su papel con el de un vigilante en una sala de pesas: está ahí para asegurarse de que el ejercicio se hace correctamente. Si surge un problema y la familia necesita ayuda, puede intervenir.

La estructura formal del Consejo de Familia hizo algo más que proporcionar a Patty, Guillermo y Carolina una mejor perspectiva de la evolución de la empresa: también los mantuvo informados sobre la evolución de Adriana en su camino hacia el cargo de CEO. Les dio la oportunidad de hacer preguntas y sugerencias, y ofrecer su apoyo. Llegaron a reconocer que su relevo podría funcionar, quizá incluso antes que ella misma.

* * *

"Será necesario no dormir"

Mi padre decía a menudo: "Denme a las personas adecuadas, y nosotros les brindaremos las habilidades". No tenía ninguna duda de que Adriana era la persona adecuada para sucederme. Pero necesitaba adquirir las habilidades para convertirse en CEO.

Gracias a John Davis, habíamos creado un programa que abordaba uno de los dos retos fundamentales: organizar la *family office* para que la familia pudiera aceptarla como la próxima líder, aunque fuera la hija menor. Ahora necesitábamos crear un programa que abordara el otro reto fundamental: organizar un curso de estudios que preparase a Adriana para convertirse en CEO. Se trataba de dos áreas diferentes, y ella necesitaba sentirse segura de poderlas manejar: la intelectual y la emocional.

En un principio, Adriana había descartado la propuesta de Steven Bandel y mía de que me sucediera. Insistimos en que, al menos, lo considerara. Como Adriana dijo más tarde, "He aprendido que cuando la gente inteligente te dice que puedes hacer algo de lo que no te crees capaz, normalmente es porque ellos creen que sí eres capaz". Al final, todos estuvimos de acuerdo en que aprendería lo que implicaba ser CEO para poder tomar una decisión informada.

Adriana hizo una pregunta clave antes de que pudiéramos avanzar: ¿por qué hacerlo ahora? Después de todo, señaló, tenía la intención de trabajar para Cisneros, quizá dentro de unos quince años, cuando tuviera 40 años. ¿Por qué tanta prisa? Y me dijo: "Gozas de buena salud, tu mente está más activa que nunca. ¿Por qué no pasas de presidente a CEO y tomas el relevo de Steven?".

Le recordé que yo había heredado el negocio de mi padre cuando tenía 25 años, más o menos la edad que ella tenía ahora.

Había necesitado cada gramo de mi energía y mi pasión para arreglar las cosas y hacer crecer el negocio de la forma como yo creía mejor. "Será necesario que no duermas —le advertí—. Vas a correr una maratón, pero a velocidad de esprint. La única forma de hacerlo es empezar ahora, cuando eres joven, no cuando tengas 40 años".

Adriana ya había solicitado plaza en el programa de MBA, de la Universidad de Columbia. Era una carrera de dos años. Adriana recuerda: "Mi padre me dijo: 'No puedes tomarte dos años para estudiar. De ninguna manera'. Fue entonces cuando empezamos a pensar en un programa a la medida. No obtendría un diploma de Columbia, pero estaría preparada para dirigir el negocio familiar durante 30 años".

John Davis, Steven Bandel y yo elaboramos un plan para determinar las habilidades y los conocimientos con los que ya contaba Adriana, y complementarlos con las habilidades y los conocimientos específicos que necesitaría para asumir el puesto de CEO. El plan consistía en una combinación de cursos e implicación en la vida real de Cisneros.

Aprendió los fundamentos de la empresa en cursos de MBA en Columbia y Harvard, y recibió clases particulares de finanzas de un estudiante de posgrado de la Harvard Business School. Para desarrollar la perspectiva de un director general, también tomó cursos de *marketing*, finanzas, ventas y similares. Todos y cada uno de los cursos y los casos prácticos se analizaban escrupulosamente desde la óptica de una empresa familiar.

Le había advertido que el ritmo sería agotador, y así fue. Abarcó en seis meses las clases de finanzas de un programa de MBA de dos años. Al mismo tiempo, era madre de un niño de un año y tuvo su segundo bebé. "Di a luz a mi hija en diciembre de 2008 y volví a Boston a finales de enero de 2009 —recuerda Adriana—. Tuve que enviar leche congelada a Nueva York. Les dije a mi marido y a mi padre: '¿Por qué pensaron que debía volver a estudiar? ¿Acaso estoy loca?'. Los dos me dijeron: '¿Pensaste que te podríamos detener? Eso sí sería una locura' ".

John Davis identificó a un puñado de personas que conocía, y que habían pasado por procesos similares, y les presentó a Adriana. "Empecé a tener conversaciones increíbles", recuerda ella; destacó una en particular: "John Elkaan (el nieto de Giovanni Agnelli, que se convirtió en el jefe del grupo de empresas de la familia Agnelli en 2004) me preguntó: '¿Qué quieres hacer?'. Me dijo que quería crear EXOR, un *holding* para las empresas Agnelli que duraría 30 años. Aquella conversación fue decisiva. Pensé: 'Si voy a tomar las riendas, necesitaré mucho margen para reorganizar la empresa, no solo su estructura directiva, sino los negocios en los que quiero participar durante los próximos 30 años' ".

Además, Steven Bandel y Miguel Dvorak, nuestro director de Operaciones, se encargaron de su aprendizaje práctico en los negocios. "El reto fue que era joven e hija del jefe —explica Bandel—. ¿Cómo podía la gente respetarla como líder mientras Gustavo y yo seguíamos allí?".

Adriana fue designada oficialmente mi sucesora en 2009, con los títulos de vicepresidenta y de directora de Estrategia. (Yo seguiría siendo el presidente y Steven Bandel seguiría siendo el CEO hasta cuando ella estuviera preparada para ocupar su puesto). El cargo de directora de Estrategia se inventó específicamente para Adriana, sin instrucciones concretas. "Nadie sabía lo que estaba haciendo, lo cual era estupendo —recuerda ella—. En la práctica, el cargo fue un pasaporte para explorar todos los aspectos de la organización".

A partir de 2010, Miguel Dvorak se convirtió en su guía personal:

"Mi papel era llevar a Adriana de la mano y presentarle a todo el mundo y todos los detalles del negocio", dice Dvorak. "Intenté que Adriana asistiera a todas las reuniones con todos los equipos de todas las empresas, desde las más pequeñas a las más grandes: informes mensuales, presupuestos anuales, reuniones de estrategia, reuniones de intercambio de ideas para resolver problemas, crear nuevos productos o considerar adquisiciones. De ese modo, podía interactuar con todos y familiarizarse con cada detalle de cada operación".

Preparaba a Adriana antes de cada reunión, describiéndole con quién se iba a reunir y los puntos más importantes que teníamos que discutir y resolver. A fin de tener orden y disciplina, me aseguraba de pedir a todos los presentes en la reunión que compartieran su opinión sobre cada punto del orden del día antes de pasar al siguiente tema. Eso hacía que las reuniones fueran un poco largas, pero pensé que las primeras seis veces, o algo más, que lo hicimos merecían la pena, porque Adriana empezaría a entender cómo pensaba cada uno de nosotros sobre los asuntos abordados.

Por su parte, Adriana recuerda:

En esas primeras reuniones yo preguntaba por qué estábamos organizados de determinada manera y quién hacía qué. Por ejemplo, cuando la organización salió de Venezuela, creamos empresas espejo aquí para que hicieran las funciones de las de Venezuela. Pero como pensábamos que acabaríamos volviendo a Venezuela, nunca desmantelamos las estructuras venezolanas. En consecuencia, teníamos dobles funciones en la mayoría de nuestras operaciones de medios de comunicación. Empecé a cuestionarme el 'porqué' de aquello: la estructura, las funciones de las personas, los objetivos de ciertas unidades. Estaban contentos de que fuera yo quien lo hiciera. Les habría resultado difícil hacerlo solos y, sinceramente, estaban tan acostumbrados al formato, que quizá no habrían sido capaces de ver lo que había que cambiar.

Mientras tanto, entre bastidores, Bandel la preparaba para asumir su trabajo. "De Steven aprendí que la paciencia es una virtud poderosa, que la pasión unida a la disciplina es una combinación ganadora y que el capital humano es el activo más valioso de nuestra empresa. Sobre todo, me enseñó que, como organización, prosperamos con los retos".[3]

Había mucha información que digerir, y hacerlo le tomó un par de años. Adriana cuenta: "Intentaba ir de cero a cien millas por hora, mientras hacía un millón de preguntas molestas". A medida que la gente la veía interactuar, reaccionar, opinar y conocer la organización, poco a poco empezaron a respetarla, porque sus opiniones daban en el clavo. Y Bandel añade: "Vieron que Gustavo confiaba en ella. Eso era muy importante".

Dependía más que todo de Adriana ocupar el espacio que le dábamos y demostrar que tenía capacidad e interés. A medida que Bandel y yo vimos que participaba más y que quería comprometerse más, nos alegrábamos de que se involucrara más. En cuanto a Adriana, ella cuenta: "Cuanto más aprendía sobre las empresas familiares y nuestro negocio, más convencida estaba de que yo tenía algo estratégico que ofrecer, y de que esta idea loca de mi padre y Steve empezaba a tener sentido para mí".

También sirvió el hecho de que Adriana no estaba obligada a convertirse en CEO. Cada paso hacia delante era decisión suya, y solo suya. Tenía una cláusula de escape, lo cual no siempre

3 Citado en "Adriana Cisneros: The New Face of Cisneros Group." *The Miami Herald*, October 27, 2013. https://www.miamiherald.com/news/business/biz-monday/article1956732.html

ocurre en las empresas familiares. La sucesión puede complicarse en algunas empresas familiares por la presión de tener que contar con un miembro de la familia en el equipo directivo. Nosotros no tenemos ese requisito. Adriana cuenta: "Si yo no hubiera aceptado, nos habría dado igual tener un CEO que no fuera miembro de la familia. Después de todo, Steve Bandel no era un miembro de la familia. No habría pasado nada malo si hubiera dicho que no".

Al final, la transición funcionó relativamente bien —aunque, naturalmente, hubo muchos altibajos—, porque todos los actores estaban en sintonía: las expectativas coincidían y había consenso sobre lo que debía hacerse a continuación. Adriana impulsó el proceso; mi labor consistió en facilitarlo.

Lo hice con mucho agrado. Adriana se parece mucho a mí, y también a su abuelo. Si ella no hubiera visto esta oportunidad como una verdadera responsabilidad y no se hubiera mostrado tan comprometida, quizá me habría sentido menos cómodo con la perspectiva de que me sucediera. Por supuesto, sabía que ella necesitaba adquirir experiencia, pero John Davis me recordaba a menudo —¡y a ella también!— que es imposible hacer que el sucesor, en un solo día, sea tan exitoso como lo fue el líder saliente. En vez de eso, hay que asegurarse de que esté lo más preparado posible. Y todo el mundo se vuelve mejor después de asumir el cargo.

Pude ver que su confianza iba creciendo día a día, lo que, a su vez, aumentó la confianza en ella. Mi reto ahora era darle el espacio que necesitaba para desplegar sus alas. Pero los vientos en contra eran mucho más fuertes que lo que ninguno de los dos había previsto.

* * *

Como directora de Estrategia, Adriana conocía de primera mano los retos a los que se enfrentaba la organización cuando empezamos a recuperar el equilibrio tras nuestra abrupta salida de Venezuela. Siendo relativamente nueva en la organización, aportó una mirada nueva a la forma como los abordábamos.

Los años que transcurrieron desde cuando Chávez asumió el poder, en 1999, fueron traumáticos, tanto para mí personalmente como para la organización. Estábamos sometidos a un ataque constante, un bombardeo feroz de calumnias y críticas contra todo lo que habíamos logrado. Era implacable y se intensificaba a la par con la catástrofe que asolaba nuestro país. Nos sentíamos como atrapados en una caótica zona de surf, tratando de recuperar el aliento antes de que una nueva ola se abatiera sobre nosotros, e incapaces de apartarnos de su camino.

Adriana señaló que cuando se está en una situación crítica casi diaria, la gestión de la crisis se convierte en el *modus operandi*. Lo que empeoró las cosas fue que al principio habíamos pensado: "Es una situación terrible, pero solo durará seis meses; quizá, un año". Pero los meses se convirtieron en un año, y el año, en dos; luego, en tres; luego, en cuatro. Los despiadados ataques se intensificaron, y venían de todas partes. Nunca sabíamos qué esperar. Yo era el objetivo principal, y Venevisión, el segundo.

El reto cotidiano de sobrevivir a la tormenta política nos absorbía por completo. No teníamos tiempo, ni fuerzas ni capacidad mental para pensar más allá de la lucha contra la conflagración que se estaba produciendo ante nuestra puerta ni, mucho menos, para protegernos de los daños psicológicos y emocionales. Todos quedamos con temores que nunca habíamos imaginado.

La planificación del futuro se dejó para "más adelante". Cuando se tiene miedo de que el gobierno cierre o se apodere del principal activo de uno en Venezuela, no sobra ni un centavo para otras inversiones. La identificación de posibles áreas de crecimiento quedó relegada a un segundo plano en la lista de prioridades. ¿Pensamiento innovador? Nadie tenía energía ni imaginación para ello. Estábamos tan centrados en sobrevivir que no podíamos escapar del "modo supervivencia".

Por si las circunstancias políticas externas no fueran suficientemente malas, poco después de salir de Venezuela, otra serie de acontecimientos nos puso contra las cuerdas. Fueron una completa sorpresa; realmente, no creo que nadie hubiera podido prever lo que ocurrió ni cómo se desarrollaron los acontecimientos. Cuando todo terminó, Cisneros luchaba por sobrevivir.

Es una historia muy complicada, pero, básicamente, el asunto se reducía a la cerveza y a mi hermano. Incluso antes de salir de Venezuela, Ricardo había dejado claro que no tenía ningún interés en la empresa, con una excepción: nuestro negocio cervecero, Cervecería Regional. Consideraba el negocio de la cerveza un trampolín personal para desarrollar otras empresas en Venezuela y América Latina.

La cerveza puede ser una gran fuente de liquidez, pero se necesitan muy buenos profesionales al mando. Ricardo había contratado a nuevos directivos, y cuando el negocio no producía los resultados deseados se enfadaba y se ponía a la defensiva. Su forma de tomar decisiones se vio afectada. Empezó a enfrentar a unas empresas con otras. Se quejaba del costo del negocio de los medios de comunicación y criticaba los gastos de producción de las telenovelas, que eran nuestra gallina de los huevos de oro. Si queríamos invertir dinero en el negocio, insistía en que debía ser en cerveza.

Desde el punto de vista operativo, las cosas se complicaron mucho. Los directivos recibían mensajes opuestos —incluso, antagónicos— de uno de los copresidentes. La lealtad se cuestionaba con cada decisión. La desagradable situación se prolongó durante varios años. Supongo que mantuve la esperanza de que surgiera algún tipo de solución, pero la empresa estaba cada vez más dividida, y Ricardo, cada vez más resentido.

Las cosas llegaron a un punto crítico cuando un gran conglomerado nos ofreció 800 millones de dólares por la compra de Regional. Era una cantidad enorme de dinero para una empresa de un país con problemas financieros. Nos habría venido muy bien una inyección de 800 millones para hacer nuevas inversiones en Estados Unidos. La situación económica en Venezuela empeoraba y los ingresos publicitarios de Venevisión caían en picada. Al mismo tiempo, Univisión insistía en cambios en la forma como producíamos nuestros contenidos, lo que amenazaba nuestra mayor fuente de ingresos. Pero Ricardo bloqueó la transacción exigiendo 900 millones de dólares. Como resultado, el conglomerado retiró su oferta.

Ya no podía ignorar más la situación. Desde cuando tomé el relevo de mi padre, mi responsabilidad había sido proteger nuestra empresa, nuestra familia y nuestra gente. Pero ahora el futuro de nuestra empresa familiar estaba amenazado por un miembro de la familia. Tuve que elegir y elegí nuestra empresa.

Ricardo no tenía acciones que yo pudiera comprar. La única opción era disolver la empresa y salvar lo que pudiéramos. La sociedad Gustavo/Ricardo era un sello distintivo de nuestra empresa, una parte permanente de nuestro panorama empresarial, un motivo de orgullo tan grande como la gran presa de Guri, en Venezuela. Ahora la presa se resquebrajaba. Era una pérdida más que asumir, una fuente más de dolor y de pena.

Llevar a cabo la separación fue una tarea enormemente compleja. Solo en Venezuela, Cisneros poseía 220 empresas diferentes: Se encontraban en diferentes industrias y distintas geografías, con diferentes estructuras corporativas, diferentes limitaciones fiscales y regulatorias, y distintas personas vinculadas a diferentes empresas. Solo Venevisión estaba en el centro de una enorme red de negocios relacionados.

Tuvimos que inventariar las 220 empresas y definir si cada una de ellas se trataba de una empresa independiente o de una filial, en qué otras empresas tenía participaciones y cuál era la situación de su contabilidad. No teníamos una gran base de datos, en la época en que Excel era lo último en tecnología. El inventario ocupaba páginas y páginas. Luego teníamos que hacer un mapa de todas las conexiones, las interconexiones y las correlaciones. Las paredes de la sala de conferencias estaban empapeladas con hojas impresas, adornadas con recortes pegados con cinta adhesiva, y todo esto se complicaba aún más por los círculos y las flechas trazados con marcadores de colores para indicar las conexiones que había entre los negocios. Parecía el diagrama policial de una investigación criminal.

Las negociaciones duraron unos seis o siete meses, y la separación, otros tres o cuatro. Durante casi un año, intentamos dirigir una empresa y, al mismo tiempo, dividirla y separar sus componentes. Nadie ganó. Sabíamos que perderíamos sinergias fundamentales y economías de escala: la cervecería Regional perdería un importante mercado publicitario, lo que causaría un duro golpe a una empresa que depende de la publicidad; por su parte, Venevisión perdería uno de sus mejores clientes publicitarios. Siempre mantuvimos una buena reserva de efectivo —una lección que George Moore me había inculcado a martillazos—, pero con nuestro negocio literalmente reducido a la mitad —mientras los honorarios legales y otros costes se disparaban—, estábamos sufriendo una impresionante pérdida de dinero en Venezuela.

La gestión de nuestro personal era lo más difícil. Todos sabían que si las economías de escala desaparecían, algunos de los negocios que ellas habían justificado ya no podrían existir. La gente estaba ansiosa: ¿seguirían teniendo trabajo? O si conservaban su empleo, ¿tendrían un jefe diferente? Como cada uno defendía su territorio, el comportamiento oscilaba entre la crítica y la lucha a navajazos. La lealtad se vio comprometida y el oportunismo afloró. Por ejemplo, se planteó la cuestión de a quién pertenecían los muebles de la oficina: cuando se vio a un abogado retirar el televisor de su despacho, se le acusó de haberlo robado —de hecho, era de su propiedad—. Fue una situación caótica.

Al final, creo que no perdimos a ninguno de los directivos que queríamos conservar. Quizá cinco de los 150 empleados de la empresa decidieron dedicarse a otra cosa. Pero eso significaba que Cisneros contaba con más gente que la que necesitábamos para nuestro nuevo tamaño. Tendríamos que crear nuevas empresas para darles empleo.

El contrato de separación se firmó en 2008. Pero las repercusiones durarían varios años. Nuestros cerebros quedaron maltrechos y magullados; nuestras emociones, destrozadas y a flor de piel. Pocas empresas familiares pueden sobrevivir a este proceso, debido a una eliminación tan considerable de valor. En nuestro caso, la diversidad de negocios y el gran número de jurisdicciones y regiones implicadas no hicieron sino aumentar la complejidad de la empresa y la gravedad del golpe que recibimos. Doy un enorme crédito a Steven Bandel y Ariel Prat, que se aseguraron de que la separación se ejecutara limpiamente y sin consecuencias legales. Las consecuencias privadas de la ruptura de la asociación con GURI fueron asunto mío.

Esta era la situación cuando Adriana entró en escena. Fue un momento crítico. Ya estábamos sufriendo una grave insuficiencia de liquidez como consecuencia de la separación; luego vinieron la crisis financiera mundial y una recesión crítica en los negocios. Tuvimos que replantearnos toda nuestra estrategia, reestructurar nuestra organización y reinventar nuestro negocio.

En algún momento de 2012, Adriana redactó un documento estratégico en el que esbozaba sus observaciones y proponía cambios. Hizo falta alguien con una perspectiva externa para reconocer que la mayoría de los miembros de nuestro equipo directivo tenían más de 50 años, y que durante la convulsión de los años anteriores se había ignorado por completo la planificación de la sucesión. No se estaba formando a nadie para tomar el relevo de Steven Bandel, nuestro CEO.

Además, como observó Adriana, la encrucijada que habíamos enfrentado fortaleció al equipo directivo hasta convertirlo en un grupo muy unido de gestores de crisis, una auténtica "banda de hermanos". Habría sido difícil para cualquier persona ajena a la empresa convertirse en CEO, pues, quienquiera que fuese, heredaría una maraña muy complicada de problemas relacionados con Venezuela. "Podía ver lo agotados que estaban muchos de los ejecutivos" recuerda Adriana.

Su documento estratégico fue la llamada de atención que necesitábamos para prever y prepararnos no solo para sobrevivir, sino para cualquier transformación que tuviéramos que llevar a cabo a fin de prosperar en el futuro. Pero, sinceramente, estábamos demasiado agotados para afrontar el reto. Alguien más tendría que asumir el liderazgo.

A Adriana ahora le gusta bromear diciendo que la buena noticia fue que su documento estratégico había sido bien recibido. ¿Y la mala? "Que me dijeran: 'Debes apropiarte de tus ideas. ¿Puedes poner en práctica lo que recomiendas?' ".

* * *

"Las propuestas se cumplen con hechos"

Volvamos a unos años atrás, cuando Adriana aún estaba decidiendo si quería ser CEO. Cuando Adriana dijo: "Vale, creo que lo haré", nosotros —Adriana, Steven Bandel y yo— mantuvimos otra conversación muy franca. El asunto era: ¿bajo qué condiciones estaría dispuesta a ser nombrada mi sucesora?

Adriana propuso algunos cambios radicales. Debo confesar que al principio me asusté. Pero luego me di cuenta de que es mi hija y la nieta de mi padre, Diego. El pensamiento audaz y las nuevas ideas hacen parte de su ADN.

Dejaré que describa los cambios con sus propias palabras:

> Me di cuenta de que no podía dirigir la empresa como Steven Bandel la había estructurado. Él llevaba treinta años en la empresa, y podía dirigirla perfectamente porque había crecido en ella.
>
> Si me hubiera hecho cargo de la empresa como él la estructuró, tendría veintiocho subordinados directos. Y eran en su mayoría hombres mayores de cincuenta años que llevaban entre veinte y treinta años trabajando en la empresa. Sabía que eso haría mi trabajo realmente difícil. Tendría que convencer a veintiocho personas —muchas de las cuales me conocían desde que era una niña— de que esta joven CEO era la jefa. Eso supondría un gran esfuerzo. Además, todo lo que había leído decía que el número óptimo de subordinados directos es ocho. Desde luego, yo no quería veintiocho.
>
> Con la ayuda de Steven, nos deshicimos de toda esa estructura, de todos esos reductos y feudos que se habían generado. Unificamos las unidades que deberían haber trabajado más coordinadamente.

Nunca es buena idea reestructurar por reestructurar. Es mucho mejor reestructurar en aras de una nueva oportunidad de negocio. Así que mezclamos las dos cosas. Eso también facilitó la incorporación de gente nueva.

Decidimos que nos desharíamos de todos los negocios heredados, excepto uno. De todos. El único negocio heredado que se mantendría era el de los medios de comunicación, es decir, Venevisión. Y abriríamos dos divisiones completamente nuevas, que yo diseñaría desde cero: la división digital (una rama de nuestro negocio de medios de comunicación) y la inmobiliaria.

Una de las cosas más inteligentes que hicieron mi padre y Steven fue permitirme hacer cambios importantes antes de asumir el cargo de CEO: vender empresas y despedir a personas que no habían hecho nada equivocado, pero que eran innecesarias para la nueva dirección que yo quería tomar. No tuve que llegar como CEO y meterme de lleno en los asuntos incómodos del trabajo; ya había hecho el 80 % del trabajo duro antes de asumir el cargo. Pude cumplir las propuestas con hechos.

* * *

"Dar a todos las mismas herramientas para la caja de herramientas"

A Adriana le gusta decir que las reflexiones profundas y el trabajo duro se hicieron en los años previos a asumir el cargo de CEO. "Desde el primer día en que me convertí en CEO, pude concentrarme en crear nuevos negocios", afirma.

El cambio digital había comenzado mucho antes de que ella se convirtiera en CEO. Facebook se creó en 2004. Google se convirtió oficialmente en un verbo en 2006.[4] Apple lanzó el primer iPhone en 2007. Cuando Adriana escribió su documento estratégico, la fiebre digital estaba en pleno auge.

"No había una hoja de ruta clara en la división de medios de Cisneros, pero yo sabía que quería impulsar nuestra estrategia digital y hacerlo con decisión —recuerda Adriana—. Quería hacer algunos cambios bastante radicales en términos de contenido y de cómo estábamos pensando acerca de los medios de comunicación". Identificó rápidamente un obstáculo: "No teníamos una base común ni un lenguaje común para hablar de todos los conceptos que quería aplicar".

Descubrió una empresa llamada Hyper Island, una escuela de negocios de creatividad digital que ayuda a efectuar la transformación digital de empresas no digitales. La Fundación Cisneros era el instrumento ideal para experimentar. "Invité a Miguel Dvorak a venir conmigo a un curso de cuatro días, en Nueva York. Después, pudimos hablar en el mismo idioma. Cuando empecé a explicarle lo que quería hacer, él ya era capaz de dialogar conmigo y ver el potencial de lo que le proponía". Lo que ella proponía era un cambio total de mentalidad. "Antes pensábamos en la televisión en términos de emisión —explica Adriana—. Yo estaba planteando un giro de 180 grados para todos nuestros contenidos".

El siguiente paso fue convencer a otras personas clave de la empresa de las oportunidades que ofrecía la nueva dirección. En realidad, no fue difícil, según recuerda: "Todos estaban ansiosos por aprender sobre el cambio digital". "Trajimos a Hyper Island aquí, a Miami —cuenta—. Pusimos a todo el mundo en la misma clase: a nuestros abogados, nuestros ingenieros, a

---

4 Lombardi, Candace. "Google Joins Xerox as a Verb." CNET. July 6, 2006. https://www.cnet.com/culture/google-joins-xerox-as-a-verb/

todos los mandos medios y superiores. Todos recibieron las mismas herramientas para la caja de herramientas. Y fue entonces cuando las cosas empezaron a cambiar".

Como todo el mundo hablaba el mismo idioma, Adriana pudo formar el tipo de equipos multidisciplinares *ad hoc* que yo solía crear para aportar ideas y resolver problemas. Estos *hackathons* se han convertido en su *modus operandi*. "Todas nuestras nuevas líneas de negocio surgieron de ellos; sobre todo, en lo relacionado con los medios de comunicación —comenta ella—. Cuando se tiene a jóvenes del equipo jurídico hablando con productores digitales y guionistas, el poder de la colaboración es asombroso. Se nos ocurrieron tantas ideas nuevas y soluciones tan interesantes que ahora lo hacemos en todas las unidades siempre que nos sentimos estancados".

* * *

"Hay que aprender a dar un paso atrás"

John Davis dice que una buena planificación para la sucesión es siempre una cuestión de generosidad. Se renuncia a algo que uno ha creado, alimentado y amado, y se confía en alguien que uno ha creado, alimentado y amado. Es uno de los regalos más entrañables que puedes hacer.

Yo no quería ser posesivo. Una vez más, busqué en mi padre un modelo para seguir: Yo me había hecho cargo de una organización que él había construido de la nada y, con su apoyo y su aprobación, la había transformado de forma bastante radical. Era consciente de que Adriana querría cambiar las cosas a su manera. El mejor regalo que podía hacerle era ayudarla a tener éxito.

John Davis señaló que yo no había construido un monumento para que Adriana lo protegiera y lo conservara. Le estaba dando la oportunidad de imprimir su propio sello: de ir más allá de las sombras de quienes la precedieron y de encontrar nuevas oportunidades de expansión, al tiempo que construía sobre el legado que la sustenta. De ella dependía encontrar la forma correcta de hacerlo. (Tuvo que recordármelo con frecuencia).

Volviendo la mirada hacia atrás, Adriana dice que yo preparé el terreno para que ella pudiera tomar el relevo. Patty tenía una perspectiva diferente: Dice que tuve que cruzarme de brazos y dejar que Adriana aprendiera por sí misma. Tuve que aprender a dar un paso atrás para que Adriana pudiera dar un paso adelante.

Hubo muchos momentos incómodos entre nosotros, sobre todo, al principio, cuando definíamos nuestras nuevas funciones y nuestras nuevas responsabilidades, y respondíamos a preguntas fundamentales como: "¿Cuáles son las prioridades? ¿Cuánto margen hay para modificarlas? ¿De dónde saldrán los recursos para cumplirlas?". Para aliviar las fricciones, ambos recurrimos a Ariel Prat, director financiero de Cisneros, y que se convirtió en un sabio consejero, en una caja de resonancia para ambos y un valioso intermediador. "Cuando se es un miembro de la familia y se toma el relevo, no solo se tocan elementos empresariales, sino también, sensibilidades familiares", recuerda Prat. Ese es un elemento clave que ambos trabajaron para resolver, pero no fue fácil.

> Cuando había problemas, el mensaje que recibía no era tanto el de mediar como el de interactuar entre Gustavo y Adriana, para sentar las bases de la negociación. En esos momentos, lo que oía era: 'Tienes que convencer a mi padre' o 'Tienes que convencer a Adriana'. Si los reunías en un mismo lugar cuando asumían esa actitud extrema, la situación podía agravarse rápidamente.
>
> En lugar de eso, yo hablaba con Adriana para conocer su punto de vista, y hablaba con Gustavo, para conocer el suyo. Hacer de intermediario permitía a ambos visualizar y comprometerse de una

mejor manera; era una forma de estimular la discusión y apaciguar los ánimos. Así pues, tras desahogarse y escuchar de mí el punto de vista de la otra persona, coincidieron, y pudieron comunicarse y decidir.

Tuve que aprender a dejarla hacer las cosas a su manera, sin llamar la atención; al menos, no donde la gente pudiera verme. Incluso cuando no estaba de acuerdo con algo que ella quería hacer, intentaba explicarle por qué no. Pero si quería hacerlo, la dejaba. Y nunca le manifesté: "Te lo dije". Mi contribución fue mi apoyo incondicional y franco.

Le di mucho margen para equivocarse. Adriana dice que mi intención era que ella fracasara muy pronto, cuando las consecuencias tienen mucho impacto, y pudiera, así, aprender lecciones importantes para aplicarlas más adelante. Ese fue el mayor desafío para mí.

Al principio, despidió a dos personas muy veteranas. Llevaban con nosotros años, décadas. Ambos eran muy competentes, pero cometieron el error de no tomarla en serio como jefa. Yo podría haber intervenido. Pero si lo hubiera hecho, habría sido terrible para ella y para la empresa. Siendo joven, necesitaba tener confianza en sus habilidades y sus decisiones. Si uno quiere, puede hacer que la gente se sienta insegura muy rápidamente haciéndole de sombra. Yo necesitaba que estuviera muy segura en todo.

Siempre tengo una visión a largo plazo y sabía que si interfería, desencadenaría algo que causaría problemas durante los próximos años. No quería sembrar dudas en la mente de otros ejecutivos, banqueros o partes interesadas. Quería que todo el mundo lo supiera: hay un jefe, y se llama Adriana.

Cuando Adriana tomó aquellas medidas, todo el mundo se preguntó: "¿Qué va a hacer Gustavo?". Lo que hice fue tomarme un par de aspirinas. Eso fue inusual: normalmente, no tomo aspirinas —suelo darlas a otros—. En este caso, sin embargo, seguí mi propio consejo: me tomé un par de aspirinas y me fui a la cama. Adriana expuso su punto de vista, y todo el mundo lo entendió.

Un proceso de sucesión meticulosamente planificado y bien coordinado es como añadir gotas de color a un cubo de pintura. Al principio, nada parece cambiar. Luego observas un cambio gradual hasta que un día te das cuenta de que el color original es ahora un color completamente distinto.

Podía ver cómo avanzaba la transformación en cada reunión en la que los directivos me recordaban: "Tienes que incluir a Adriana. No podemos tomar esta decisión sin contar con ella". Con cada operación exitosa que Adriana realizaba dentro y fuera de la empresa, aumentaba mi confianza en ella.

No hubo ningún acto particular de transición, ninguna escena de *El padrino*, en la que el capo besa la mano de Michael Corleone y lo llama "Padrino". En cambio, en un momento dado, me di cuenta de que la gente me llamaba y, en vez de pedirme que tomara una decisión, querían hablar de una decisión que Adriana ya había tomado. No había batallas que librar por los flancos ni por la retaguardia; no hubo dramas ni traumas. Adriana estaba en una posición segura. Fue entonces cuando comprendí que nuestro plan de sucesión había tenido éxito.

Siete años después de que inicialmente rechazó la idea de convertirse en CEO, Adriana dijo que sí, con una condición. En diciembre de 2012, me escribió una carta. Tras describir los preparativos que ella y su familia habían hecho para trasladarse de Nueva York a Miami, expuso sus peticiones y su razonamiento:

> Quiero pedirte tu apoyo. No como padre o mentor, sino como presidente de nuestra empresa. Voy a trasladarme a Miami porque nuestra empresa está allí y necesitamos reforzar nuestra presencia

> en Florida. Hemos trabajado duro para corregir lo que no funcionaba y hemos ido haciendo crecer nuestros negocios poco a poco. Ha llegado el momento de dar el siguiente gran paso. Tenemos que ser innovadores, dejar nuestra huella y ganar dinero.
>
> Hay cuatro oportunidades sobre las que estamos listos para actuar. Son oportunidades buenas, sólidas y rentables. Necesito saber que estaré plenamente respaldada antes de trasladarme con mi familia a Miami.

Me sentí muy feliz de estar de acuerdo. En agosto de 2013, asumió oficialmente el papel de CEO.

* * *

"Un socio pensante y un sistema de alerta temprana"

Cuando nos embarcamos en este viaje, John Davis nos advirtió que la mayoría de las relaciones familiares cambiarían. Me alegra mucho ver que mi relación con Adriana se ha enriquecido. Me produce el mismo placer hablar con ella de negocios que con mi padre. Creo que ella también lo disfruta. Me convertí en un presidente muy activo y estoy muy contento con el nuevo rol.

Adriana me llama su "socio pensante". Dice: "Conectamos de una manera muy especial. Es algo que va más allá del amor; sintonizamos intelectualmente. A menudo me siento sola en la sala cuando tengo ideas que a nadie más se le han ocurrido. El único que sintoniza conmigo es mi padre. Cuando hacemos las mayores apuestas, los movimientos más osados, los cambios más audaces, los demás tardan unos meses en subirse al tren. Con mi padre, sin embargo, no tengo que dar muchas explicaciones. Es más como: '¿Cómo vas a ejecutar esto?'. Es muy divertido".

También me ve como un sistema de alerta temprana: "Los conocimientos que él aporta en cuanto a los aspectos adecuados para que un acuerdo resulte son muy valiosos". Soy un consejero muy activo. Intentamos hablar al menos tres o cuatro veces por semana; normalmente, muy temprano por la mañana. Solo tenemos una regla: Adriana siempre debe responder a mis llamadas. Pero esa es la única regla.

Cuando las cosas empezaron a estabilizarse, Adriana notó un cambio en el patrón y la frecuencia de mis llamadas, así lo relata:

> Había veces en las que no hablábamos de trabajo durante días, y otras en las que llamaba 14 veces en un día. Me di cuenta de que su interés no estaba relacionado con la magnitud del problema que yo intentaba resolver. No me preguntaba: "¿Qué te parece adquirir el mayor préstamo de tu vida?". En cambio, llamaba para hablar de cosas que le parecían intelectualmente estimulantes.
>
> Cuando estaba montando nuestro negocio digital, quise comprar una pequeña empresa en Argentina. La empresa estaba formada solo por dos tipos con doctorado que estaban desarrollando algoritmos interesantes, lo que ahora llamamos inteligencia artificial. Mi padre no paraba de llamarme: "¿Puedo ir a Argentina contigo a conocerlos?". Le dije que sí, y luego le pregunté: "Pero ¿dónde estás?". Me contestó: "Estoy en España". No solo me estaba apoyando al sugerir que él iba a atravesar dos océanos. Su entusiasmo iba mucho más allá de animarlo a uno. Comprendió que estábamos en algo que redefiniría todo el grupo para siempre y quería formar parte de esa aventura.

Adriana y yo aplicamos la misma regla que teníamos con Patty: nunca hay que irse a la cama enfadado con la otra persona. Si hay una diferencia de opinión, intentamos resolverla ese mismo día.

Siempre habrá que hacer concesiones, porque así es como se desarrollan las ideas. Todavía me muerdo mucho la lengua. Estoy seguro de que Adriana también lo hace. Pero, en última instancia, el *chairman* y el CEO tienen que estar contentos el uno con el otro. Y creo que lo estamos.

Tendiendo puentes

Incluso antes de que Adriana y yo empezáramos a allanar el camino hacia el futuro de nuestra organización, yo ya estaba tendiendo otros puentes entre países y generaciones, a través de dos organizaciones que ayudé a crear: el Foro Iberoamérica y Padres e Hijos. Ambas organizaciones siguen activas y, para mi inmensa satisfacción, Adriana participa en Padres e Hijos.

* * *

"Hay que hablar, no pelear"

Siempre me he considerado iberoamericano. Siempre he creído en la combinación de la cultura española, portuguesa y suramericana: como decía mi amigo, el apreciado novelista mexicano Carlos Fuentes, soy un empresario "transatlántico a la vez que interamericano".[5]

Fuentes era una persona que tendía puentes. Siempre decía: "Deberíamos hablar, no pelearnos". Por ejemplo, siempre hablaba bien de otros autores. Siempre fue un tipo positivo. Fuentes decía: "Necesitamos más integración entre Portugal, España y América Latina. Necesitamos reforzar nuestras semejanzas". Esa fue la semilla del Foro Iberoamérica, un *think tank*

---

5 Citado en Rodríguez, José Ángel. *Cisneros: A Family History, 1570-2015*. Fundación Cisneros, 2017.

sin parangón. Fuentes no dejó sucesores, pero el Foro Iberoamérica se convirtió en su legado perdurable.

El foro se creó en 2000. Fue —y sigue siendo— sumamente importante. Fue el primero —y es el único foro que conozco— en el que líderes del mundo político, intelectual y empresarial, que nunca hablaban con nadie fuera de su propio círculo, pueden reunirse y mantener, en español, un debate racional sobre las principales cuestiones que afectan a nuestro mundo.

Es difícil enfatizar suficientemente lo alucinante que fue esto en aquel momento y lo relevante que seguirá siendo. Los intelectuales —sobre todo, en el ámbito hispanohablante— suelen desafiar el *statu quo*. El foro era uno de los pocos lugares donde podían reunirse con representantes del *statu quo*. De igual modo, los políticos y los empresarios no siempre coinciden. El Foro ofrecía un terreno común, un lugar donde hablar de forma oficial o extraoficial. Era como la Conferencia de Davos para el mundo hispanohablante.

Era algo novedoso y original y, francamente, no sabíamos si funcionaría. Fuentes era el alma del foro, y gracias a él todo el mundo se tomó la molestia de venir: El rey Juan Carlos, que fue patrocinador; los presidentes Fernando Henrique Cardoso, de Brasil, y Ricardo Lagos, de Chile; los primeros ministros Felipe González, de España, y Mario Soares, de Portugal; los directivos de Globo, de Brasil; los del Grupo Clarín, de Argentina; los del Grupo PRISA, de España; Carlos Slim, de México, y yo.

Fuentes era un gran director. Nunca dejó que su ego lo dominara, así que fue un gran ejemplo para que todos dejaran a un lado sus egos. Todos podían relajarse. El ganador del Premio Nobel de Literatura Gabriel García Márquez era famoso por sus fiestas. Cuando íbamos a Cartagena a una de estas reuniones, invitaba a todo el mundo a una parranda, una fiesta sin fin que iba de bar en bar, recogiendo a más gente en cada parada, cantando, bailando e inventando poemas sobre la marcha. (Una secretaria lo seguía y consignaba todo por escrito). Terminábamos con un desayuno y más música, y nos íbamos a la cama a las 8:00 de la mañana.

El Foro se reunía una vez al año durante tres días. Pero las conexiones que establecíamos eran tan significativas que nos reuníamos con nuestros compañeros del foro después de regresar a casa. Siempre buscaba ampliar mis horizontes no solo en el aspecto intelectual, sino también en relación con mi red de conocidos vinculados a la política y el mundo empresarial.

Tengo que confesar que al principio dudaba en conocer a gente de extrema izquierda, pero siempre admiro las mentes sobresalientes, y cuando llegué a conocer a esos artistas y escritores a través del Foro, los admiré aún más. Al final de las reuniones, yo había moderado mi punto de vista, y creo que ellos también habían cambiado el suyo propio. La mayoría de la gente tuvo una experiencia similar. Eso es realmente un gran logro.

* * *

"Cambiar la forma como se comunican las familias"

En una de las primeras reuniones del Foro Iberoamérica, Carlos Slim, Julio Mario Santo Domingo —un industrial colombiano— y yo estábamos barajando ideas sobre el Foro cuando Slim dijo: "¿Por qué no hacemos algo parecido para nuestros hijos?".

Pensamos en lo estupendo que sería reunir a las familias de los empresarios más importantes de América Latina para hablar extraoficialmente de temas comunes. Fomentaría unas relaciones entre países que en realidad no existían: aunque había muchas organizaciones oficiales que promovían las conexiones entre empresarios, no había ninguna centrada en las familias.

Creo en la inclusión: cuanta más gente, más agradable es este tipo de coloquios. Invitamos a Joseph Safra, de la empresa brasileña de inversiones Banco Safra —Brasil representa la mitad de la economía de América Latina, así que queríamos incluir a un brasileño—, y a colegas de Argentina y Chile. Todos acordamos reunirnos unas semanas más tarde, en Nueva York, para seguir hablando, y las cosas empezaron a darse rápidamente.

El resultado fue Encuentros de Empresarios de América Latina: Padres e Hijos. Se trata de una alianza cuyo objetivo es compartir experiencias entre sectores, países, mercados y generaciones, con el fin de lograr cambios en toda la región. Debatimos temas específicos de las empresas familiares y de las familias de empresarios latinoamericanas: desde la planificación de la sucesión y cómo las empresas pueden promover la movilidad social y reforzar la educación hasta cómo protegerse de los secuestros y otros problemas de seguridad. A veces traemos a expertos; a veces somos nosotros los expertos. Al igual que en el Foro Iberoamérica, las reuniones se celebran en español. Nos reunimos presencialmente una vez al año, y para comunicarnos entre una reunión y otra, tenemos un grupo de WhatsApp muy activo.

Cuando Padres e Hijos se puso en marcha, en 2004, Carlos, Julio Mario y yo, junto con nuestros compañeros, dirigíamos la organización. Ahora, la dirigen nuestros hijos. La generación que nos siguió es adulta, dirige sus propias empresas, así que es su foro.

Adriana explica cómo ha evolucionado ese encuentro:

> Padres e Hijos fue creada por mi padre y otras personas con la idea de que la generación más joven necesitaba conocerse. Fue muy útil; si no fuera por esas reuniones, eso no habría ocurrido. Ahora que todos somos mayores, nos hemos hecho cargo de los

negocios familiares y nuestros padres son como patriarcas. Sigue habiendo un consejo de los miembros fundadores, pero se puede ver a la generación más joven ampliando los horizontes de los temas que consideramos importantes.

Son personas responsables, comprometidas con la mejora de la salud de los países en los que criamos a nuestros hijos y con la salud de toda América Latina, ya sea mediante la educación, el fortalecimiento de la democracia o el fomento de la responsabilidad social corporativa para pasar de la caridad a la filantropía estratégica.

Recientemente nos hemos centrado más en las nuevas economías y en los nuevos actores. Invitamos a nuevos empresarios líderes a unirse a nosotros. Y nuestros padres asisten a las reuniones. Puedes ver a Carlos Slim y a otros diciendo: "¡Vaya, estos chicos son increíbles! ¿Qué podemos hacer para conocerlos?".

El ADN de la conferencia está cambiando a medida que cambia el grupo de edad. Pero, tal como esperábamos, ha cambiado la forma como las familias de empresarios de América Latina hablan entre sí.

CONCLUSIÓN

"Estar abiertos a la posibilidad de asombrarse"

Ninguna de nuestras empresas debería convertirse en un museo de nuestros recuerdos personales. Deben ser entidades dinámicas que puedan evolucionar sin cambiar la composición genética esencial de la organización. Mi padre, Diego Cisneros, comprendió la importancia del cambio generacional. Yo también estoy de acuerdo.

Creo firmemente en el derecho de la siguiente generación a hacer las cosas según su propia visión. También creo que es necesario tener un sano respeto por los logros de nuestros predecesores y ver la relevancia del pasado mientras planificamos el futuro.

El hecho de que la empresa lleve nuestro apellido es de verdad importante. Nuestra organización es, literalmente, una marca. Los negocios en los que nos movemos pueden cambiar, pero nuestros valores siguen siendo los mismos que cuando mi padre compró su primer camión. Estos son:

- Resiliencia ante la adversidad.
- Voluntad y capacidad para reinventarnos cuando las circunstancias cambian.
- Responsabilidad con nuestra familia, con nuestros empleados, con nuestros socios, con las comunidades en las que operamos y, sobre todo, con nuestros clientes.

- Un sentido de la curiosidad que nos inspire a soñar en grande y a buscar constantemente nuevas oportunidades.

Este último rasgo tiene un valor incalculable. Una empresa no es nada sin un flujo constante de nuevas ideas. De lo contrario, se marchitará y morirá, y la familia sufrirá. Debemos seguir abriendo nuestras mentes, adaptándonos y evolucionando si queremos que tanto la empresa como la familia sobrevivan y prosperen.

Esto es válido para cualquier organización con ambiciones a largo plazo. Pero la empresa familiar tiene una ventaja intrínseca: tiene un sentido del propósito que dirige nuestras decisiones y determina cómo las ponemos en práctica. Las lecciones del pasado nos guían hacia el futuro. Y esas lecciones se reducen a lo siguiente: si se pretende seguir en el negocio cien años, solo hay una forma de hacer negocios: hacerlos correctamente.

Me siento muy complacido de que nuestra hija menor, Adriana, esté perpetuando con entusiasmo la tradición empresarial de la familia. Comparte la curiosidad de su abuelo por las novedades del mundo, así como la flexibilidad para aprovechar las oportunidades que se presentan. Me complace, igualmente, que su hermano y su hermana estén implicados tan activamente en nuestro Consejo de Familia, donde ayudan a garantizar que la empresa se mantenga fiel a los valores de nuestra familia.

* * *

"El único fracaso es no intentarlo"

Mi padre no sentía miedo. Corría riesgos que otras personas no se atreverían a correr. Tuvo algunos fracasos, por supuesto, pero me enseñó que lo fundamental es tener un buen promedio de bateo. La única forma de fracasar de verdad es no intentarlo. Fracasarás en algunos casos, por supuesto, pero mientras ganes más que lo que pierdas, te irá bien.

Yo también era —y soy— una persona arriesgada. Pero nunca dejo nada al puro azar. Como se ha dicho, la esperanza no es una estrategia. He aprendido a hacer dos y tres revisiones, a considerar los cambios a los que podemos enfrentarnos y calcular la respuesta. Seguir ese principio es lo que nos ha permitido adaptarnos a un mundo cambiante y reinventar la organización para prosperar en medio de nuevas circunstancias.

Adriana heredó esos rasgos, combinados con la atención al detalle de Patty. Como resultado, aunque Cisneros es, en el fondo, la organización que fundó su abuelo, tiene un aspecto muy diferente del que tuvo la que yo ayudé a construir. En la actualidad, Cisneros se compone de tres divisiones: medios de comunicación, interactiva e inmobiliaria, además de una inversión en AST SpaceMobile.

Cisneros Media se remonta al lanzamiento de Venevisión, por mi padre, en 1961. Sigue desarrollando contenidos, así como produciendo y distribuyendo programas en una amplia gama de géneros e idiomas, desde telenovelas hasta animación, tanto para adultos como para niños. Sus plataformas llegan a más de 50 millones de abonados en todo el mundo.[1]

Dejaré que Adriana lo explique:

> Antes, con Venevisión, éramos propietarios del estudio y producíamos contenidos en esas instalaciones. Como parte de la transformación digital de la división, creamos un nuevo modelo de estudio que es 100 % digital. No tenemos que poseer activos

1 https://www.cisneros.com/divisions/cisneros-media

físicos y podemos trabajar con talentos de todo el mundo. Ahora somos un actor clave en todas las plataformas.

Seguimos siendo propietarios de Venevisión. Mi padre fundó la cadena porque era un defensor incondicional de la democracia y creía que no hay mejor herramienta para apoyarla que unos medios de comunicación responsables. Somos el único medio informativo independiente de Venezuela. Adoptamos un enfoque totalmente objetivo: todo son hechos, cero opiniones, sin editorializar. En tiempos sombríos, lo mejor que podemos hacer es difundir noticias fiables.

Venevisión fue una vez el centro de una máquina de hacer dinero. Hoy tenemos suerte si conseguimos cubrir los gastos. Todos los ingresos se destinan a pagar los sueldos de nuestros empleados y a proporcionarles comida a ellos y a sus familias en la cafetería de nuestra empresa. Eso no es poco: la inseguridad alimentaria es uno de los principales problemas de Venezuela en la actualidad. Así que mantendremos vivo el legado de mi padre y seguiremos sustentando mentes, cuerpos y almas en el país que amamos.

Cisneros Interactive empezó porque Adriana era consciente de que quería hacer algo grande en el mundo digital. "Yo no sabía lo que eso significaba, pero estaba dispuesta a explorar", recuerda. Empezó invirtiendo en *accelerators* especializados en ese sector. Al mismo tiempo, decidió contratar a alguien para dirigir nuestro proyecto digital. "Los candidatos me preguntaban cuál era la misión —dice—. Yo respondía: 'La misión es averiguar cuál será la misión'. El mundo era tan nuevo que podíamos decir eso".

Adriana y Víctor Kong, el nuevo jefe de Cisneros Interactive —que, en última instancia, sería el responsable de desarrollar esta división—, se dieron cuenta de que una gran cantidad del contenido que Cisneros estaba creando para Univisión en televisión estaba siendo cargado por los espectadores en línea. "Estábamos generando tanto tráfico que, de haber sido una plataforma organizada, habría sido la mayor plataforma de contenidos digitales en español en ese momento. Y nadie rentabilizaba el tráfico en español, mientras que los contenidos en inglés se rentabilizaban por mucho dinero".

Adriana quiso saber por qué ocurría eso. Ella lo explica:

> En Estados Unidos, los hispanos siempre han estado por delante en términos de consumo digital. Eso ha sido así desde el principio. Así que parecía extraño que no hubiera ninguna agencia de publicidad especializada en el público digital hispano; en las grandes agencias, este enorme sector quedaba en manos de una sola persona relegada a un rincón. Pensamos: "Vaya, están dejando de ganar mucho dinero".
>
> Entonces decidimos hacer algo al respecto. Recuerdo la historia de mi abuelo, que trajo grandes marcas estadounidenses como Pepsi a Latinoamérica, y la de mi padre, que hizo lo mismo con los computadores Apple, con Burger King y con Pizza Hut. Eran parte importante de nuestras historias familiares mientras yo crecía.
>
> Pensé: "¿Por qué no hacemos lo mismo con Facebook?". Cuando presentamos nuestra propuesta a Facebook (ahora Meta), éramos tan nuevos en el sector que ni siquiera nos invitaron a participar en el concurso. Fuimos los últimos en ser entrevistados. La única manera que yo tenía de justificar por qué podíamos hacer un mejor trabajo que otros grupos más conocidos era describir nuestro historial de representación de grandes marcas estadounidenses en la región. Fue un discurso muy sincero. Y ganamos.
>
> En ese momento, me di cuenta de que el mundo había cambiado. Incluso las empresas más jóvenes entienden que tener un

socio que lleva en el mercado casi cien años no es algo negativo. De hecho, es genial.

En la actualidad, Cisneros Interactive es la empresa líder en publicidad digital que presta servicios a los mercados hispanos de América Latina y Estados Unidos en 17 países. Somos los socios distribuidores de potencias digitales como Facebook, Instagram, Spotify y LinkedIn, además de crear marcas propias, como Audio.Ad y JustMob, para centrarnos en nichos digitales específicos, como el del audio, el video y los juegos.

El sello distintivo de Cisneros Real Estate es Tropicalia, un complejo sostenible y de lujo en la costa noreste de República Dominicana, el país que conocimos por primera vez como uno de los lugares de vacaciones favoritos de nuestra familia, y al que hemos llegado a llamar hogar. Tropicalia es, a la vez, una forma de devolver algo a República Dominicana, y la realización de mi viejo sueño de invertir en el sector inmobiliario. El primer proyecto es una asociación con Four Seasons Hotels. Las 24 residencias se diseñaron originalmente para responder a las necesidades personales y ofrecer privacidad; con la aparición del COVID-19, esos atributos han adquirido un mayor sentido.

Empezamos a concebir Tropicalia a principios de la década de 2000. Era una época en la que la gente empezaba a preocuparse por el "turismo de enclave": la tendencia de los complejos vacacionales a convertirse en espacios segregados que rara vez implican a las comunidades locales en el funcionamiento y los beneficios de sus actividades y limitan la interacción de los visitantes con la economía local.

Puede que yo haya sembrado la semilla de Tropicalia, pero su desarrollo es todo de Adriana. Fue el primer proyecto que le asigné en su función de vicepresidenta de Estrategia

Empresarial, en 2005, y ha sido su proyecto desde entonces. Gestionó la adquisición de más de 200 parcelas, el 90 % de las cuales, según recuerda, tenían problemas de titularidad. Pueden imaginarse lo delicadas y lo difíciles que eran estas gestiones, pero ella las llevó a cabo con gracia y perseverancia. Y ahora puede decir: "Probablemente tengo el único título de propiedad en regla de República Dominicana".

Tropicalia se encuentra en una de las provincias más bellas y remotas de República Dominicana. Adriana quería aprovechar nuestros esfuerzos empresariales y sociales para beneficiar al municipio de Miches. Recuerda: "La misma semana en que decidimos desarrollar Tropicalia, también decidimos crear la Fundación Tropicalia. No fue una ocurrencia *a posteriori*: fue una idea simultánea".

La Fundación Tropicalia se constituyó como ONG en 2008, mucho antes de que empezáramos a construir el complejo. Bajo la dirección de Adriana, la Fundación comenzó centrándose en la educación. ¿Cómo? Propiciando un clima favorable para el aprendizaje mediante la mejora de la infraestructura física de las escuelas, y el incremento de la calidad de la enseñanza a través del Programa de Actualización de Maestros en Educación (AME), de la propia Fundación Cisneros y el Programa Piensa en Arte/Think Art, de la Colección Patricia Phelps de Cisneros. En los últimos catorce años, la Fundación ha desarrollado e implementado más de 30 programas, en asociación con USAID, la Fundación REDDOM, el Fondo Multilateral de Inversiones del Banco Interamericano de Desarrollo y otras organizaciones que trabajan en diversas áreas, tales como la promoción de la agricultura sostenible, la preservación del medio ambiente, el fomento de la alfabetización de adultos y la financiación de microempresas y pequeñas empresas, por nombrar solo algunas iniciativas. Adriana en persona sirve de ejemplo para las participantes en el programa de empoderamiento femenino "Soy niña, soy importante", dirigido a niñas de entre 9 y 12 años.

En el camino, no solo llevó la noción de responsabilidad social corporativa a un nuevo nivel, sino que la integró en la empresa. Ella misma lo explica:

> No pensamos en responsabilidad social empresarial como una división separada. Forma parte de lo que somos como familia, como individuos y como empresa. Cada vez que nos embarcamos en una aventura empresarial, intentamos entender cómo ser la mejor de las partes interesadas, y el miembro más responsable de las comunidades en las que trabajamos. Nos tomamos muy en serio ese cometido y somos estratégicos al respecto.
>
> Si no tenemos éxito con Tropicalia, tardaremos cinco años en terminarlo. Si tenemos éxito, tardaremos 40 años. He aquí por qué: Cuando tienes un plazo de 40 años y trabajas en una empresa familiar, piensas en las comunidades locales de una manera muy diferente. Con un plazo de cinco años, puedes pensar: "Trabajaremos con una escuela y buscaremos la manera de que tenga agua limpia". Con un plazo de 40 años, se piensa en las próximas tres generaciones de personas que vivirán en esas comunidades y en cómo se relacionarán con el proyecto de una forma muy distinta y significativa.
>
> Hacemos este tipo de trabajo no solo porque es beneficioso, sino porque creemos que gran parte de nuestro éxito dependerá de cómo incluyamos a la comunidad en este proyecto. Por eso la RSE es un buen negocio.

Tropicalia creó unos 2.000 puestos de trabajo durante su construcción, y cuando esté en funcionamiento, ofrecerá empleo fijo a 400 personas en una de las regiones económicamente más deprimidas del país. Como dice Adriana, "Quiero que la comunidad de Miches se beneficie del proyecto: que los chicos que terminen el colegio puedan ser contratados por el complejo, que los agricultores puedan vender sus productos al complejo. Cuando conduzca hasta el pueblo, quiero que los lugareños estén muy contentos de que yo esté allí".

Las ideas y el liderazgo de Adriana de cara a hacer realidad nuestro sueño del complejo y la Fundación me demostraron por qué era la persona idónea para convertirse en CEO de Cisneros. Y lo que empezó como un proyecto de familia se convirtió en toda una línea de negocio que ahora se conoce como Cisneros Real Estate.

Los bienes inmuebles son una forma importante de proteger y preservar el patrimonio familiar: Es un banco de tierras. Pero mi sueño es que Tropicalia sea un legado apreciado por todas las familias, y no solo por la nuestra. Queremos atraer a gente que quiera quedarse a largo plazo y construir una comunidad. También estamos construyendo un complejo para mi propia familia. Espero que contribuya a mantener unida a nuestra familia durante las próximas dos o tres generaciones. Nuestra inversión en AST SpaceMobile es particularmente apasionante. Adriana empezó a interesarse en los satélites luego de acompañarme al lanzamiento del satélite DirecTV, cuando era adolescente. Con los años, su fascinación creció al ver cómo un campo que antes estaba muy regulado por la NASA y era accesible a muy pocas empresas de repente se democratizaba.

Dejaré que sea ella quien describa lo que ocurrió después:

> Mis banqueros en LionTree sabían que me gustaban los satélites. Un día me llamaron y me dijeron: "Tenemos un nuevo cliente, para el que vamos a recaudar 800 millones de dólares". Yo no tenía tanto dinero reservado para nuevos proyectos, pero pensé: "Este cliente es venezolano, está en Miami y le gustan los satélites. Estoy

> muy interesado". Así que le pregunté al banquero si estaría dispuesto a hablar diez minutos.
>
> No necesitamos diez minutos. Bastaron, literalmente, cinco minutos para convertirnos en socios. Entramos como inversores de serie A con 10 millones de dólares sobre una valoración de 100 millones. Luego me hice cargo de la estrategia y organicé la ronda de inversión de la serie B.
>
> Esa asociación solo se concretó porque había una historia y un trasfondo. Yo sabía cómo mi abuelo había hecho las cosas en el pasado, sabía cómo mi padre había lanzado DirecTV. Mi socio se dio cuenta de que los conocimientos que podíamos aportar eran tan valiosos, que estaba dispuesto a replantearse toda su estrategia e incorporarnos.
>
> La inversión en AST fue un movimiento audaz, pero era tan obvio, que teníamos que formar parte de esto. Estaba dispuesto a apostar por la idea y por el fundador. Y la apuesta valió la pena: La empresa está valorada ahora en más de 2.000 millones de dólares.

En la actualidad, AST & Science y nuestros socios globales —al final hicimos una importante inversión de capital— están construyendo la primera red de banda ancha celular basada en el espacio accesible mediante *smartphones* estándar, con conectividad 4G/5G en cualquier lugar del planeta, ya sea en tierra firme, en el mar o en vuelo. Nadie tendrá que volver a construir una torre de telefonía móvil. La conectividad dejará de ser un problema socioeconómico o político. Y seremos nosotros quienes conectemos el mundo.

* * *

Cuando Adriana aceptó ser mi sucesora oficial, insistió en que no se sentiría completa a menos que se le permitiera dirigir tanto la empresa como la Fundación Cisneros. Bajo su dirección, nuestro papel como plataforma y trampolín para el arte latinoamericano también ha seguido evolucionando y reinventándose.

Patty y yo siempre nos hemos visto no como coleccionistas, sino como custodios. Con tal fin, el objetivo último de la Colección Patricia Phelps de Cisneros (CPPC) era compartir el arte con un público lo más amplio posible, para educarlo sobre el rico patrimonio y la apasionante imaginación del arte latinoamericano.

Gracias a Adriana, consolidamos y afinamos nuestro enfoque educativo a través de la Fundación Cisneros. Nuestro sitio *web* se convirtió en una plataforma editorial con libros electrónicos que incorporaban componentes de video y audio; nuestro programa de redes sociales dio lugar a aplicaciones para exposiciones y sitios *web* móviles. Nos hicimos verdaderamente transnacionales.

Mientras tanto, Patty se había convertido en fideicomisaria del Museo de Arte Moderno (MoMa), donde creó el Fondo Latinoamericano-Caribeño (LACF), a fin de adquirir obras de arte para el MoMA. Al mismo tiempo, patrocinó un puesto de curador de arte latinoamericano, como forma de presentar este corpus de conocimientos en el MoMA, y creó un fondo de viajes para que los curadores del MoMA visitaran América Latina. Cuando el museo reabrió sus puertas, en 2004, tras una profunda renovación, 20 obras de la CPPC se incluyeron en la exposición. Actualmente hay numerosas obras donadas por la CPPC expuestas en las galerías de la colección permanente.

El MoMA fue el conducto para que Patty hiciera realidad su sueño sobre el arte latinoamericano y cimentara su legado: no solo exhibiendo una valiosa colección, sino creando un instituto de investigación. Fundado por la familia Rockefeller, el MoMA ha sido un defensor del arte moderno latinoamericano casi desde sus inicios, por lo que era el hogar perfecto para el Instituto de Investigación Patricia Phelps de Cisneros para el Estudio del Arte de América Latina. El Instituto Cisneros, como se llama ahora, se estableció formalmente en 2016, con una donación de más de 100 obras de arte de la CPPC. Acoge a académicos y artistas visitantes, convoca una conferencia internacional anual y publica investigaciones sobre el arte de América Latina. Con otras donaciones de Patty como incentivo, hoy la colección del MoMA cuenta con más de 5.000 obras de artistas de América Latina, y la dedicación de Patty garantiza que esas obras se seguirán compartiendo y estudiando durante las próximas generaciones[2].

* * *

En cuanto a mí, estoy más ocupado que nunca. Mi padre me advertía a menudo de los peligros del estancamiento; yo, desde luego, no estoy estancado. Seguiré colaborando con Adriana: ha sido muy gratificante para mí y para ella. Pero para no molestarla, también participo en mis propios proyectos fuera de Cisneros; muchos de ellos, gratuitamente.

Uno de los más interesantes es mi participación en la explotación minera de Barrick Pueblo Viejo, en República

2 La Colección Orinoco sigue formando parte de la CPPC, que conserva las más de 1.200 obras, así como un archivo de investigaciones etnográficas. Como forma parte del patrimonio de los venezolanos, llegado el momento, será devuelta a Venezuela.

Dominicana. Barrick es una de las mayores empresas mineras de oro y cobre del mundo, con operaciones en trece países. La minería es una necesidad básica: mientras nuestro mundo necesite cobre, oro y otros metales preciosos, la gente excavará la tierra para extraerlos. Pero hay formas de hacerlo que minimizan el daño al medio ambiente, al tiempo que proporcionan los máximos beneficios a las comunidades vecinas. Eso es lo que estamos haciendo con Barrick Pueblo Viejo.

Barrick Pueblo Viejo es una de las diez mayores minas de oro del mundo por producción[3] y, con más de 2.500 empleados —el 97 % de ellos, dominicanos—, uno de los mayores empleadores y contribuyentes del país. Con todo, gracias a nuestros programas de desarrollo social, llegamos a más de 180.000 residentes de las comunidades cercanas. Estos programas incluyen alfabetización, formación profesional y liderazgo, tanto para hombres y mujeres como para niños y niñas, con el objetivo de prepararlos para puestos de trabajo en las instalaciones. También incluyen una incubadora de empresas que ayuda a las nuevas *start-ups* locales; proyectos agroforestales sostenibles; programas de salud preventiva, y electrificación rural. Hemos hecho de Barrick Pueblo Viejo un ejemplo de minería "verde", y estamos viendo unos resultados magníficos.

Sentí —y sigo sintiendo— que es importante hacer esto bien, porque vivo en República Dominicana. Es mi deber con un país que ha sido un lugar de relajación, refugio y renovación durante tantos años. Formo parte del Consejo Asesor Internacional de Barrick, donde ejerzo la tarea de reclutar a los miembros del Consejo. Es una forma importante de garantizar que los hombres

---

3 Conte, Niccolo. "Mapped: The Ten Largest Gold Mines in the World, by Production." *Visual Capitalist*, May 19, 2022. https://www.visualcapitalist.com/mapped-the-10-largest-gold-mines-in-the-world-by-production/

y las mujeres que dirigen la empresa compartan puntos de vista similares sobre sus responsabilidades con las partes interesadas de la comunidad, así como con los accionistas de la empresa. Estas personas proceden de todos los países en los que opera Barrick, por lo que, no por casualidad, mi función me brinda otra oportunidad de reforzar mis conexiones con personas que detentan poder en todo el mundo. Pienso en el Consejo como una versión empresarial del Council on Foreign Relations de Nueva York.

Y hablando del Council on Foreign Relations: En 2022, volví a unirme a la Junta Global de Asesores (tuve el privilegio de ser miembro fundador, ya que me incorporé a instancias de David Rockefeller y Pete Peterson, en 1995, y serví durante quince años, hasta que la junta fue disuelta, en 2010). Conformado por un distinguido grupo de líderes empresariales y antiguos funcionarios de todo el mundo, el Consejo es un *think tank* de la mejor categoría: sus miembros están siempre al día de lo que ocurre en el mundo y comparten las opiniones más perspicaces. Pertenecer al Consejo me conecta con el mundo entero y con Estados Unidos. Si se es tan curioso como yo, no hay mejor lugar para ampliar los conocimientos.

Quizá alguien se pregunte qué *hago* con estos conocimientos y estas conexiones. Así como la responsabilidad de Adriana es dirigir la empresa familiar, mi responsabilidad es gestionar el dinero de la familia. La mayoría de familias como la nuestra reúne su dinero en un fondo que luego se invierte de diversas maneras. Nuestra oficina de inversión familiar es independiente de la empresa: está concebida como un banco privado europeo, y yo soy, esencialmente, el director de inversiones. Me mantiene ocupado haciendo cosas que me gustan para la gente que quiero.

La vida no puede ser mejor.

* * *

Patty y yo vivimos gran parte del año en República Dominicana. Mi despacho tiene una amplia terraza que da al sur, a los colores siempre cambiantes del Caribe. Justo en el horizonte está Venezuela, lejos de mi vista, pero siempre en un rincón de mi corazón. Eso no quiere decir que me pase el día pensando en lo que podría haber sido. Por el contrario, la mayor parte de mi tiempo y de mi energía se centran en el futuro.

Hace cien años, nadie habría pensado que un joven con un camión podría llegar a construir el negocio más exitoso de Pepsi-Cola fuera de Estados Unidos. O que su hijo crearía una empresa mundial multimillonaria. O que su nieta alcanzaría, literalmente, las estrellas.

Como le gusta decir a Adriana, "Se trata de estar abierto a la posibilidad de maravillarse. Todas nuestras grandes ideas empresariales han surgido de ahí".

Las empresas familiares suelen estancarse en la segunda o la tercera generación porque esa generación se limita a cuidar: No están en una nueva búsqueda. Eso aún no ha ocurrido en la familia Cisneros. Nuestro empuje ha sido, en su mayor parte, ininterrumpido. Nuestro sentido de la curiosidad está intacto. Seguimos soñando a lo grande.

Patty y yo tenemos diez nietos. Espero que algunos de ellos pongan su curiosidad, su confianza y su valentía al servicio de nuestra empresa familiar. Cuando sueño con el futuro, me veo sentado en la terraza con mis nietos, explorando ideas para nuestros próximos cien años.

AGRADECIMIENTOS

Una de las lecciones más importantes que me enseñó mi padre fue dejar mi ego a un lado. Yo solo no hubiera podido escribir este libro. Ha sido un trabajo de equipo, y gracias a las contribuciones de todos, el resultado fue inmejorable.

Otra lección perdurable fue que debía contratar a los mejores. Tuve la gran fortuna de trabajar en este libro con Steve Bandel, Miguel Dvorak, José Antonio Ríos, Johnny Fanjul, Ariel Prat y Beatrice Rangel. Ellos ayudaron a convertir Cisneros en la empresa que es hoy, y luego compartieron generosamente sus historias y su sabiduría para que este libro resultara lo mejor posible.

Mi padre también me enseñó a reconocer que uno no sabe todo y a buscar expertos sobre lo que uno desconoce. El embajador William Luers aportó perspectivas invaluables sobre la política y la economía de Venezuela, convirtiéndose en un amigo íntimo de la familia y en, prácticamente, un tío de mis hijos. El profesor John Davis, una autoridad mundial en empresas familiares, ha sido un consejero sabio, un consultor reflexivo y un terapeuta discreto para todos los miembros de mi familia, así como para la familia en su conjunto. Thomas Shanon ha sido un eficaz asesor a lo largo de los años.

Un fuerte abrazo a Leonard "Leonardo" Lauder, que aúna el pragmatismo de un consejo empresarial con una actitud cordial. Me he beneficiado muchas veces de ambas cosas a lo largo de muchos años y me siento honrado de considerarlo un querido amigo. Su aliento al inicio de este proyecto marcó la diferencia.

No tengo palabras para agradecer a dos estrechos colaboradores que transformaron una vaga idea en el libro que usted, lector, tiene ahora en las manos. Catherine Fredman, mi asistente de escritura, llegó a este proyecto sin ningún conocimiento especial sobre Cisneros o Venezuela, pero al final fue capaz de enseñarme cosas que yo no sabía. Su sensibilidad y persistencia lograron extraer pequeñas porciones de información, y, quizá lo más importante, establecer conexiones entre ellas que yo no había visto antes. Gabriel Pérez-Barreiro es un ejemplo perfecto de general que no dudó en ponerse el uniforme de sargento, en este caso, como editor de nuestro proyecto. Generosamente, abrió un espacio en su trabajo con la Colección Patricia Phelps de Cisneros para llevar a cabo esta idea. Su profundo conocimiento de la historia de nuestra empresa y de nuestro país solo es comparable con su don para explicar conceptos complicados de forma clara y convincente.

También quiero agradecer el trabajo previo realizado por Pablo Bachelet al escribir el libro *Gustavo Cisneros: Pioneer,* que constituyó una valiosa fuente de información.

Estoy especialmente agradecido con José (Pepe) Crehueras por la entusiasta acogida de este proyecto en Planeta y con Cristóbal Pera, Mariana Marczuk y sus colegas por el especial cuidado que tuvieron con el libro desde su manuscrito hasta su producción.

Una vez que el manuscrito estuvo terminado, Jonathan Blum, Luis Emilio Gómez, Eduardo Hernández y Luis Queremel se ocuparon de llenar lagunas y corregir detalles sobre transacciones comerciales. Un agradecimiento especial a

Nicolás Griffin por compartir su sensibilidad de escritor y su aguda mirada.

También quiero dar las gracias al personal de Casa Bonita, Nueva York y Madrid. Puede que trabajen entre bastidores, pero su incansable atención y amable eficiencia crearon la atmósfera en la que este libro pudo cobrar vida.

Por último, pero no por ello menos importante, quiero dar las gracias a mi esposa, Patty, y a mis hijos —Guillermo, Carolina y Adriana— por su amor y apoyo. Ellos son la fuente de todas las cosas buenas de mi vida. Su sola presencia me anima constantemente a estar siempre abierto a la posibilidad de maravillarme.

Photo: © Timothy Greenfield-Sanders

Gustavo Cisneros

(1945-2023)

ANEXO

El origen humilde de D. Cisneros & Cía. (Caracas, 1940). Se dedicaba a importar piezas de automóvil y otros productos, como frigoríficos Norge y electrodomésticos Hamilton. De esta semilla salió un conglomerado internacional, gracias a su energía y visión.

Mi padre insistía en visitar todas las instalaciones de la empresa sin avisar, para corroborar que todo anduviera bien. Aquí está en una embotelladora de Pepsi-Cola, en 1968.

A la izquierda estoy con mi hermano Carlos Enrique, frente a los nuevos modelos Studebaker de 1952. Era un mundo muy glamuroso y atractivo para un muchacho joven.

A comienzos de la década de 1950, D. Cisneros & Cía. representaba los automóviles Studebaker, entre otras marcas, en edificios característicos del modernismo venezolano.

En Babson College aprendí a pensar y a entender la cultura empresarial de Estados Unidos. Una formación que me sirvió para toda la vida.

Mi padre y yo en 1969, un año antes de su enfermedad.

Los supermercados CADA eran un símbolo de modernidad en un país acostumbrado a los pequeños comercios de barrio. El diseño, la calidad de la oferta y la higiene, todo sumaba para hacer una experiencia nueva y en sintonía con un país que crecía a toda velocidad.

Galerías Preciados era una cadena emblemática de España, que estuvo al borde de la quiebra durante la escandalosa y ruinosa gestión de RUMASA. Tras la expropiación del gobierno español y la posterior adquisición por mi padre, en pocos años conseguimos modernizar la empresa y hacerla rentable de nuevo. Esta foto data de 1984.

La venta de Pepsi-Cola a Coca-Cola en Venezuela fue una operación delicada y silenciosa. Aquí estamos Ricardo, Oswaldo y yo firmando el acuerdo histórico con Roberto Goizueta, entonces presidente global de Coca-Cola.

La compra de Spalding y de Evenflo nos llevó a explorar la producción en China, anticipando lo que sería una tendencia global en los siguientes años. Aquí estoy con Deng Xiaoping en Beijing, en 1988.

En 2022, mi *alma mater*, Babson College, homenajeó a mi familia con el Babson-Camus Global Family Entrepreneurship Award. Un momento de mucho orgullo para todos.

El proyecto Tropicalia, en República Dominicana, es un sueño compartido entre Adriana y yo. Lo que empezó como una idea de casa de descanso se ha convertido en un proyecto holístico de viviendas y hotel de lujo, con un fuerte concepto social y ecológico.

Dentro de Tropicalia, la finca Querencia es fundamental. No solo genera productos orgánicos de altísima calidad, sino que también es un proyecto social de inclusión de mujeres en riesgo y de educación sobre agricultura sustentable.

El arte sigue siendo un aspecto fundamental de nuestras vidas, y Adriana ha asumido no solo la presidencia de Cisneros, sino también la de la Fundación Cisneros. En esta foto estamos en la exposición Chosen Memories (2022), con la que el Museo de Arte Moderno de Nueva York homenajeó la donación que le hicimos de más de 100 obras de arte latinoamericano y la creación de un instituto de investigación permanente.

Los satélites han sido parte de nuestro imaginario empresarial y familiar desde DirecTV. Adriana le ha dado continuidad a esta pasión con su inversión en AST SpaceMobile, una empresa visionaria de telefonía y conectividad satelital. Aquí estamos en el primer lanzamiento, en Cabo Cañaveral, con su marido Nicholas Griffin.

De las muchas iniciativas filantrópicas y sociales que ha liderado Adriana, una de las más importantes es el campamento de verano "Soy niña, soy importante", que se realiza en Miches, República Dominicana. El campamento se dedica a inculcar valores de autoestima para las niñas preadolescentes, una población en riesgo de embarazo precoz y que con frecuencia tiene que enfrentarse con los prejuicios contra las mujeres.